Date: 10/22/18

SP 947 REY
Rey, Miguel del,
**Tormenta roja : la revolución
rusa, 1917-1922 /**

PALM BEACH COUNTY
LIBRARY SYSTEM
3650 SUMMIT BLVD.
WEST PALM BEACH, FL 33406

TORMENTA ROJA

CLÍO
CRÓNICAS DE LA HISTORIA

Miguel del Rey Vicente
Carlos Canales Torres

TORMENTA ROJA

La revolución rusa. 1917-1922

www.edaf.net

MADRID - MÉXICO - BUENOS AIRES - SANTIAGO
2017

Tormenta roja
© 2017. Miguel del Rey Vicente y Carlos Canales Torres
© 2017. De esta edición, Editorial EDAF, S. L. U.
© Diseño de la cubierta: Ricardo Sánchez

EDITORIAL EDAF, S. L. U.
Jorge Juan, 68. 28009 Madrid, España
Tel. (34) 91 435 82 60
Fax (34) 91 431 52 81
http://www.edaf.net
e-mail: edaf@edaf.net

ALGABA EDICIONES, S.A. de C.V.
Calle 21, Poniente 3323, Colonia Belisario
Domínguez
(entre la 33 Sur y la 35 Sur)
Puebla, 72180, México
Telf.: 52 22 22 11 13 87
jaime.breton@edaf.com.mx

EDAF DEL PLATA, S. A.
Chile, 2222
1227 Buenos Aires, Argentina
Tel/Fax (54) 11 43 08 52 22
e-mail: edaf1@speedy.com.ar

EDAF CHILE, S. A.
Coyancura, 2270 Oficina, 914
Providencia, Santiago de Chile
Chile
Tel (56) 2/335 75 11 - (56) 2/334 84 17
Fax (56) 2/ 231 13 97
e-mail: comercialedafchile@edafchile.cl

Queda prohibida, salvo excepción prevista en la ley, cualquier forma de reproducción, distribución, comunicación pública y transformación de esta obra sin contar con la autorización de los titulares de la propiedad intelectual. La infracción de los derechos mencionados puede ser constitutiva de delito contra la propiedad intelectual (art. 270 y siguientes del Código Penal). El centro Español de Derechos Reprográficos (CEDRO) vela por el respeto de los citados derechos.

Primera edición: Mayo 2017

ISBN: 978-84-414-3752-4
Depósito legal: M-9973-2017

IMPRESO EN ESPAÑA — PRINTED IN SPAIN

Gráficas Cofás, Pol. Ind. Prado Regordoño, Móstoles (Madrid)

ÍNDICE

Intermedio 9

Introducción 15

1.ª PARTE. *La rusia de los zares* 19
    1.1 El momento del cambio 28
        1.1.1 La guerra ruso-japonesa 35
        1.1.2 Sangre en la nieve 40
    1.2 Nicolás y Alejandra 46
    1.3 En la cuerda floja 53
        1.3.1 El desastre 61
        1.3.2 Economía de guerra 66
        1.3.3 Imparable descenso a los infiernos 71

2.ª PARTE. *Unos meses que cambiaron el mundo* 79
    2.1 El último zar 83
    2.2 Solos ante el mundo 88
        2.2.1 El tren sellado 92
        2.2.2 La complicada república rusa 97
        2.2.3 La última oportunidad 101
    2.3 Poder rojo 116
        2.3.1 En el Palacio de Invierno 123
        2.3.2 El gobierno comunista 129

3.ª PARTE. *La guerra civil* 139
    3.1 El desastre de Brest-Litovsk 146

3.2 El levantamiento de Finlandia 149
3.3 Desórdenes bálticos 156
3.4 Tierras de hielo 160
3.5 El Movimiento Blanco 165
3.6 El almirante 170
    3.6.1 En la línea del frente 176
    3.6.2 El Frente Sur 181
    3.6.3 Hacia el amargo final 183
3.7 Los señores de la estepa 187
3.7.1 Mongolia, Tuvá y el «barón loco» 190
    3.7.2 Fronteras del Ussuri 193
    3.7.3 Enemigos del futuro 194
3.8 La extensión al oeste: la guerra polaco-soviética 196
    3.8.1 Guerra en Polonia 198
3.9 El enredo del Caúcaso 204
    3.9.1 Los conflictos nacionales: las guerras en la guerra 211
    3.9.2 La intervención soviética 215
3.10 La insurrección basmachi 219
    3.10.1 Guerra abierta 223
    3.10.2 La pasión turca 226
    3.10.3 El desenlace 229
3.11 Punto final 231
3.12 La rebelión verde 239
3.13 Crímenes imperfectos 248
    3.13.1 Los otros Romanov 255
    3.13.2 Operación rescate 257

Epílogo 261

Cronología 269

Bibliografía 283

INTERMEDIO

Miércoles 1 de marzo de 1917 del calendario juliano / 14 de marzo del calendario gregoriano. Estación de Pskov. Sede del Estado Mayor del frente Norte.

—Dime, Sergei Petrovich, y sé muy sincero conmigo. ¿Podrá Alekséi Nikoláyevich estar completamente recuperado y realizar una vida normal?

Faltaban aproximadamente quince minutos para que dieran las once de una fría noche invernal. Junto al andén estaba detenido el lujoso tren imperial en el que el zar viajaba por el frente. Remodelado en 1902 con las últimas innovaciones técnicas que se aplicaban en Europa, lo formaban un coche con cocina comedor, un coche cama, otro que servía de despacho, tres coches corrientes y una capilla. Junto al estribo del coche despacho, un joven teniente de cosacos con enhiesto bigote y resplandeciente uniforme, acababa de franquear el paso hacía apenas unos instantes al doctor Fyodorov, un hombrecillo calvo de baja estatura, embozado hasta las orejas, que gracias a su nombramiento de consejero privado, acababa de llegar al tercer nivel en la Tabla de Rangos sobre la que se organizaban las bases de la nobleza feudal rusa.

—Si Su Majestad cree en los milagros, sabrá que no hay límites para un milagro. Si lo que quiere saber es lo que dice la ciencia, entonces tengo que decir que, hasta el momento, la ciencia no conoce la manera de conseguir la plena recuperación de esa enfermedad. Puede ser simplemente una cuestión de tiempo. Algunos de los pacientes que he conocido han muerto en la infancia, otros a los siete años, algunos a los veinte y, a veces, en contadas ocasiones, han llegado a una edad avanzada. Aun así, señor, Alekséi Nikoláyevich estaría siempre a merced de un accidente.

Fyodorov, que en ese momento limpiaba con parsimonia las lentes de sus ligeros quevedos de montura de oro, hacía así referencia al resbalón del zarévich en las escaleras del yate real —ocurrido apenas unos días después del asesinato del archiduque en Sarajevo—, que le había producido al niño una grave hemartrosis en el tobillo y había sumido a toda la familia en la más profunda congoja.

—Por lo tanto, ¿debo entender que la enfermedad es incurable?
—Sí, alteza.

Todo quedó en silencio por unos momentos. Nicolás II, reunido la víspera con el general Nikolai Ivanov hasta altas horas de la madrugada, había dormido poco la noche anterior. Ahora, cansado de estar despierto en la aprisionante atmósfera excesivamente caldeada de su departamento forrado de haya roja, se había levantado del sillón de cuero para despejarse y curiosear un poco en el exterior, tenuemente iluminado por unas mortecinas farolas que proyectaban sombras alargadas. Corrió una de las cortinillas y contempló ensimismado la caída de ligerísimos copos de nieve. «La oscuridad cambia el estado de ánimo de la gente —pensó—. La oscuridad lo cambia todo. Y, bajo el manto de la penumbra, cualquier cosa puede pasar desapercibida».

Al notar que el otro hombre se había dado cuenta de que parecía muy alejado del mundo real, se apresuró a reanudar la conversación.

—¿Qué podemos hacer entonces? Lo único que se me ocurre es que Alekséi Nikoláyevich y yo nos instalemos en el palacio de Livadia. El clima de Crimea tiene un efecto muy favorable sobre él, y allí, si Dios quiere, crecerá más fuerte.

—Con todo respeto. Su Majestad se equivoca si cree que después de su abdicación se le permitirá vivir con Alekséi Nikoláyevich, una vez se convierta en soberano.

—¿Qué quiere decir con eso? —Por primera vez Nicolás se volvió alterado hacia el doctor— ¡Es imposible!

—Es cierto. No se le permitirá, alteza.

—No puedo vivir sin él. ¿Qué me está diciendo? ¿Que voy a tener que renunciar también a su compañía? ¡Este asunto debe quedar aclarado cuanto antes! Avise de inmediato a Fredricks y a Narishkin.

—Como guste, señor.

Fyodorov salió del departamento. Recorrió el pasillo tapizado de sedas multicolores y cubierto de espesas alfombras, hasta dar con el conde Vladimir Fredericks, ministro responsable de los asuntos de la Casa Real. Junto a él, fumaban un cigarrillo el coronel Narishkin, jefe de la Cancillería Imperial y el general Vladimir Nikolayevich Voyeykov, comandante del palacio. Él no había sido requerido, pero su estrecha relación con el zar le permitía unirse a la pequeña comitiva. En conjunto informaron al apesadumbrado Nicolás de que todos habían llegado a la misma conclusión: que había sido bien informado por el doctor Fyodorov.

Algo más tarde, y antes de retirarse al vagón dormitorio, el zar releyó una vez más el telegrama que hacía unas horas le había entregado su ayudante, el general Ruzsky. En ese papel que tenía entre manos, el jefe del estado mayor, el general Mikhail Alekséyev, solicitaba en nombre del presidente Rodzianko su consentimiento para formar un gobierno del que fuera responsable no él como emperador, sino la Duma del Estado. «El odio a la dinastía —según Rodzianko—, había llegado a tales extremos que era necesaria la abdicación en favor de su hijo bajo una regencia de su hermano, Mikhail Alexandrovich, para salvar la situación». Incluso eso, el presidente no estaba seguro de si bastaría.

La mañana del jueves, mientras Nicolás desayunaba temprano e invertía la mayor parte de sus tiempo en repasar los acontecimientos del día anterior, Alekséyev se mostró muy activo. Envió sendos telegramas a todos los comandantes en los frentes para transmitirles lo que Rodzianko había dicho acerca de la necesidad de que el soberano abdicara. Cuando recibió sus respuestas, las telegrafió satisfecho a Pskov. En esencia todos parecían suscribir una de las frases que firmaba el gran duque Nikolai Nikoláyevich, primo del zar: «que haga la señal de la cruz y transmita su legado». La misma idea que, a grandes rasgos, también apoyaban en sus contestaciones los generales Brusílov, Evert y Sajarov; el vicealmirante Nepenin y el almirante Kolchak.

Esa tarde, mientras el zar leía a Julio César en un pesado butacón de su despacho, Ruzsky le entregó los telegramas de los comandantes de los frentes y flotas y le informó de la detención de algunos de los ministros, que parecían apoyar las revueltas que se sucedían en Petrogrado.

—Señor, le dijo un momento antes de dejar sobre su mesa un borrador del manifiesto enviado por la Duma y retirarse, los diputados Alexander Ivanovich Guchkov y Vasily Vitalievich Shulgin, están en camino para entrevistarse con su alteza.

—¡Vergüenza y desgracia, Nikolai Vladímirovich! ¡A mi alrededor no hay más que verguenza, desgracia, traición, cobardía y engaño!

Guchkov, símbolo de la nueva burguesía moscovita, y Shulgin, ferviente partidario de una monarquía constitucional, tardaron todo el día en recorrer los 295 kilómetros que separan Petrogrado de Pskov. Llegaron agotados por el viaje, ya caída la noche. En la reunión que mantuvieron, el zar decidió no entrar con ellos en ninguna discusión. Escuchó impasible al discurso del incorruptible Guchkov, que no era uno de sus mayores seguidores desde que se había ganado la animadversión de la zarina por sus criticas sobre Rasputín y, antes de despedirlos, se dirigió especialmente a Shulgin, :

—Siempre he tenido la sensación, Vasily Vitalievich, de haber nacido para la desgracia, y de que todos mis esfuerzos, mis mejores aspiraciones, el amor que siento hacia mi patria, lo usarían por esa fatalidad en contra mía. Lo ocurrido hoy lo demuestra.

Shulgin, que todavía se encontraba sorprendido del lujo extravagante en forma de signos zaristas, águilas bicéfalas y recargadas coronas bordadas en oro que le rodeaban hasta el hastío en aquel compartimento, no contestó. No se sentía con fuerzas para mantener una conversación sobre fatalidad y desgracias con aquel hombre que nadaba en la abundancia, y se mantenía impasible mientras sus súbditos se morían de hambre.

Cuando abandonaron el despacho, y ya de manera reservada, Nicolás mandó llamar a todos sus consejeros, que esperaban en el coche salón, para comunicarles su decisión de abdicar al trono.

Algo más tarde, solo, reescribió y firmó el manifiesto que había dejado Ruzsky sobre su mesa. Acababa de estampar su rúbrica cuando vio a Voyeykov en el umbral.

—¿Por qué no entras Vladimir Nikolayevich?

Le miró aturdido durante unos segundos. Su rostro era completamente inexpresivo. No podía adivinar qué pensamientos cruzaban su mente.

—Lo siento señor —dijo al fin—. Aquí ya no hay nada que pueda hacer.

—No, adelante, entra y pon tú mismo el sello. El zar dio media vuelta al documento y lo colocó al otro lado de la enorme mesa de trabajo.

Voyeykov pudo leerlo mientras Nicolás, de pie en la sala, parecía de nuevo abstraído en sus propios pensamientos.

En estos tiempos en que mantenemos una gran lucha contra un enemigo extranjero que durante casi tres años ha estado tratando de esclavizar a la Patria —decía—, el Señor Dios ha tenido a bien enviar contra Rusia otra prueba aún más difícil. Levantamientos populares nacionales amenazan calamitosamente con impedir que podamos continuar con la guerra. El destino de Rusia, el honor de su heroico ejército, el bien de su pueblo, todo el futuro de nuestra querida Patria, demanda que lleguemos en este conflicto a una conclusión victoriosa. No importa cómo.

Nuestro cruel rival utiliza ya sus últimas fuerzas. Está cerca el momento de que nuestro ejército valeroso, junto a nuestros gloriosos aliados, rompa con decisión las filas de nuestro enemigo. Durante estos días decisivos en la vida de Rusia, hemos considerado un asunto de conciencia facilitar a nuestro pueblo que mantenga la estrecha unidad y apretadas filas de todas sus fuerzas populares para la consecución rápida de la victoria y, de acuerdo con la Duma del Estado, hemos reconocido como un bien para el futuro abdicar el trono y desembarazar a nos mismo del poder supremo.

No deseando separarnos de nuestro amado hijo, transferimos nuestro legado a nuestro hermano, el gran duque Mikhail Alexandrovich. Dios le bendiga en su nuevo cometido. Le ordenamos gobernar los asuntos de Estado en unidad plena e inviolable con los representantes del pueblo en las instituciones encargadas de la legislación sobre la base de los principios que se establecerán, y que al hacerlo, hagan también un juramento inviolable a nuestra ardientemente amada tierra.

Llamamos a todos los hijos leales de la patria para que lleven a cabo su deber sagrado para con él, en obediencia al zar, en este momento de tribulaciones nacionales, y para ayudarlo a él y a los representantes del pueblo a llevar el Estado ruso al camino de la victoria, el bienestar, y la gloria. Que el Señor Dios ayude a Rusia. Nicolás.

A la una de la madrugada sonó un silbato y la máquina lanzó un largo y melancólico alarido. Luego, tras un violento tirón, el tren, ya sin los dos diputados, que intentaban llegar cuanto antes a la capital, se puso en marcha y abandonó lentamente el largo andén de Pskov. Desde la estación de Sirotino, en Bielorrusia, unos kilómetros al este, el zar envió a su hermano el siguiente telegrama:

A su alteza imperial Mikhail. Petrogrado.
Acontecimientos de los últimos días me han obligado a decidir de manera irrevocable este paso extremo. Perdóname si te he afligido, porque me ha resultado imposible avisarte. Seguiré siendo tu fiel y devoto hermano para siempre. Voy a volver al Cuartel General Central y desde allí, en unos días, me marcharé junto a mi familia a Tsárskoye Selo. Oro fervientemente a Dios para que te ayude a ti y a la Patria. Nicky.

Cuando Guchkov y Shulgin lograron entregar casi al amanecer el acta de abdicación al gobierno provisional, Mikhail Rodzianko, Alexander Kérenski, Pavel Nikolaevich Miliukov, el príncipe Georgy Evgenievich Lvov, Nikolai Nekrasov Vissariónovich, y algunos otros de sus miembros, decidieron celebrar una reunión a las diez en punto de la mañana en el apartamento del acaudalado príncipe Mikhail Sergeyevich Putyatin, en el 12 de la calle Millionnaya, junto al muelle del Palacio de Invierno. Era el lugar donde se alojaba el gran duque Mikhail Alexandrovich.

La delegación esperó en el salón, bajo la atenta mirada de ancestrales retratos, la llegada del gran duque. La enorme casa, repleta de esplendidos jarrones, sofisticados relojes y candelabros de plata, levantó la admiración de todos —salvo del cosmopolita príncipe Lvov, que estaba muy acostumbrado a moverse en ese tipo de escenarios—, solo que en esos momentos el mundo parecía cambiar tan deprisa que resultaba difícil seguirle el paso, y era más útil intentar darle pan al pueblo, que compartir con él tan exuberantes riquezas.

El hermano menor del zar, un hombre con calvicie prematura y un pequeño bigote, que parecía tímido y desconcertado, pero que mantenía toda la altivez de los Romanov, no tardó en hacer acto de presencia.

—¿Qué vienen a proponerme? —preguntó—.

Las opiniones sobre la forma en que debía de proceder enseguida se mostraron divergentes: Miliukov y Guchkov trataron de convencer a Mikhail Alexandrovich para aceptar el trono; Kérenski, Lvov, Rodzianko, y Nekrasov, trataron de convencerle de lo contrario. Por el resultado es fácil imaginar que ellos insistieron más.

Después de consultar a puerta cerrada solo con Rodzianko y Lvov, el gran duque declaró que lo lamentaba enormemente, pero que no podía servirles. No se sentía capaz de aceptar el trono sin la aprobación del pueblo. Firmó otro acta de abdicación, y se lo entregó a Rodzianko.

El tren circulaba a buena velocidad, sin ningún impedimento. Esa última noche en ruta, Nicolás, ya sin el título de emperador, había dormido apaciblemente. Muy tranquilo. Despertó de un placentero sueño en el que se reunía con su mujer y sus hijos, mucho más allá de Dvinsk, en Letonia. El día era soleado y frío. A las ocho y veinte el convoy se detuvo finalmente en Mogilev, sede durante los dos últimos años de la Stavka, el cuartel general del Ejército Imperial Ruso. Alekséyev lo recibió cordialmente pero de manera formal en la misma escalerilla de su vagón. Poco después, mientras se dirigían ambos hacia los cuarteles en un ostentoso Renault oficial negro, el general le puso al corriente de los últimos sucesos ocurridos en Petrogrado.

—¿Qué me dice, que Misha ha abdicado?
—Sí, alteza, redactó un manifiesto en el que pide la formación de una Asamblea Constituyente mediante sufragio universal, directo, igual y secreto.
—Dios sabe lo que se le habrá pasado por la cabeza para firmar ese tipo de cosas.

INTRODUCCIÓN

El año 2017 es el del centenario de la Revolución Rusa, un punto de inflexión decisivo en la historia del mundo. El momento donde por primera vez los trabajadores establecieron su propio sistema de gobierno a través de los sóviets, literalmente consejos de obreros, soldados y campesinos. Su objetivo era acabar con la opresión feudal y ayudar a sentar las bases de un orden igualitario.

La revolución comenzó en febrero con el derrocamiento del zar. El gobierno provisional moderado que se estableció después intentó enseguida tomar medidas serias para llevar a cabo la reforma agraria, poner fin a la guerra, o hacer frente a cualquiera de los otros temas centrales que habían provocado la agitación revolucionaria, pero no lo consiguió. En realidad, porque nunca llegó a comprender al pueblo que representaba. Pensaba que todos habitaban un mismo país y hablaban el mismo lenguaje y no se dio cuenta de que la gran mayoría eran tan pobres que parecían vivir en un lugar muy diferente, totalmente desconocido. Por ejemplo, ningún miembro del gobierno provisional, a fin de cuentas, de una burguesía culta, llegó a entender nunca lo que era no tener absolutamente nada, o por qué los soldados dejaban las trincheras y se marchaban a casa.

La inevitable crisis llevó al rápido crecimiento del partido revolucionario bolchevique, enraizado en la clase obrera urbana. Prometía «pan, paz y tierra», y eso era más que suficiente. En octubre, los sóviets, dirigidos por los bolcheviques, tomaron el poder y se inició la segunda fase de la Revolución.

El nuevo gobierno mantuvo su promesa al retirarse del matadero de la Primera Guerra Mundial, tomar el control de los bancos y repartir la tierra entre los campesinos, lo que le convirtió en el más progresista de la historia moderna, pero los dirigentes de la Revolución, en particular Lenin y Trotsky, no la vieron solo como el comienzo del «socialismo en un único país», dado el bajo nivel del desarrollo económico ruso, sino más bien como el inicio de una revolución mundial. Ese era su sueño, hacer que el capitalismo occidental colapsara debido a los efectos desastrosos de la guerra. Y ese fue también su error.

Los bolcheviques lanzaron la Internacional Comunista en 1919 para reunir a los millones de trabajadores y jóvenes que apoyaban lo ocurrido en Rusia y rechazaban la labor de los partidos socialdemócratas que habían traicionado a la clase obrera mediante el apoyo a la guerra, y la revolución fue seguida por levantamientos obreros similares en una serie de países, sobre todo Alemania, en los años siguientes, pero apenas se llegó a nada. No condujeron a otro avance anticapitalista decisivo debido a una falta de liderazgo y a que, ni remotamente, aunque también fueran muy malas, se daban en el resto de Europa o en Estados Unidos las mismas condiciones laborales que en Rusia. Si viviéramos en universo idílico y esas revoluciones hubieran tenido éxito, es posible que la humanidad hubiese podido evitar muchos de los horrores del siglo XX, pero como vivimos en un mundo más terrenal, no fue eso lo que ocurrió.

El golpe de octubre, además de a la sublevación obrera y campesina, indujo a las distintas nacionalidades que formaban parte de la inmensa Rusia a declararse independientes y a intentar contrarrestar así el poder central. Los países bálticos, Ucrania, Transcaucasia o Asia Central, por ejemplo, vivieron complicados procesos políticos asociados a la lucha armada, en la que tomaron parte indistintamente sus fuerzas nacionales, los bolcheviques, los representantes de la «democracia revolucionaria» y los partidarios del Movimiento Blanco. Esos enfrentamientos internos impidieron al país cualquier posibilidad de crecimiento y en 1922, después de varios años de guerra civil y cerco internacional, la URSS, la Unión de las Repúblicas Socialistas Soviéticas, el nuevo estado que había aparecido en el mapa del mundo como culminación de la Revolución, era todavía más pobre que su estado matriz.

Necesitaba un salvador, y apareció Stalin, que había hecho todo el proceso revolucionario agazapado a la sombra de un Lenin ya muy enfermo. Le molestaba Trotski, y se desembarazó de él. Luego, mediante una emergente burocracia conservadora, consolidó el poder y se dedicó a destruir todos los elementos de la democracia obrera. Bajo Stalin, la Unión Soviética inició su progreso económico, sobre todo después de la Segunda Guerra Mundial, pero a un terrible coste humano bajo una dictadura totalitaria.

Al final, cuando el estalinismo se derrumbó debido a sus propias contradicciones internas, las clases dominantes de todo el mundo se mantuvieron profundamente hostiles al estado soviético. No porque tuvieran miedo a sus gobernantes, sino porque su sociedad mantenía latente una alternativa a su sistema, una demostración de que el capitalismo podía ser derrocado.

Quienes se habían opuesto a la Revolución desde sus inicios, corrieron a explicar las razones de su descomunal caída: dijeron que fue realmente un golpe de estado en lugar de un levantamiento de masas. Afirmaron que el régimen de Lenin condujo inevitablemente al gulag de Stalin y aseguraron que la experiencia soviética demostraba que una economía totalmente en manos del estado no podía funcionar; que había un «término medio», —precisamente el que ellos defendían—, que podría haber resultado si no hubiera sido por los bolcheviques: la democracia liberal.

Quizá por eso, la Rusia moderna, que ha convertido la «estabilidad» en uno de los principios fundamentales de su gobierno, y piensa que cualquier revolución va en contra de las bases de su filosofía política, nunca ha sabido que hacer con la carga que le supone el legado de 1917. En todo el país, la iconografía de la Revolución y sus líderes aún se confunde. Los visitantes de Moscú todavía pueden presentar sus respetos al cadáver momificado de Lenin, que asoma de manera un tanto siniestra de su caja de vidrio en el interior del mausoleo de mármol en la Plaza Roja. Pero una vez en el exterior, apenas a unos pasos del fundador del comunismo ruso, también pueden entrar en unos llamativos grandes almacenes que atraen a sus caros departamentos de moda a los moscovitas ricos. O pueden ver que el último zar y su familia han sido convertidos en santos por la Iglesia ortodoxa rusa, mientras una estación de metro de Moscú todavía lleva el nombre de Piotr Voikov, el hombre responsable de organizar su ejecución.

Una duplicidad que, como ocurre en tantas ocasiones, llegó al disparate cuando en la fiesta de lanzamiento de un nuevo y ambicioso proyecto diseñado para llevar los acontecimientos de 1917 a la vida de los rusos modernos, un siglo después, cientos de personajes de la élite artística y creativa de la Rusia actual, vestidos como aristócratas zaristas de la época, se dedicaron a celebrar el acontecimiento con caviar a cucharadas y litros de champán.

1.ª PARTE

La Rusia de los zares

Coronación del zar Alejandro III y la emperatriz María Feodorovna, el 15 de mayo de 1883, en la catedral de la Dormición del Kremlin, Moscú. A la izquierda de la tarima se puede ver a su hijo y heredero, el zarevich Nicolás. Obra de Georges Becker realizada en 1884.
Museo del Hermitage, San Petersburgo.

Los súbditos han de obedecer, sean cuales sean las consecuencias.
Que se cumpla la voluntad del Señor.

Iván Goremykin

La Rusia del siglo XIX llegó a ser el mayor estado de Europa; su imperio, después del británico, se convirtió en el más grande del mundo. Ocupaba una sexta parte de la superficie terrestre y albergaba a la duodécima parte de la población mundial. Era el único que se extendía a lo largo de un bloque macizo y continuo de territorios, configurándose como algo parecido a un continente, protegido por inmensos bosques y circundado por diversos pueblos —polacos, suecos y tártaros—, con los que, casi siempre, mantenía relaciones tumultuosas. Sin embargo, su mayor diferencia con la Europa Occidental a la que intentaba emular, aunque de cuando en cuando se volviera de manera descarada hacia un Oriente que despreciaba, no radicaba en lo geográfico, sino en su propia historia y su población.

Toda la enorme sociedad rusa vivía a finales del siglo XIX en un feudalismo trasnochado que el resto de Europa había dejado atrás 300 años antes. No se regía por la jerarquía propia de Occidente; no existían élites cultas y preparadas —ni siquiera la nobiliaria—, ni clases útiles y capaces que formaran una burguesía fuerte; ni siquiera un Tercer Estado[1] poderoso. Estaba firmemente fracturada entre las clases altas y un conglomerado amorfo de clases sin posibilidad alguna de ascenso social, con un bajo nivel cultural y dominado por la religión y las viejas costumbres.

El poder político lo ostentaba el zar, de la familia de los Romanov, que mantenía una monarquía absoluta y teocrática apoyada en una nobleza y clero privilegiados que nutrían además el mando de un numeroso ejército. Existía una tradicional asamblea de representantes, la Duma —un consejo consultivo para los grandes príncipes y los zares—, pero prácticamente no tenía poder. Dependía de la potestad del zar el convocarla o disolverla, y raramente se había reunido desde que Pedro el Grande transfiriera sus funciones en 1711 al Senado Gobernante.

No consiguió quebrantar esa solidez que permitió al país permanecer apartado de las convulsas sublevaciones de Occidente responsables de acabar con los restos del Antiguo Régimen —minado para siempre por la Revolución Francesa—, ni siquiera la conspiración militar que se denominó de los «decembristas», porque tuvo lugar el 26 de diciembre de 1825. Pretendía conseguir por la fuerza que el zar Alejandro I aplicara alguna de las medidas legislativas aparecidas en el Código Napoleónico de 1804. La protagonizaron cerca de 3000 oficiales y soldados veteranos que habían recorrido media Europa combatiendo al emperador francés y, en ese largo periplo, descubrieron naciones donde el vasallaje estaba abolido y el poder monárquico sujeto a límites. Unas

---

[1] El Tercer Estado —los otros dos eran el clero y la nobleza—, lo formaban los artesanos, los comerciantes, el campesinado y la plebe urbana.

ideas políticas totalmente opuestas a la rígida autocracia rusa, que socialmente quedaba muy atrasada.

Rusia era por entonces, básicamente, un país rural, donde las relaciones se establecían sobre la base de una población sometida, casi en su totalidad campesina y analfabeta —prácticamente el 90 %—, en el que los siervos se encontraban sumidos en la miseria económica, la ignorancia y la quiebra moral. Existían, no obstante, diversos niveles de sometimiento, que iban desde el de los siervos sujetos a pagarle una renta a su señor, al de los siervos domésticos o los sometidos a trabajo no remunerado. En todos los casos, los señores contaban con el derecho a infligirles castigos corporales, cambiarlos, venderlos, mandarlos a Siberia o, la peor de las penas: incluirlos en las listas militares que permitían su reclutamiento; una auténtica condena a muerte en vida, pues se trataba de un servicio al estado que duraba 25 años. El campesino, utilizado solo como «carne de cañón», salía de su tierra adolescente y, si regresaba, lo hacía al inicio de la vejez.

Todos los miembros de una familia dedicados, día tras día, a recoger carbón. La escolarización no existía en la Rusia rural. Ningín campesino sabía leer ni escribir. Obra de Nikolai Alekseevich Kasatkin realizada en 1894. Museo Estatal de Rusia, San Petersburgo.

No existía un Estado de derecho basado en una legalidad «objetiva». El concepto de «ley» como se entendía en Occidente era prácticamente desconocido. No había ministerios con funciones especializadas, que se limitaran y coordinaran recíprocamente, ni siquiera instituciones intermedias moderadoras. La única ley que existía era el propio arbitrio subjetivo del zar, favorecido en su papel omnipotente por la inexistencia de una corte o una nobleza con iniciativa propia, dedicada solo a desempeñar un papel puramente burocrático.

Tampoco la Iglesia Ortodoxa tenía una vida independiente, ni siquiera auténtica autoridad moral, pues era solo una parte más de la enorme burocracia alimentada por el país. Dependía del procurador del Santo Sínodo, que era a su vez un alto funcionario zarista, y su aportación a la ética era mínima, a diferencia de lo ocurrido durante siglos con otras confesiones. Su religiosidad estaba muy lejos, por ejemplo, del intimismo basado en la libertad absoluta del hombre que caracterizaba a las religiones protestantes. El bajo clero ruso, prácticamente sin excepciones, era pobre, ignorante y borracho, con un ínfimo nivel de moralidad. Eso, unido a la falta de libertad de conciencia o la persecución de todo el que fuera de otra religión, la convertían en uno de los principales y más odiados instrumentos de opresión.

Procesión religiosa en la provincia de Kursk. *El lienzo muestra como percibía el autor los abusos de la iglesia y el estado. Un coleccionista de arte, Pavel Tretyakov, compró la pintura por 10 000 rublos y le pidió que reemplazara a las criadas y campesinas por jóvenes hermosas, a lo que se negó rotundamente.* Obra de Ilya Repin realizada en 1883. Galería Tretyakov, Moscú.

Por encima del conjunto de la sociedad, casi fuera de ella, estaba siempre esa todopoderosa burocracia a la que hemos hecho referencia. Gracias a su desproporcionado despliegue en todos los ámbitos, el estado zarista consiguió en todo momento mantenerse claramente alejado del tejido social, sin que, en ningún momento podamos ni siquiera hacer referencia a él como un Estado nacional, porque nunca lo fue.

Cuando en el curso del siglo XIX, con el despertar en Rusia de una tibia conciencia e ideología nacional, se crearon las condiciones para llevar a cabo esa fusión, como ocurrió en el resto de Europa, el Estado prefirió continuar al margen, e incluso llegó a enfrentarse a ese proceso. La burocracia llegó a ser tan numerosa en el inmenso territorio ruso que en la década de los 80 del siglo XIX alcanzaba la enorme cantidad de 2000 millones de rublos de presupuesto. Por entonces, Alejandro III se refería a ella de manera impersonal con expresiones tan duras como «mentirosa» y «ladrona», pero era totalmente incapaz de reducirla. Máxime cuando las decenas de miles de funcionarios que se alimentaban y aprovechaban de ella, desde el zar hasta el inspector del paraje más remoto de Siberia, se mostraban muy poco partidarios de dejar de vivir de las arcas de la Madre Rusia.

Sin embargo, a partir de 1840, esa autocracia y esa servidumbre que también habían funcionado hasta entonces, trabaron demasiado el desarrollo capitalista: la producción agrícola era pobre, la exportación de cereales insuficiente y el incremento de las manufacturas, faltas de mano de obra, lento. A todo eso se sumó en 1856 la derrota en Crimea, que trajo consigo algunos conatos de liberalización. Ante una situación que comenzaba a resultar peligrosa, y antes de que a los rusos les diera por sentir la necesidad de grandes reformas, Alejandro II le puso remedio de manera bastante inteligente, con el acta «libertadora», promulgada el 19 de febrero de 1861, que abolió para siempre en el país el concepto feudal de tratar al campesino como siervo.

Eso sí, el labrador «libertado» se encontró de pronto con la obligación de pagar ínfimos pedazos de tierra hábilmente delimitados. Pasó así de tener una dependencia laboral a tener una dependencia económica: en adelante tendría que trabajar más, para conseguir lo mismo. Las tierras laborables, que los cultivadores «libertados» tuvieron que arrendar o comprar, cerca de 5 hectáreas de tierra por cabeza —solo eran considerados los hombres—, fueron valoradas en casi el doble de su precio real —342 millones de rublos en vez de 180—, de manera que los antiguos siervos se encontraron al mismo tiempo liberados y terriblemente endeudados.

La medida fue buena para los grandes propietarios, pero es evidente que no mejoró la condición de vida de los campesinos, al contrario. Algunos decidieron comprar su pedazo de tierra, pero otros muchos, la gran mayoría, sin ninguna otra alternativa, debieron quedarse en las mismas fincas en las que habían estado hasta entonces, para poder sobrevivir. De modo que todos los campesinos —o pequeños comerciantes, o artesanos— y sus descendientes, volvieron a quedar confinados, pero ahora en lo que se suponía sus tierras, sujetos a la voluntad de algún terrateniente.

Fue por entonces cuando a esos antiguos siervos que no poseían nada, que eran pobres e ignorantes, se les comenzó a llamar de forma despectiva *mujiks*. El rápido crecimiento de la población hizo que ya en el año 1900 le correspondieran a cada *mujik*, a cada campesino, menos de tres hectáreas. Eso suponía que aproximadamente el 70% de los labradores poseían una cantidad de tierra inferior a la necesaria para alimentar a sus familias.

Quince años después de la reforma, hacia 1876, había aumentado en un 140% la exportación de cereales rusos al mercado europeo. Fue la razón principal de que se produjera una sensible baja en el precio mundial de los cereales, pero no afectó demasiado a los propietarios de grandes latifundios[2]. Sin embargo, sí supuso un problema para los campesinos, que fueron presa fácil de hambres periódicas. Gracias a este sistema, que mantenía al pueblo sujeto mediante la coerción económica —la del hambre—, una coerción disimulada, pero mucho más eficaz que la violencia descarada, la situación de los campesinos rusos no cesó de empeorar desde la gran reforma del «zar libertador», hasta la revolución de 1905.

Un pueblo ruso hacia 1900. Los campesinos fueron conocidos como mujiks *hasta 1917. A la palabra también se le atribuía un significado más despectivo y oscuro, como «perverso» o «embustero». En la actualidad, el término* mujik *se utiliza en Rusia, durante conversaciones informales, para referirse a otra persona, ya sea un amigo, o un conocido.*

La incipiente industria manufacturera rusa encontró así en los campos, la mano de obra «libre» que le hacía falta. Rusia, que en aquella época se hallaba poblada por 67 millones de habitantes, contaba con 23 millones de mujiks que dependían por completo de 103 000 propietarios. No es difícil darse cuenta que la liberación de los siervos constituyó un buen negocio para el comercio, la industria, la propiedad rural y la burocracia reinante.

El desarrollo del capitalismo exigía que el trabajador libre —libre de vender su sudor— sustituyese al esclavo y al siervo; porque trabajaba mejor, más y con mayor conciencia, pero en Rusia no había muchas diferencias entre un trabajador libre azuzado por el hambre y por la necesidad de dar de comer a su familia y un esclavo. Pongamos un ejemplo real de una fábrica tipo, para no perdernos en generalidades.

---

[2] En el período de 1857 a 1859, Rusia solo llegó a exportar 8 750 000 *quarters* de cereales —un *quarter* equivale a 290 litros o un cuarto de tonelada—. De 1871 a 1872 exportó 21 080 000.

En 1896, la fábrica de Alexis Zalogin Fryanovskov producía hilo de lana de dos clases distintas con materias primas de alta calidad traídas de Australia, Egipto y Asia Central. Vendía sus productos en Moscú, tenía representación en Francia y se había presentado con gran éxito en la Exposición de Arte e Industria de toda Rusia, celebrada ese mismo año en Nizhny Novgorod.

Estaba situada en Bogorodsk, la actual Noginsk, al norte de una de las mayores zonas industriales del país. La ciudad tenía unos 2200 habitantes, incluidos ancianos, mujeres y niños y, de esa población, 600 personas trabajaban para Fryanovskov, que obtenía de su empresa alrededor de 1 500 000 rublos anuales. Hasta ahí, todo parece normal para la sociedad capitalista de finales del siglo XIX. El problema se presenta cuando a ese cuadro que hemos pintado se le aplican las características propias del sistema laboral ruso.

En primer lugar, la fábrica se encontraba aislada, rodeada de bosques de pinos y abedules, junto a un río que desembocaba en un pantano, a unos 36 kilómetros de la ciudad, por lo que los trabajadores prácticamente no tenían posibilidades de salir de ella; en segundo lugar, no paraba; su motor principal, de 80 caballos de vapor, funcionaba día y noche todos los días de la semana, incluidos los domingos.

La compañía Fryanovskov, fundada en 1886, y su fábrica de algodón. Servía a cadenas de tiendas y grandes almacenes al por menor en Armavir, Ekaterinodar, Stavropol, Astracán y Simferopol. Los trabajadores dormían directamente en el suelo, en su lugar de trabajo, sin unas condiciones básicas de higiene.

Hombres, mujeres y niños trabajaban en dos turnos rotativos férreamente establecidos. Uno, de cinco de la mañana a ocho de la tarde, y otro de nueve de la tarde a cinco de la mañana. El turno de día comenzaba con el agudo silbido de la máquina; a las 10:00 se paraba 45 minutos para desayunar y, sobre las 15:00, alrededor de una hora para almorzar. No había más descansos. Solo los domingos se producía una pausa algo más larga, de 18:00 a 21:00 para reacondicionar los sistemas mecánicos de producción.

Durante el turno de noche, en el que también estaban involucrados todos los sexos y edades, se iluminaban las instalaciones con lámparas de queroseno. En invierno, servían de escasa calefacción. En verano eran un reclamo para los mosquitos, que acudían en tropel.

Los cardadores recibían un salario mensual de 12 a 23 rublos al mes; los hiladores y clasificadores, que trabajaban a destajo por 6 centavos la hora, obtenían de 17 a 20 en verano y de 14 a 16 en invierno. En todos los casos y puestos de trabajo, siempre que fueran hombres, pues la discriminación contra las mujeres en las fábricas textiles era algo común. Las mujeres con niveles de carga de trabajo similares obtenían al mes de 8 a 12 rublos, y los menores, de entre 12 y 15 años, de 3 a 6 rublos mensuales.

Ingenieros y artesanos de la fábrica Fryanovskov. En 1904 se ordenó abrir un consultorio médico para los empleados de la compañía. El 5 % de los trabajadores tenían tuberculosis. El 86,7 % eran alcohólicos. Resultados similares se obtuvieron en todas las industrias.

Hacer los cálculos no es difícil. Si el operario que más cobraba al año recibía 276 rublos y había 600 trabajadores, los gastos de personal no podían superar nunca los 165 600 rublos. Aún en el caso que el propietario tuviera unos gastos generales del 30 % de sus beneficios de 1 500 000 de rublos, le quedaban unas ganancias anuales de más de 800 000 rublos. Mientras, sus trabajadores cobraban al año una media de 200 rublos trabajando de sol a sol y, aun así, apenas les daba para poder vivir. Ese era el auténtico problema de Rusia.

En lo único que el estado zarista sí consiguió superar a Occidente fue en las técnicas policiales, que llegaron a alcanzar cotas de insólita perfección. De 1825 a 1855, con Nicolás I, la Inquisición del Estado, creada a finales del siglo XVII por Pedro I, se convirtió en la Tercera Sección de la Cancillería imperial y, con Alejandro II, a partir de 1855, esta quedó integrada en el ministerio del Interior. Pero sería desde 1884, ya con Alejandro III, cuando quedaría definitivamente configurada como la *Ojrana*, una policía política destinada a desterrar, detener, registrar domicilios y tomar cualquier tipo de «medidas de seguridad», sin cortapisa alguna. Alcanzará su momento de apogeo tras el asesinato de Alejandro II en 1881, y mantendrá al estado zarista durante sus últimos treinta años en permanente estado de excepción.

Con un pueblo sometido al régimen autocrático, si cabe, con mayor violencia, el régimen zarista decidió también perseguir con dureza cualquier tipo de disidencia. Eran frecuentes las deportaciones a Siberia y las ejecuciones de los opositores. En esta situación en la que no existían derechos ni libertades individuales, la oposición al zarismo se hizo cada vez más intensa, solo que no se formó un bloque homogéneo, sino que nacieron múltiples organizaciones que, en principio, buscaban sobre todo sentar las bases para conseguir una república de tipo occidental.

1.1 El momento del cambio

En la primavera de 1895, Vladímir Ilich Uliánov —Lenin—, un joven de 25 años licenciado en derecho por la Universidad de Kazán, cuyo hermano mayor había sido ejecutado 7 años antes por intentar atentar contra el zar Alejandro III, fue encargado por los círculos marxistas clandestinos de Rusia, de enlazar en Suiza con los socialistas de su país, que se habían visto obligados a emigrar acosados por la represión había. Allí conoció a Gueorgui Plejanov, principal teórico y propagandista ruso de las ideas planteadas por Karl Marx. Luego viajó a Berlín, donde entabló amistad con el checo Karl Kautsky, otro destacado teórico marxista, dirigente del movimiento revolucionario alemán y, de vuelta a Rusia, negoció una alianza con los populistas[3] para fundar la Unión para la Lucha por la Emancipación de la Clase Obrera. Detuvieron a todos los integrantes de esa incipiente organización casi de inmediato, a finales de año.

Lenin[4] fue deportado al lejano este. Lo trasladaron junto a otros exiliados políticos al lugar que él eligió, la aldea de Shúshenskoye, en Minusinsk, al sur de Krasnoyarsk; una región en la estepa de Siberia Oriental, junto al río Yenisei, a unos 400 kilómetros de la frontera de Mongolia, conocida como importante centro agrícola y lugar de paso de las rutas de comercio. Pero no fue un destierro demasiado riguroso. De hecho, Nadezhda Krúpskaya, su novia,

---

[3] Populistas —*naródnik* en ruso—, era la forma en que se denominaba a los revolucionarios rusos de finales del siglo xix. Nunca establecieron una organización concreta. Compartían el propósito general común de derrocar a la monarquía y a los grandes hacendados, y distribuir la tierra entre los campesinos.

[4] Se afirma que el apodo de Lenin proviene del río Lena, que se encontraba cercano a la prisión en la que estuvo confinado, como imitación del seudónimo de Plejánov, que usaba el de Volgin, por el río Volga. Es imposible saber si es cierto.

condenada también a exilio interior, pudo trasladarse allí, para que contrajeran matrimonio por la iglesia.

Mientras permanecía en su confinamiento siberiano, en Rusia crecía el movimiento socialista. En marzo de 1898, en Minsk, se celebró la primera reunión del Partido Obrero Socialdemócrata ruso con la ausencia de sus principales jefes. Era una fundación simbólica, pero no por eso menos importante: representaba el final de un largo trabajo de fusión de los círculos marxistas sostenidos en diversas ciudades por Lenin y Yuli Mártov. El problema fue que, a la salida del Congreso, la *Ojrana* detuvo a los nueve delegados presentes.

A mediados de enero de 1900, después de casi mil días deportados en Siberia, Lenin y su esposa fueron puestos en libertad. Decidieron abandonar ilegalmente el país y exiliarse en Suiza. Allí, reunido con Mártov y Aleksandr Potrésov, Lenin puso en marcha un proyecto largamente acariciado: la publicación de un periódico socialdemócrata de alcance nacional. El primer número de —*La Chispa*—, vio la luz en Alemania el 21 de diciembre de ese mismo año, con un editorial de Lenin en primera página. Fue en esa época, cuando su vida transcurría entre Múnich y Ginebra, cuando se convirtió en el principal líder de los marxistas rusos. Sobre todo, después de la publicación del libro *¿Qué hacer?*, considerado una de sus obras de más transcendencia. En ella reclamaba la necesidad de una organización de revolucionarios profesionales y sintetizaba la idea del partido como vanguardia de la clase obrera.

En noviembre de 1901, bajo el liderazgo de Víctor Chernov, un licenciado en derecho hijo de una familia de campesinos que había llegado a la nobleza, se fundó en Berlín otra organización similar, el Partido Social Revolucionario Ruso. Era el resultado de la unión de dos grupos populistas, la Unión de Socialistas Revolucionarios y el Partido de Socialistas Revolucionarios, ambos surgidos en la década de 1890, pero que contaban con muy escasos miembros. A pesar de que siempre se mantuvo bajo el control de los intelectuales, se presentó como el representante del campesinado; luego, gradualmente, según se producía el despegue económico, intentó generalizar sus reivindicaciones sociales y pasar desde sus orígenes rurales a atraer a una incipiente clase obrera urbana en rápido crecimiento. Su intención no era otra que poder ampliar el concepto de «pueblo» para abarcar a todos los elementos de la sociedad que tenían razones para desear la caída del sistema zarista.

Su programa era bastante vago y falto de detalle. Más que un plan de acción defendía una colección de principios generales que llevaran a una revolución burguesa que hiciera caer a la autocracia, pero sin llegar al socialismo. En el campo no se abogaba por la nacionalización de la tierra, sino por la formación de un fondo con todas las expropiadas —sin ninguna compensación a los terratenientes—, repartidas en usufructo, no en propiedad, entre el campesinado y sus comunas. En cuanto a la industria, se oponía a la inmediata nacionalización de sus medios de producción. Defendía que ese paso debía realizarse en una fase posterior de la revolución. Mientras, era suficiente con exigir ciertas mejoras económicas para los obreros: desde seguro universal, obligatorio y gratuito, hasta limitación del horario laboral o participación en la gestión de las fábricas.

Otros puntos del programa socialrevolucionario eran el establecimiento de una república y la descentralización de la administración, postura que les distinguía de otros grupos socialistas. El PSR reconocía el derecho de autodeterminación, estaba de acuerdo con la creación de una federación de estados e incluso admitía la independencia de los distintos pueblos del imperio, para resolver el problema de los abundantes nacionalismos.

El arresto de un revolucionario propagandista. *La Ojrana disponía de numerosos agentes a lo largo de Europa, muchos de éstos operaban infiltrados en los grupos revolucionarios.* Obra de Ilya Repin realizada entre 1880 y 1889. Galería Estatal Tretyakov, Moscú.

La polémica desatada por sus fundadores en torno a cómo estructurar el partido fue lo que provocó profundas divergencias entre los compromisarios del II Congreso del Partido Obrero Socialdemócrata Ruso, en el que estuvieran representadas todas las tendencias revolucionarias. Inaugurado en Bruselas a finales de julio de 1903, Lenin y Plejanov defendieron su idea en la que concebían el partido como una minoría seleccionada de revolucionarios profesionales; todo lo contrario de los que pensaban Mártov, Pável Axelrod y Trotski, para quienes debía ser un movimiento obrero abierto a todos. Lenin, además, deseaba una organización sumamente centralizada, cuya dirección permaneciera en el extranjero; Mártov, prefería dos direcciones, una en Rusia —a cuya cabeza estaría toda la organización de *Iskra*—, y otra en el extranjero, que sería el órgano central.

La persecución policial obligó al Congreso a trasladarse a Londres, donde prosiguió sus sesiones en agosto. Aunque la propuesta de Lenin fue rechazada por 28 votos contra 23, la posterior retirada de 2 economicistas[5] y de los 5 delegados de la Unión General de Trabajadores Judíos de Lituania, Polonia y Rusia —habitualmente conocida con el término alemán *Bund*—, a los que negaron la posibilidad de establecer dentro del partido una posición autónoma, le otorgó a partir de entonces una ligera mayoría en los siguientes asuntos a tratar.

Finalmente se consumó la ruptura entre Mártov y Lenin, y desde ese mismo momento se consolidó también la división del partido en dos fracciones: la bolchevique —*bolchevik* en ruso es, literalmente, «miembro mayoritario»—, fiel a las tesis de Lenin, con 24 votos en las últimas votaciones del congreso; y la menchevique —«miembro de la minoría»—, con 22. A partir de entonces, el partido de cuadros profesionales, centralizado y disciplinado, fue el pilar básico del nuevo movimiento: el bolchevismo.

Con frecuencia la disidencia llegaba a todos los lugares del imperio ruso. En la fotografía, tomada en 1910, cinco internos recluidos en un zindan, una prisión tradicional de Asia Central, miran hacia el exterior. Su guardia lleva armamento y uniformidad de la infantería rusa. Zindan es una antigua palabra persa que significa mazmorra. Volvió a entrar en uso en los primeros años del siglo XXI durante la guerra entre Rusia y los rebeldes chechenos.

Trotski tampoco tardó mucho en romper con los mencheviques, por su posición frente al lugar que debían desempeñar los burgueses «liberales» y la

---

[5] Los economicistas buscaban, sobre todo, objetivos económicos que mejoraran la situación material del proletariado, por ello rechazaron el manifiesto fundacional del partido, que otorgaba prioridad a la lucha por las libertades políticas. Fueron atacados ferozmente por Lenin y Plejanov, que consideraban que subestimaban el papel de los intelectuales en el movimiento socialista.

clase media intelectual en la lucha contra el zarismo. Mientras los mencheviques proclamaban la conciliación con estos últimos, Trotski sostenía: «La solución solo puede venir de una huelga general, seguida necesariamente del levantamiento del proletariado, que se pondrá a la cabeza del pueblo contra el liberalismo». Entre Lenin y Trotski, que sí coincidían en el empleo de la huelga general como método revolucionario para la insurrección, solo quedaba una discrepancia: el papel que debía desempeñar el campesinado. Para Trotski no podía ser independiente, sino que debía ser acaudillado por el proletariado, algo que finalmente sería confirmado por el posterior desarrollo de los acontecimientos[6].

Mientras los movimientos revolucionarios se enfrentaban en el extranjero, y buscaban perfeccionar tácticas y teorías, dentro de las fronteras rusas se fortalecieron los efectivos obreros como resultado de una industrialización que crecía a un ritmo asombrosamente rápido. Lo malo era que, en unas condiciones tan deplorables, tanto la miseria como la indignación los hacía a ellos y a los campesinos cada vez más permeables a cualquier tipo de propaganda que pretendiera mejorar su futuro.

Así surgieron en esos años otras dos organizaciones de signo muy distinto. La primera, la Asamblea de Trabajadores Rusos de Talleres y Fábricas, fundada en febrero de 1904 por el clérigo ortodoxo Gueorgui Gapon; hijo de un campesino ucraniano y figura de gran carisma, cuya inspiración nacía de las obras de León Tolstoi. Su asociación enseguida se volvió tan popular que abrió secciones en los diferentes barrios de la ciudad y llegó a tener unos 10 000 miembros y cerca de 8000 asociados. Lo que no decía Gapon era que contaba con la ayuda de la policía secreta y el beneplácito del nuevo ministro del interior, Viacheslav von Pleve —había sido nombrado el 22 de marzo de 1902—, para intentar mantener controlados a los obreros y orientar contra los industriales el descontento que se levantaba contra el régimen político. En cualquier caso, Gapon, que a finales de 1904 era sin lugar a dudas el dirigente sindical más destacado de Rusia, no estaba bien visto por los socialdemócratas y los socialistas revolucionarios, que desdeñaron todos sus intentos de mantener contacto.

La segunda, aunque quizá parezca sorprendente al leer el comedido programa del PSR, su brazo armado, la Organización de Combate Socialrevolucionaria, encargada de la actividad terrorista que debía servir para fomentar la insurrección popular contra el sistema autocrático. Fundada en el otoño de

---

[6] Todas las polémicas de este periodo alrededor de la revolución, dieron origen un año antes del levantamiento de 1905 a que Trotski formulara las bases de la «teoría de la revolución permanente», que sería por primera vez plasmada de forma metódica en su libro *Resultados y perspectivas*, publicado en 1906.

1901 la dirigía Grigori Gershuni, un hábil terrorista de origen lituano y atractiva personalidad, que recorría el imperio para crear células de la organización.

La formación se sentía sucesora de la sólida *Naródnaya Volia* —La voluntad del pueblo—, que en marzo de 1881, tres años antes de disolverse, había asesinado en un atentado a Alejandro II. Contaba con amplia autonomía tanto en su organización interna o reclutamiento, como en la elección de las víctimas de sus atentados; pero no hay que engañarse, mantuvo siempre el respaldo entusiasta de la dirección del partido.

En su primer ataque asesinaron al ministro de Interior, Dmitri Sipyagin, el 2 de abril de 1902. En el segundo, lograron herir el 29 de junio al príncipe Iván Mikhailovich Obolenski, gobernador de Járkov. En el tercero, el 6 de mayo de 1903, dos miembros de la organización asesinaron al gobernador de Ufá, Nikolai Modestovich Bogdanovich, que el 13 de marzo, durante la huelga de Zlatoust, había ordenado a las tropas abrir fuego sobre los cerca de 6000 trabajadores de las fábricas de armas y metalurgia, que se manifestaban para pedir comida y un salario digno[7].

El 13 de mayo, poco después del atentado, Gershuni fue detenido en la estación de Kiev[8]. En febrero de 1904 lo juzgó un tribunal militar en San Petersburgo y lo condenó a muerte. Su sentencia la cambió el zar por cadena perpetua en el *katorga*[9] —campo de trabajos forzados— de Akatuy, en Siberia, una remota mina de la que se obtenía plomo y plata. Desde ese momento la organización pasó a estar dirigida por Yevno Azef, recomendado por el propio Gershuni, una propuesta que el comité central socialrevolucionario aceptó sin problemas.

El arresto de su líder paralizó los ataques de la organización durante cerca de un año, pero no acabó con ella, como esperaban los responsables policiales. Al contrario. El 15 de julio de 1904 asesinaron a Von Pleve, y a esa operación le siguió otra aún más espectacular: el atentado con bomba en que murió el 4 de febrero de 1905 el tío del zar, el gran duque Sergio. Para entonces los terroristas habían demostrado una enorme eficacia: de los 200 objetivos fijados en inicio, incluidos destacados cargos del régimen y la administración

---

[7] Murieron 30 manifestantes y fueron heridos unos 250, de los que, aproximadamente, fallecieron en el hospital otros 20. Todo lo referente a lo ocurrido en Zlatoust se publicó ese mismo año en los números de Iskra 37, 38, 39 y 50, y en periódicos extranjeros, por lo que no parece probable que se exagerara el número de víctimas.

[8] Gershuni escapó en 1906 escondido en un barril y llegó a China. De allí viajó a Japón y a Estados Unidos. Volvió a Europa en febrero de 1907 para asistir al Segundo Congreso del Partido Social Revolucionario, donde argumentó de nuevo a favor de una campaña de terror para derrocar a la autocracia zarista. Murió en Zúrich, de tuberculosis, al año siguiente.

[9] Ver nuestro libro *Campos de muerte*. EDAF, 2016.

zaristas, solo 16 habían salido ilesos. Las víctimas de sus atentados ascendían a 139 muertos y 85 heridos.

A pesar de todas esas acciones, se sospechó en diversas ocasiones que Azef trabajaba para la policía, pero siempre que se presentaron cargos contra él contó con el respaldo de la dirección del partido y de Gershuni, que le apoyaba desde el exilio. Cuando se logró probar a finales de diciembre de 1908 que era un agente infiltrado, supuso un duro revés tanto para el partido como para los defensores del terrorismo como instrumento revolucionario.

La entrada del campo de trabajo de Akatuy en 1907. Construido en 1832 —es la fecha oficial que aparece en la placa que hoy lo recuerda—, y situado en tierras privadas del zar, que se quedaba con todo el producto de la explotación, se convirtió desde 1890, al cerrar el campo de Kara[10], en uno de los principales centros de detención de presos políticos. En 1911 pasó a ser un campo solo para mujeres. Fue clausurado tras la revolución de febrero de 1917.

Tampoco era algo tan raro. Puesto que buena parte de las organizaciones revolucionarias contaban con sedes fuera de Rusia, la *Ojrana* disponía de numerosos agentes a lo largo de Europa. Muchos operaban infiltrados como topos o agentes provocadores en los grupos revolucionarios, lo que le permitía a la oficina central estar informada de sus planes de actividad e incitar a los integrantes a realizar acciones infructuosas, desesperadas o impopulares. Fue el caso también del doctor Yákov Zhitómirski, que llegó incluso a ser colaborador de Lenin.

---

[10] Kara, donde estaban 185 hombres y 32 mujeres, fue cerrado tras intentar suicidarse con veneno 24 presos políticos. Murieron 5 mujeres y 2 hombres, lo que levantó una importante protesta pública.

1.1.1 La guerra ruso japonesa

Port Arthur, situado en la península china de Liaodong era un excelente y estratégico puerto natural situado al final de la línea férrea que cruzaba el este del país qué, como el mismo ferrocarril, había sido construido y fortificado por los rusos a partir de 1897. Las razones de que estuviera en sus manos eran, cuanto menos un tanto complicadas: en 1895, tras su victoria en la Primera Guerra Chinojaponesa, Japón lo ocupó junto a toda la península como botín de guerra, pero se vio obligado a cederlo de nuevo ante la amenaza de un ataque conjunto de Francia, Alemania y Rusia. Francia y Alemania se retiraron, pero Rusia no. La costó dos años, pero logró que China le cediera el jugoso bocado del protectorado de una gran parte de la península, incluido el puerto, que se convirtió en su principal base para acceder al océano Pacífico.

El oso imperial ruso, con su deseo de expansión territorial, se alza contra el resto de las potencias extranjeras, para tratar de llegar con su sable hasta donde se encuentra China. Caricatura de John S. Pughe para la revista *Puck* del 24 de abril de 1901.

Para Japón, fue una afrenta, pero pareció conformarse. No ocurrió lo mismo cuando a primeros de septiembre de 1901, una vez erradicado el levantamiento de los bóxers[11] por una coalición internacional de la que tanto Japón como Rusia formaban parte, los rusos decidieron no retirarse de Manchuria y comenzaron a expandirse por toda la ruta del ferrocarril, como parte de sus aspiraciones imperialistas en Extremo Oriente.

Ante esa situación, Japón que se había industrializado como Rusia de manera tardía, e igual que ella también estaba dispuesto a extenderse por

---

[11] La rebelión Bóxer, de agosto de 1899 a septiembre de 1901, opuesta a la expansión imperialista occidental y a la actividad de los misioneros cristianos, enfrentó al gobierno de China y a una coalición internacional formada por Rusia, Japón, Estados Unidos, Francia, Gran Bretaña, Alemania, Italia y Austro-Hungría.

Manchuria y Corea, propuso una conferencia entre ambas potencias para repartirse el territorio. Comenzó en junio de 1903 y se prolongó hasta primeros de enero de 1904, pero ya en agosto, mientras Rusia continuaba con las anexiones, la fortificación del puerto y el incremento de la guarnición en la región; y Japón presentaba unas condiciones para el acuerdo tan duras que serían inadmisibles, se vio que esas negociaciones no conducirían a ninguna parte.

A los rusos, seguros de su victoria en caso de conflicto, y con un punto de desprecio hacia todo lo oriental, no les importó. Tampoco que el agrio enfrentamiento y la ruptura de relaciones acabara por desembocar en una escalada bélica que contemplaron, de forma bastante temeraria, como un paseo militar. No iban a tardar mucho de darse cuenta en San Petersburgo que habían cometido un terrible error.

El regimiento de cosacos de Orenberg, hace un alto camino durante el invieno de 1905. La humillante derrota de los rusos ante las fuerzas armadas japonesas debilitó aún más la posición del zar Nicolás II.

El 8 de febrero, al mismo tiempo que una escuadra japonesa abría fuego sobre dos barcos rusos que se encontraban en el puerto coreano de Chemulpo y que entorpecían el desembarco de tropas, el resto de la flota, dirigida por el almirante Heihachiro Togo, atacó por sorpresa, apenas tres horas después de la declaración de guerra, al grueso de los navíos anclados en Port Arthur. Fue un desastre. Dos acorazados quedaron seriamente dañados y, buena parte de la flota de la flota rusa bloqueada en la bahía para el resto de la guerra.

Con Chemulpo en sus manos y sin la amenaza de los buques rusos, las tropas japonesas desembarcaron en Corea, avanzaron rápidamente para tomar Seúl y ocuparon sin problemas el resto de la península. Para finales de abril, el 1.º ejército japonés, al mando del general Kuroki Tamemoto, ya estaba preparado para vadear el río Yalu, frontera natural entre Corea y Manchuria, donde se encontraban las posiciones rusas.

A diferencia de la estrategia japonesa de ganar terreno rápidamente para controlar Manchuria, Rusia se centró en realizar acciones dilatorias que la permitieran ganar tiempo mientras llegaban los refuerzos por la larga ruta del ferrocarril transiberiano, que todavía estaba incompleto en la zona de Irkutsk. A pesar de ello, el 1 de mayo, la infantería rusa y japonesa acabaron por enfrentarse en el Yalu en la primera batalla terrestre de importancia, que a la postre sería prácticamente la única de la guerra de esas características. Tras horas de bombardeos y combates, las tropas japonesas acabaron por cruzar el río y tomar por asalto las posiciones rusas. La derrota eliminó de un plumazo la percepción que se tenía hasta entonces de que los japoneses sería un enemigo fácil, la guerra sería corta y, sobre todo, que Rusia alcanzaría una victoria abrumadora.

Soldados japoneses con el uniforme estandar de campaña posan para la cámara en las llanuras de Manchuria, en el frente del río Yalu, formados en una línea de fuego.

Tras Yalu, las tropas japonesas pusieron pie sin apenas resistencia en varios puntos de la costa de Manchuria y, en una serie de enfrentamientos menores, expulsaron a los rusos de nuevo hacia Port Arthur. Todos los combates posteriores, incluido el de Nanshan, el 25 de mayo, se caracterizaron ya por ataques a posiciones rusas fuertemente atrincheradas y defendidas, y grandes pérdidas japonesas durante los asaltos. A partir de ese momento, el frente prácticamente se mantuvo estable.

Después de casi un año de bloqueo, combates e intensos bombardeos, Port Arthur quedó en manos japonesas el 2 de enero de 1905. A pesar de la nueva derrota, la flota rusa era todavía lo suficiente potente como para poner en aprietos las comunicaciones de Tokio con su ejército de invasión en Corea, desde Vladivostok, el único puerto ruso que quedaba en la región. Hacia allí, donde ya se habían recibido por ferrocarril y estaban operativos los nuevos submarinos, junto a los dos cruceros restantes del Primer Escuadrón del Pacífico, se ordenó que se dirigieran todas las escuadras. Su conjunción podía ser definitiva para tornar la suerte a favor de las hasta entonces vapuleadas —por mar y tierra— armas del zar.

La guerra en el mar. Una ilustración sobre el enfrentamiento entre las flotas rusa y japonesa realizada en 1905 por Kobayashi Kiyochika. Colección particular.

El 15 de octubre, la flota rusa del Báltico, que había pasado a denominarse Segundo Escuadrón del Pacífico, zarpó para emprender el largo y difícil viaje que la separaba de Vladivostok. La dirigía el contralmirante Zinovi Petrovich Rozhdestvenski, y las dificultades a las que debía enfrentarse no tenían precedentes. Sobre todo, porque los buques de guerra alimentados por carbón no estaban diseñados para realizar trayectos de 18 000 millas alrededor del mundo si no encontraban en el camino amplias instalaciones de apoyo.

A pesar de ello, y después de un esfuerzo casi sobrehumano, Rozhdestvenski y sus agotados hombres consiguieron llegar a aguas del Pacífico en mayo de 1905. Ese mismo mes, el día 9, se les unieron los refuerzos enviados desde San Petersburgo, el Tercer Escuadrón del Pacífico, bajo el mando del contralmirante Nikolai Nebogatov.

En realidad, los barcos de Nebogatov eran más un obstáculo que una ayuda. Estaban obsoletos, construidos en la década de 1880, y solo uno de ellos podía ser clasificado como buque de guerra: el viejo acorazado *Imperator Nicolai I*. El resto, el crucero acorazado —en realidad una fragata blindada reformada— *Vladimir Monomakh*, y los monitores de defensa costera *Admiral Seniavin*,

Admiral Apraxim y *Admiral Ouchakoff*, carecían de valor combativo. Lo único que hacían era retrasar el progreso de la flota.

El día 14, una vez repostados los buques recién llegados, la escuadra al completo abandonó el puerto francés de Vanfong, en la costa de Indochina. Rozhdestvenski, tenía tres rutas posibles —tres estrechos— para llegar a Vladivostok. Los dos primeros, La Perouse y Tsungaru, se encontraban en el extremo norte de las islas japonesas. Un viaje a través de ellos significaba llegar hasta la costa este de Japón, reabastecerse de nuevo en mar abierto mediante un buque carbonero y, a la vez, resultar muy vulnerable ante un posible ataque. La tercera alternativa, el estrecho de Tsushima, llevaría a la flota directamente a su destino, pero a través de los mares controlados por los japoneses. Rozhdestvenski no era precisamente un comandante que se caracterizara por ser muy decidido, pero sin carbón no tenía alternativa.

Los japoneses no sabían la ruta que seguirían. Encontrar a los rusos era la obsesión del almirante Togo. De todas maneras, los esperaban preparados en Masampo, cerca de Tsushima, la ruta más directa. El lugar no estaba elegido al azar. Si Rozhdestvenski decidía ir por el norte, desde Tsungaru a Vladivostock, debía recorrer 430 millas que a los 10 nudos máximos que podía desarrollar su flota suponían 43 horas. Los japoneses estaban a 550 millas y tardarían 37 horas en llegar a Vladivostock con los 15 nudos de sus buques máslentos. Si pasaba por Tsushima, lo verían antes o después. Escogiera el camino que escogiera, el almirante ruso era consciente que tendría que enfrentarse a la flota enemiga.

La noche del 26 al 27 de mayo, amparada en la oscuridad, la flota rusa, a 9 nudos de velocidad, se internó en el estrecho de Tsushima. Los buques de Togo la descubrieron a las 2:45 y la identificaron definitivamente a las 4:40, cuando amanecía. A las 21:30, todo había terminado. Lo que quedaba de la escuadra rusa, los acorazados *Nikolai I*, *Orel*, *Apraksin* y *Senjavin*, destrozados por la metralla, con hombres heridos, agotados y sin fuerzas, se rindieron. Solo 4 buques consiguieron llegar a Vladivostok: el crucero protegido *Almaz* y 3 destructores.

En agosto, tras año y medio de enfrentamiento, Rusia y Japón comenzaron a negociar en Portsmouth, New Hampshire, con la ayuda del presidente estadounidense Theodore Roosevelt. El 5 de septiembre firmaron un tratado que reconocía el control japonés sobre Corea y Manchuria, mediante el que Rusia cedía también a Japón la parte sur de la isla de Sajalín, Port Arthur y el control de todos los ferrocarriles locales de la región. Acababa de consolidarse una gran potencia que 35 años después, como ya imaginaban Estados Unidos y Gran Bretaña, no se iba a conformar con Corea.

En toda Rusia, el poder y la reputación del zar y el gobierno quedaron aplastados por el enorme fracaso. Durante la guerra se había aumentado el gasto militar y reducido drásticamente la producción y, ahora, esos esfuerzos pasaban una factura que también acabaron por pagar los trabajadores.

1.1.2 Sangre en la nieve

Volvamos unos meses atrás. Ante el anuncio de la capitulación de Port Arthur, doscientos mil obreros de San Petersburgo, pertenecientes al sindicato de Gapon, se declararon en huelga. Decidieron realizar una enorme manifestación pacífica y presentar al zar una petición en la que solicitaban su ayuda. El manifiesto, en el que se pedía jornada de ocho horas, un salario mínimo de un rublo diario y una asamblea de representantes, lo había redactado Gapon, que también había organizado la marcha, de la manera siguiente:

> ¡Señor!
> Nosotros, trabajadores de San Petersburgo, nuestras mujeres, nuestros hijos y nuestros padres, viejos sin recursos, venimos, ¡oh zar!, para solicitarte justicia y protección. Reducidos a la mendicidad, oprimidos, aplastados bajo el peso de un trabajo extenuador, abrumados de ultrajes, no somos considerados como seres humanos, sino tratados como esclavos que deben sufrir en silencio su triste condición, que pacientemente hemos soportado. He aquí que ahora se nos precipita al abismo de la arbitrariedad y la ignorancia. Se nos asfixia bajo el peso del despotismo y de un tratamiento contrario a toda ley humana.
> Nuestras fuerzas se agotan, ¡oh, zar! Vale más la muerte que la prolongación de nuestros intolerables sufrimientos. Por eso hemos abandonado el trabajo y no lo reanudaremos hasta que no se hayan aceptado nuestras justas demandas, que se reducen a bien poco, pero que, sin ello, nuestra vida no es sino un infierno de eterna tortura.
> ¡Oh, emperador! Somos más de 300 000 seres humanos, pero solo lo somos en apariencia, puesto que en realidad no tenemos ningún derecho humano. Nos está vedado hablar, pensar, reunirnos para discutir nuestras necesidades y tomar medidas para mejorar nuestra situación. Cualquiera de nosotros que se manifieste en favor de la clase obrera puede ser enviado a la prisión o al exilio. Rusia es muy vasta y sus necesidades demasiado múltiples para que pueda ser dirigida por un gobierno compuesto únicamente de burócratas. Es absolutamente necesario que el pueblo participe en él, pues solo él conoce sus necesidades.
> No le rehúses el socorro a tu pueblo. Concede sin demora a los representantes de todas las clases del país la orden de reunirse en asamblea. Que los capitalistas y los obreros estén representados. Que los fun-

cionarios, los clérigos, los médicos y los profesores elijan también sus delegados. Que todos sean libres de elegir a quienes les plazca. Permite para ello que se proceda a la elección de una Asamblea Constituyente bajo el régimen del sufragio universal.

El 9 de enero de 1905, domingo, único día de descanso semanal, a la hora fijada, millares de obreros, hombres, mujeres y niños, llegados de todos los barrios de la capital, se reunieron en la barrera del río Narva. Luego, rodeados de iconos y retratos de Nicolás II, echaron a andar con Gapon al frente hacia el Palacio de Invierno. Solo que no sabían que para entonces el zar ya no estaba en la ciudad; la víspera lo había abandonado junto a toda su familia en previsión de que los tumultos, que ya estaban avisados de que iban a producirse, degeneraran en algaradas más peligrosas.

Las unidades de cosacos de la Guardia esperan órdenes ante el Palacio de Invierno la mañana del 9 de enero.

Para sofocarlas y bloquear el paso a los manifestantes, se habían apostado por toda la ciudad, en lugares estratégicos, tropas de los regimientos de la Guardia Imperial y la policía. Cuando la marcha intentó superar los bloqueos, el tío del zar, el gran duque Vladimir Aleksándrovich, comandante de la guardia, dio orden de abrir fuego de manera indiscriminada. Las tropas fusilaron sin piedad a la multitud, que corrió en todas direcciones presa del pánico. Durante todo el día se repitieron por las calles nutridas descargas sobre los obreros desarmados. Al término de la jornada, sin que el zar hubiese hecho acto de presencia, habían muerto más de 200 personas y cerca de 800 estaban heridas. Desde ese momento, Nicolás II, aunque no podía ser considerado el responsable material de lo ocurrido, perdió todo el respeto de su pueblo y comenzó a ser visto como un enemigo.

La brutal represión indignó a la población y convirtió ese día en el «Domingo Sangriento». Desencadenó por todo el país durante casi un año una oleada de saqueos, protestas y huelgas con distintas motivaciones, protagonizadas por campesinos, militares, obreros, estudiantes e intelectuales.

Ya en el curso de unos meses el panorama cambió por completo tras lo ocurrido. Se formaron sóviets de obreros, o asambleas de delegados de todas las fábricas y, esa primavera, las huelgas generalizadas despertaron también a las amplias masas campesinas de su sueño letárgico. En otoño, prendieron fuego a unas 2000 fincas de terratenientes y se repartieron todo lo que consideraron que había sido robado al pueblo por los nobles.

El acorazado ruso, Kniaź Potemkin Tavritchski, *que formaba parte de la Flota del Mar Negro cuando un motín se declaró a bordo en junio de 1905.*

Una de las rebeliones más significativas se produjo en el acorazado *Potemkin*, donde su tripulación, como el resto del ejército, se encontraba moralmente muy afectada por todo lo ocurrido durante la guerra, especialmente en Tsushima. El 27 de junio, en alta mar, por algo tan banal como las amenazas del segundo comandante Hippolyte Giljarovsky a varios miembros de la tripulación que se negaban a comer el tradicional rancho de *borsch*, una sopa de remolacha que elaboraban con carne y que, en esa ocasión como en otras muchas, estaba en parte podrida, estalló un motín.

Los marineros abrieron fuego contra los tripulantes que se encontraban en el alcázar y asesinaron a algunos suboficiales y a siete de los dieciocho oficiales del buque. Murieron Giljarovsky, el comandante del navío, Evgueni Gólikov; el teniente de artillería Neupokoev Leonid Konstantínovich, el teniente Wilhelm Karlovich, el subteniente Livintsev Nikolay Yakovlevich, el doctor Sergey Smirnov y el teniente Nikolai Grigoriev Fedorovich, que no formaba parte de la tripulación, pero que estaba en el buque supervisando el tiro de sus cañones. Solo hubo una excepción, el teniente Konstantin Grigorkov, hijo del contralmirante retirado Konstantin Antonovich Grigorkova, no se dejó arrestar por los rebeldes, se pegó un tiro en la cabeza con su pistola reglamentaria.

Los rebeldes se hicieron también con el torpedero *Ismail*, que actuaba como buque correo —era el que había llevado las provisiones en mal estado—, y organizaron un comité compuesto por veinticinco marineros y liderado por uno de ellos, Afanasi Matushenko, para que dirigiera la nave.

La insurrección de los marineros del Potemkin *tuvo una significativa influencia en el proceso de subversión en el ejército ruso y la flota, en 1917.* Obra realizada en1952. Museo Central de la Marina del Estado, San Petersburgo.

Decidieron poner rumbo a Odesa bajo bandera roja. Llegaron ese mismo día sobre las 22:00, en plena huelga general, entre disturbios y altercados protagonizados por la policía y los manifestantes. A pesar de ello, a la mañana siguiente rechazaron la petición de los huelguistas para que desembarcaran marineros armados que los ayudaran a hacerse con el control de la ciudad, pues preferían esperar la llegada de otros acorazados de la flota del Mar Negro.

En eso estaban cuando la tarde del día 29 el entierro de Grigory Vakulinchuk, uno de los líderes de los amotinados que había muerto en el enfrentamiento con Guiliarovsky, se convirtió en una manifestación política en toda regla. El ejército trató de emboscar a los marineros que asistían al funeral y, en represalia, el acorazado disparó dos proyectiles de sus cañones de 152 mm contra un teatro en el que se iba a celebrar una reunión de oficiales de alto rango. Ninguno hizo blanco, pero para el gobierno fue la gota que colmó el vaso. Envío dos escuadrones navales a Odesa para forzar la rendición de los rebeldes, o hundir la nave.

El *Potemkin* zarpó la mañana del día 30 para reunirse con los tres acorazados que componían el primer escuadrón, —*Tri Sviatítelia*, *Dvenádtsat Apóstolov* y *Gueorgui Pobedonosets*—, pero todos viraron para no encontrarse con él. El segundo escuadrón, formado por los acorazados *Rostislav* y *Sinop*, llegó poco después al mando del vicealmirante Aleksander Krieger, comandante de la flota del Mar Negro, que ordenó a todos los buques regresar a Odesa. El *Potemkin* se negó a rendirse y se abrió paso entre los buques del escuadrón. A pesar de las órdenes de Krieger, los marineros de los acorazados no quisieron abrir fuego contra sus compañeros. Incluso en el *Dvenádtsat Apóstolov* hubo un conato de rebelión cuando su capitán, Nikolai Mitrofanovich Kolands, quiso embestir al buque rebelde para luego hacer estallar la santabárbara, pero sus tripulantes se lo impidieron. Krieger, que veía que la situación se le iba de las manos, ordenó a sus naves retirarse de inmediato; a pesar de ello los marineros del *Gueorgui Pobedonosets* se amotinaron y se unieron al *Potemkin*.

A la mañana siguiente los tripulantes leales al gobierno del *Gueorgui Pobedonosets* retomaron el control del buque y lo encallaron en el puerto de Odesa. Los amotinados del *Potemkin*, junto con los del *Ismaíl*, solos, y sin posibilidad de entrar en Odesa, tomaron al final del día la decisión de navegar al puerto rumano de Constanza para aprovisionarse de comida, agua y carbón. Los rumanos se negaron rotundamente a facilitar cualquier suministro a un buque amotinado, y el comité del acorazado decidió dirigirse al pequeño y poco defendido puerto de Feodosia, en Crimea, para intentar conseguir todo lo que necesitaban. El *Potemkin* fondeó allí el 5 de julio, pero el gobernador de la ciudad tan solo aceptó darles comida. A la mañana siguiente los amotinados trataron de robar varias barcazas de carbón, pero fueron emboscados por la guarnición del puerto, que mató o capturó a veintidós de los treinta marineros implicados en el robo. El comité del *Potemkin* tomó esa tarde la decisión de regresar a Constanza.

El *Potemkin* entró en el puerto a las 23:00 del 7 de julio. Esta vez, los rumanos aceptaron darles asilo si deponían las armas y rendían el acorazado. Los tripulantes del *Ismaíl* pusieron rumbo a Sebastopol a la mañana siguiente, para entregarse a las autoridades. Los del *Potemkin*, desembarcaron en Constanza. Antes de abandonar el buque Matushenko ordenó abrir todas las válvulas para hundirlo en el puerto[12].

---

[12] El acorazado fue reflotado con facilidad. Lo remolcaron a Sebastopol, donde llegó el 14 de julio. El 12 de octubre de 1905 fue renombrado *Panteleimón* en honor a San

Con el país paralizado por las manifestaciones y la huelga general, y dispuesto e evitar más derramamiento de sangre, el zar acabó por ceder. Representantes del pueblo le entregaron un manifiesto en el que se daban a conocer sus demandas —concesión de derechos civiles, legalización de los partidos políticos, sufragio universal y creación de una Duma con poderes legislativos elegida democráticamente—, y él lo firmó el 17 de octubre y prometió explícitamente llevarlo a cabo.

Con su rúbrica concedía a la población la libertad civil, establecida de una manera inquebrantable sobre la base de la inviolabilidad personal, y las libertades de conciencia, de reunión y de asociación. Se comprometía a no obstaculizar las elecciones a la Duma Imperial y admitir la participación en las elecciones de las clases de población que habían sido privadas hasta entonces del derecho de voto, y ratificaba que cualquier ley no sería efectiva sin la sanción de la Duma Imperial, con lo que los representantes del pueblo tendrían los medios necesarios para participar realmente en el control de la legalidad de los actos realizados por los miembros de la administración.

Teóricamente el documento otorgaba a Rusia un régimen político similar al de los países democráticos occidentales y la monarquía pasaba de ser de absoluta a constitucional; pero en la práctica el zar se reservó el control de la Duma a través de un Consejo de Estado, el derecho a veto de los acuerdos que aquella tomase y la facultad de disolverla. Es más, en 1907 el sufragio universal sería abolido y sustituido por el sufragio censitario, con lo que las reformas del Manifiesto de Octubre quedarían totalmente desvirtuadas.

Conseguir que el zar transigiera fue la primera victoria obrera rusa, pero eso no hizo decaer la tensión: estallaron más motines entre los marinos de las bases de Krondstadt y Sebastopol; se reanudaron numerosas huelgas y se formaron nuevos sóviets en San Petersburgo, Moscú, Kiev, Odesa, Samara, Rostov y Bakú.

Solo que el movimiento revolucionario comenzó a carecer de cohesión tras las promesas de Nicolás II, y el gobierno recobró su serenidad. Moscú, sublevada, no tardó en ser reconquistada por el ejército; los miembros del soviet de San Petersburgo —entre ellos, Trotski—, fueron detenidos y deportados a Siberia; las revueltas campesinas, que habían comenzado demasiado tarde, acabaron aplastadas militarmente, y las aldeas, terminaron incendiadas por expediciones de castigo. A finales de 1906, mediante una represión terrible y sangrienta, todo había terminado.

Pantaleón. Algunos de sus tripulantes se sumaron en noviembre a un motín que comenzó a bordo del crucero *Ochákov*, pero fue rápidamente reprimido porque ambos buques habían sido previamente desarmados.

Disturbios en el distrito de Presnya, Moscú, en 1905. Los revolucionarios, disconformes con el Manifiesto de Octubre emitido por Nicolás II, asaltan las barricadas levantadas por la policía. Obra de Iván Vlamidirov. Imperial War Museum. Londres.

El zar, recuperado pronto del pánico, se reafirmó enseguida como el autócrata de todas las Rusias. No solo no aprendió la lección, sino que cuando continuó con la forma de gobierno para la que se sentía elegido, lo hizo en una atmósfera de corrupción y decadencia tal, que fue posible un escándalo tan grotesco como el de Rasputín.

1.2 Nicolás y Alejandra

Alix Viktoria Helene Luise Beatrix del Gran Ducado de Hesse y Rin nació el 6 de junio de 1872 en el Palacio de Darmstad. Era la sexta de los siete hijos que tendrían el gran duque Luis IV y la princesa Alicia del Reino Unido, tercera hija de la reina Victoria.

La infancia de Alix se vio truncada en 1878, con apenas seis años, cuando una epidemia de difteria provocó la muerte de su madre y varios de sus hermanos. Su educación quedó desde entonces bajo la supervisión de su rígida abuela, con la que pasaban los veranos.

Con motivo del noviazgo entre su hermana, Isabel de Hesse, y el gran duque Sergio Alexandrovich de Rusia, Alix conoció a Nicolás, el heredero del imperio ruso. Se enamoró, y sus sentimientos se vieron correspondidos por el zarevich. La relación, emparentados ambos por varias ramas genealógicas, no recibió el beneplácito de sus respectivas familias. A pesar de los obstáculos, Nicolás terminó por pedir la mano de Alix y consiguió que su padre, en su lecho de muerte, aceptara en que la tomara como esposa, lo que terminaría por darle al matrimonio un aura romántica, muy acorde con la época en que les tocaba vivir.

Coronación de Nicolas II y Alejandra Feodorovna en el Palacio del Kremlin, Moscú. Obra de Laurits Tuxen realizada en 1898. Museo del Hermitage, San Petersburgo.

El 1 de noviembre de 1894 falleció Alejandro III y su hijo ocupó el trono como Nicolás II. Un día después, Alix se convertía a la fe ortodoxa como parte del compromiso con Nicolás, recibía el título de Gran Duquesa y pasaba a llamarse Alejandra Feodorovna. El 19 de noviembre el zar Alejandro fue enterrado en Moscú, pocos días después, el 26, se celebraba la boda real en la Gran Iglesia del Palacio de Invierno de San Petersburgo.

La fastuosa coronación oficial de la zarina tuvo lugar el 14 de mayo de 1896 en el palacio del Kremlin de Moscú. Al día siguiente tuvo ocasión de ver a lo que se enfrentaba. En su honor, se decidió distribuir alimentos entre la población, lo que acabó por convertirse en una tragedia. Los habitantes de Moscú, pobres y hambrientos, se abalanzaron sobre los carros de comida como una avalancha humana que los policías que organizaban el reparto ni pudieron ni quisieron controlar. Centenares de personas murieron aplastadas por la multitud, desesperada en busca de un trozo de pan.

Esa misma noche, sin embargo, se celebró un baile de gala al que asistieron Nicolás y Alejandra, por mucho que se dijera que la zarina estaba muy triste por la pérdida de vidas y que, «apareció con una gran angustia, con los ojos enrojecidos por las lágrimas», como informó el embajador británico a la reina Victoria, buena parte de los rusos pensaron que la mujer del zar no era más que una alemana, de corazón frío, sin la capacidad de ver las necesidades de los que le rodeaban.

En 1895 nació la primera hija de la pareja imperial, la duquesa Olga. Fue otra decepción para el pueblo ruso que no diera a luz un heredero. Dos años después nació Tatiana, a la que siguió María en 1899 y Anastasia en 1901. Durante todos esos años la zarina se vio sometida a una enorme presión de la opinión pública y de los rumores de palacio, por no ser capaz de asegurar la ancestral dinastía Romanov, su único deber, según las rígidas normas de la corte rusa.

De izquierda a derecha, las grandes duquesas Tatiana, Olga, Anastasia y María Romanova. En el centro, su madre la zarina Alejandra.

Cada vez más neurótica y, al menos tras un falso embarazo o un aborto producido en 1902 por el estado en que se encontraba, el 12 de agosto de 1904 la zarina dio a luz al príncipe largamente esperado. Pero incluso ese evento, vital para la monarquía, se vio empañado por las noticias llegadas de Port Arthur.

Más o menos durante un mes, todo pareció ir bien en el seno de la familia real, pero al ver que el zarévich sangraba en exceso por la herida de su ombligo, los médicos dictaminaron que padecía hemofilia. La había heredado transmitida por vía materna. Al principio, el diagnóstico no fue admitido por los padres, pero, poco a poco, acabaron por enfrentarse a la realidad.

A nivel político el problema más importante era que el zar, como cabeza de la Iglesia y líder del pueblo, debía estar libre de cualquier defecto físico, por lo que la enfermedad del zarevich se ocultó. La familia se retiró a un aislamiento aún mayor y Alexis pasó a estar sobre protegido por su madre, cada vez más dominada por la aflicción de que había sido ella quién le había transmitido la enfermedad.

Desesperada por no encontrar una respuesta satisfactoria en los médicos de palacio, Alejandra recurrió a una de sus damas de honor, Anne Taneyev. Ella conocía bien a un extraño personaje: Grigori Rasputín.

Había nacido el 9 de enero de 1869 en Prokrovskoie, una localidad de la lejana Siberia situada a más de dos mil kilómetros de San Petersburgo. Era hijo de Yefim Yákovlevich, un campesino con una pequeña propiedad que había dedicado toda su vida a la agricultura. La juventud de Grigori no fue distinta de otras muchas en un país donde la vida resultaba extremadamente dura para las clases menos favorecidas: borracho y juerguista, además resultó ser un ladrón. Un día, uno de sus vecinos lo sorprendió mientras robaba la cerca de madera de su almiar y le propinó una tremenda paliza que lo cambió para siempre; según el vecino, «se volvió extraño y como imbécil». Rasputín achacó aquel ensimismamiento a una transformación interior que, según él, alcanzó su culminación cuando en 1897 peregrinó al monasterio de San Nicolás, fundado en 1604 en Verkhoturye, a orillas del río Tura, en busca de la guía espiritual del hermano Makari, un joven asceta que mortificaba sus carnes con una cadena.

Esa visita cambió su vida para siempre. Cuando volvió a sus aldea, el todavía semianalfabeto Rasputín se dedicó solo a atender los oficios divinos y a rezar con fervor. Su fama llevó a que acabara por formarse a su alrededor un grupo de fieles para cantar y leer los Evangelios, que él se encargaba de explicar y glosar. Se reunían en una pequeña capilla que construyó bajo el establo de su casa.

Los escándalos sexuales que protagonizó con aquella congragación, —tolerados por su esposa Praskovia Fiódorovna Dubrovina[13]—, y las burlas sobre sus supuesta santidad, hicieron que en 1902 abandonara para siempre su pueblo natal y marchara en peregrinación al monte Athos, en Macedonia Central, al norte de Grecia. Desde allí se trasladó luego a Kazán, por entonces un importante centro religioso.

Las hazañas de Rasputín impresionaron a los dignatarios de la burocratizada y ritualista Iglesia de Kazán, la más próxima al lugar de residencia de Rasputín. Buscaban autenticidad y sencillez para ganarse a los campesinos de la región, y aquello les interesó tanto que acabaron por recomendar a aquel hombre que trataba de igual manera a las gentes de Pokrovskoie que a los jerarcas ortodoxos a los dirigentes de la Iglesia en San Petersburgo. Llegó a

---

[13] Rasputín tuvo tres hijos: Demetrio, María y Bárbara.

la capital en tren, en un vagón de primera clase, durante la Pascua de 1903. Había conseguido dar un giro radical a su vida.

La fe del recién llegado conmovió al archimandrita Feofán, rector del Seminario de Teología de San Petersburgo y confesor de Alejandra, que se encargó de presentarle a otros dos jerarcas de la Iglesia: el obispo de Saratov, Hermógenes, jefe de la eparquía de Tobolsk y el monje Iliodor, misionero, predicador y conocido antisemita. Ambos acabarían por convertirse en sus acérrimos enemigos.

Nicolas II, monarca absoluto porque no sabía hacer otra cosa, soñaba solo con una existencia burguesa, rodeado por los suyos, vivida entre partidos de tenis y baños en el Báltico. Admirador de la seguridad de su primo Guillermo, pacifista y honesto, pero débil, la hemofilia de su único hijo varón le llevaron a él y a la zarina, la alemana Alix de Hesse, al misticismo, la quiromancia, y a proteger a un extraño personaje, Rasputín, cuyos escándalos terminaron envolviendo a la familia imperial. Obra de Albert Edelfelt realizada en 1896. Museo Otava, Helsinki.

Sus ampliamente publicitados dones espirituales y el aval de Feofán abrieron a Rasputín los salones de la más alta aristocracia rusa, entre la que triunfaban en aquellos tiempos de tardío romanticismo supersticioso toda clase de vendedores de mercancías místicas. Adeptas a ellas eran las grandes duquesas Militsa y Anastasia de Montenegro —dos de los hijas de Nicolas I, el único rey que tuvo Montenegro—, casadas con dos miembros de la familia Romanov. Quedaron totalmente fascinadas con el campesino. Ellas fueron las que se lo presentaron a Anne Taneyev, quién acabó por introducirlo en 1905 en los salones de la familia real que, de manera totalmente incomprensible para la corte, vivía cada vez más aislada, recluida a unos 30 kilómetros de la capital, en el Palacio Alexander, en Tsárskoye Tseló.

A pesar de la cantidad de anécdotas y conjeturas que rodean la figura de Rasputín, puede sorprender que, básicamente, era un hombre relativamente honesto. Su aspecto y su comportamiento era similar al de un vagabundo, pero la Iglesia Ortodoxa tenían diferentes puntos de vista sobre el pecado en comparación con otras Iglesias cristianas. El más importante, que la secta Khlysty, fundada en 1631, y a la que pertenecía, defendía que había que pecar tanto como fuera posible, y liberarse de cualquier tipo de restricciones, ya fueran sociales, sexuales o intelectuales, para que el arrepentimiento fuera más grande y la salvación más rotunda. Eso le permitía a Rasputín ser un borracho o poseer todo tipo de vicios y, al mismo tiempo, creer profundamente en Dios como Señor del universo. De hecho, nunca permitió que ese tema fuera objeto de burla.

Grigiori Rasputin fotografiado en 1914, cuando estaba en el punto más alto de su poder. Considerado por la zarina Alejandra como un enviado de Dios, no tardó en hacerse imprescindible en las estancias del palacio de verano, en Tsarkoye Seló, donde poco a poco fue ganando influencia incluso ante Nicolás II.

Es fácil entender lo que vio Alix en Rasputín. Se unió la fascinación de la zarina por el espíritu ruso y su deseo de ser el alma de unas gentes sencillas que la despreciaban. Además, de manera que consideraban inexplicable, el monje resultó ser el único capaz de aliviar y calmar a su hijo cuando se le producían dolorosos episodios de su enfermedad, por lo que se volvió imprescindible.

En 1912, el zarévich entró en una grave crisis que le puso a las puertas de la muerte. Rasputín, avisado de lo que ocurría, envió un telegrama desde Siberia con la predicción de que el niño se salvaría. Así fue. Superó el peligro, y la vida de su madre quedó ligada para siempre a la del fraile en una especie de esclavitud emocional. Alejandra no solo veía en Rasputín al salvador de Alexei, sino a un hombre santo y un vidente. Alguien en quien ella y su esposo sí podían confiar. De hecho, desde entonces se encargaron de considerar como calumnia cualquier prueba sobre su conducta, a pesar de que en toda la capital eran públicas su afición a la bebida, sus aventuras sexuales y sus equívocas relaciones con mujeres de la alta sociedad.

Hay pocas dudas de que Rasputín utilizara alguna fuente de «medicina complementaria» y de que era un gran hipnotizador. Por supuesto, eso no afectaba al hecho físico del sangrado, que se producía de todos modos, pero si ejercía sobre el zarévich una gran influencia y una tranquilidad que no le daban los médicos, que al ver al pobre niño retorcerse de dolor, con manchas oscuras bajo de los ojos y su pequeño cuerpo deformado, con las piernas terriblemente hinchadas, tenían más miedo por lo que pudiera ocurrir, que cualquiera de los miembros de la familia real.

A finales de 1912, la zarina se enfrentó a su suegra, la emperatriz viuda María Fiodorovna, a propósito de la influencia de Rasputín en el nombramiento de altos cargos eclesiásticos. El despechado Iliodor, que no había sido elegido para ninguno aunque se consideraba muy amigo del fraile, puso en circulación como venganza cartas que la zarina había enviado a Rasputín en las que se podían leer frases como: «Solo deseo una cosa: dormir durante siglos sobre tu hombro mientras me abrazas». Las palabras hacían referencia a la búsqueda de consuelo de una mujer consumida por la culpa de haber transmitido la hemofilia a su hijo y devastada por la ciática, pero el pueblo le dio un sentido sexual que desacreditó aún más a la monarquía.

La guerra llevó a Rasputín a la cumbre de su poder en 1914. El zar asumió la jefatura del ejército un año después y partió a su cuartel general de Mogilev, en el frente. Alejandra se quedó a cargo de los asuntos del Estado y, ella y Rasputín, se convirtieron en el gobierno en la sombra. Sobre todo, porque los consejos del astuto monje que la zarina interpretaba como augures de la Providencia, no hacían sino avalar cualquier opinión de la emperatriz. «No es mi sabiduría, —le escribía al zar cuando él le pedía consejo—, sino un cierto instinto proporcionado por Dios más allá de mí misma, para que pueda serte de ayuda». Entre unos y otros Rusia se asomaba al abismo.

Con el zar alejado de la capital, se extendieron los rumores de que la zarina y Rasputín espiaban para los alemanes al tiempo que, todos juntos —el zar, la zarina, Rasputín y Vyrubova—, mantenían relaciones sexuales. El desprestigio de la zarina, que nunca había tenido el cariño de un pueblo dispuesto a creer cualquier cosa que se dijera de ella, corrió paralelo a una crisis de Rasputín, que tras sobrevivir a un atentado, vio cómo su hijo era llamado a filas.

A pesar de que, por entonces, sus vínculos con la cúpula del Estado le habían convertido en la persona a la que recurrir —mediante grandes sumas—, para conseguir empleos o negocios, evitar ir al frente o ser deportado.

Decepcionado por lo que consideró un insulto y un desprecio hacía su persona, Rasputín cayó en una espiral de desenfreno que arrastró a toda la corte. Eran ellos, o el campesino. La elección estaba clara.

1.3 En la cuerda floja

Desde finales del siglo XIX, la inhóspita y agreste región europea donde se mezclaban los intereses de Rusia, Gran Bretaña, Austro-Hungría y el Imperio Otomano, hervía. Serbios, griegos, búlgaros y montenegrinos, después de combatir con éxito por sacudirse el dominio que ejercían sobre ellos los turcos desde tiempo inmemorial, se habían encontrado con el problema de cómo repartirse lo obtenido.

Soldados búlgaros cruzan el río Maritsa en febrero de 1913 y avanzan hacia Adrianópolis —hoy Edirne, en Turquía, en la frontera con Grecia y Bulgaria—. La primera guerra de los Balcanes se prolongó desde mediados de noviembre de 1912 hasta el 26 de marzo de 1913.

Optaron por la guerra. La primera que se dio en la zona, acabó con el Tratado de Londres, firmado en mayo de 1913. Por él, Bulgaria conseguía anexionarse una buena parte de Macedonia, la región que reclamaban tanto Serbia como Grecia.

Los serbios no quedaron conformes y, en el verano, nada más reorganizarse, se aliaron con Grecia, Rumania y el Imperio Otomano para enfrentarse a Bulgaria. Era imposible que pudiera aguantar la fuerza de la coalición organizada en su contra. Se rindió el 30 de julio.

Esta vez el tratado se firmó en Bucarest. Bulgaria perdió todo lo que había obtenido y se lo cedió a la coalición aliada, sobre todo a Serbia, que se encontró con la posibilidad de ampliar sus proyectos expansionistas. Ahora argumentó tener derechos históricos sobre Bosnia, que les cerraba la salida al Mar Adriático, imprescindible para conseguir la idea de estado que tenían en mente.

Bosnia, que acababa de dejar de pertenecer al Imperio Otomano y cuya gran parte de la población había adquirido la cultura y la religión del Islam, dependía desde el Congreso de Berlín de 1878 del Imperio Austro-Húngaro en calidad de protectorado y, en 1908, Francisco José había elevado su categoría a zona autónoma, el mismo estatus del que gozaba su vecina Croacia, con la que nunca se habían producido incidentes. Pero eso no pareció en ningún momento significar un obstáculo para Serbia y su gobierno que, embriagado por los éxitos obtenidos, confiaba en su fuerza y soñaba con hacer vacilar a Austria para que cediera la apetitosa costa bosnia. El único problema era que Austria y Alemania, su aliada, no eran los búlgaros.

Así, con Austria y Serbia mirándose de reojo, y con las cancillerías y los parlamentos adormecidos y sin actividad, más preocupados por tomar las aguas en los balnearios de moda que en la política, llegó el verano de 1914. El domingo 28 de junio, a las nueve de la mañana, el archiduque Francisco Fernando, heredero del trono imperial austriaco, que había rechazado sin dudar todas las advertencias sobre la tensa situación planteada por las reivindicaciones nacionalistas serbias, llegó de visita a Sarajevo, capital de Bosnia. Se iban a realizar unas maniobras militares y parecía buen momento para dejarse ver en público con su esposa, la condesa Sofía Chotek, perteneciente a una noble y antigua familia de origen checo, pero con la que había tenido que contraer matrimonio morganático[14] al no ser considerada por los orgullosos Habsburgo con suficiente posición para sentarse en el trono imperial.

La comitiva del archiduque dejó la estación en seis automóviles. Uno de ellos, un Graf & Stiff Doble Phaeton descapotable, era el destinado al archiduque, la condesa, el teniente coronel Franz von Harrach —ayudante de ambos— y al gobernador. Su primera parada estaba prevista en un cuartel para realizar una breve inspección y desde allí, a las diez, ir al ayuntamiento. Once minutos después explotó una bomba a su paso que, tras rebotar en el techo plegado del vehículo en el que viajaba Francisco Fernando, cayó bajo el siguiente .

Pese a todo, con gran aplomo, el archiduque continuó con los actos previstos, visitó el ayuntamiento y, a la salida, decidió acercarse al hospital para

---

[14] El matrimonio morganático impedía que en caso de fallecimiento la condesa o alguno de sus descendientes heredase cualquier título, propiedad o privilegio del archiduque.

ver a los heridos —veinte según la agencia Reuters de noticias—. Entre la multitud que le aclamaba se encontraba un joven que se acercó entre el gentío, dispuesto a verlos más de cerca. Cuando llegó junto al vehículo sacó una pistola semiautomática belga del calibre 9 milímetros y descerrajó dos disparos sobre ambos. El primero, atravesó la puerta e hirió a Sofía en el abdomen, el segundo, alcanzó a Francisco Fernando en el cuello. Los dos fallecerían veinte minutos más tarde.

Ilustración del suplemento del periódico francés Le Petit Journal *que muestra el asesinato en Sarajevo el 29 de junio de 1914 del archiduque Francisco Fernando y su esposa Sofía. Había un grupo de seis asesinos desplegados a lo largo de todo el recorrido de la comitiva: Gavrilo Princip, Nedeljko Cabrinovic, Trifun Grabez, Cvjetko Popovic, Vaso Čubrilović y Mohammed Mehmedbašiće.*

Solo en Belgrado se alegraron al conocer la eliminación del hombre que, como pensaba hacer, si hubiera otorgado un estatuto liberal a los eslavos y formado una federación de estados, habría arruinado los objetivos expansionistas del reino serbio. En el resto de Europa la reprobación fue unánime.

Austria aprovechó de inmediato esas simpatías para sacar ventaja. Su gobierno, tras unas mínimas negociaciones diplomáticas, pareció seguir al pie de la letra un consejo recibido por su homónimo alemán: culpó al serbio del atentado a pesar de la nacionalidad bosnia de su autor, Gavrilo Princip, y de que los hechos habían ocurrido dentro del territorio que formaba parte del imperio, con la única finalidad de aprovechar la ocasión para ocupar el país vecino y acabar con la amenaza constante que ejercía sobre los intereses imperiales.

El ultimátum lo envió el 23 de julio. Exigía la eliminación de la Mano Negra —la organización terrorista a la que se suponía pertenecía Princip—, la interrupción de cualquier campaña de desprestigio contra el imperio, la participación de policías austro-húngaros en Serbia para investigar el magnicidio y la entrega de los culpables a la justicia imperial para ser juzgados y castigados. Era eso o la guerra y, como comentó Francisco José cuando se enteró del contenido de esas peticiones, al final sería una «guerra grande», porque Rusia no iba a permitirlo. Lo mismo opinaba el resto de Europa[15], sobre todo Francia, que mantenía buenas relaciones con Rusia, pero que le preocupaban mucho los lazos de amistad y cooperación que el zar a su vez había establecido con Serbia.

No pudo sorprender a nadie que Belgrado rechazara el ultimátum el día 25. Alegó que violaba su soberanía. Pse a ello, propuso el arbitraje del Tribunal de la Haya y se sometió a todas las exigencias, excepto a la participación de los funcionarios austriacos en la encuesta. Una gran victoria moral para Viena —escribió el *káiser*—, que pensó que de esa manera desaparecían los motivos para la guerra. Se equivocó. Junto con los documentos referentes al ultimátum, el gobierno serbio firmó la orden de movilización y evacuó de la capital las municiones, el oro, los archivos y a la casa real. Se trasladaron a Kragujevac, más al sur, donde se había proclamado la constitución de los Balcanes cuando era la primera ciudad del país. Esa misma noche, Francisco José firmó a su vez una orden de movilización contra Serbia de ocho cuerpos de ejército.

Austria y Serbia rompieron relaciones diplomáticas sin hacer caso a los demás ni esperar otras soluciones y, el 28, el emperador, impaciente, declaró la guerra mientras cuatro monitores[16] de la armada descendían ya por el Danubio y el Sowa para bombardear Belgrado. Ni él ni su gobierno eran plenamente conscientes de que acababan de desencadenar un cataclismo que terminaría con su imperio, con el zar y, por pura casualidad, con el Imperio Otomano.

De la forma prevista, Rusia decidió acudir en ayuda de Serbia, para defender su posición en los Balcanes. El día 29, comenzó un intercambio de correspondencia que se prolongaría durante varios días. La primera carta se la dirigió el zar al *káiser*: «Me satisface que hayas regresado —le decía—. En este momento extremadamente grave me dirijo a ti en demanda de ayuda. Ha sido declarada una guerra indigna a un país débil y en Rusia la indignación, de la que participo, es enorme. Para evitar una guerra europea te ruego, en nombre de nuestra vieja amistad, que hagas todo lo que está en tu mano para impedir que tu aliado vaya demasiado lejos».

La madrugada del 30, tal y como pensaba el canciller alemán Theobald von Bethmann-Hollweg, el zar decretó la movilización general. Rusia era consciente de que sería mucho más lenta y menos eficaz que la alemana y no podía correr el riesgo de que sus oponentes estuvieran preparados primero.

---

[15] En palabras de *sir* Edward Grey, Secretario de Relaciones Exteriores británico: «nunca había visto antes que un gobierno se dirigiera a otro de un estado independiente con un documento tan extraordinario».

[16] Un monitor era un pequeño buque blindado que se utilizaba para operaciones militares costeras o fluviales, muy utilizado a finales del siglo XIX y principios del XX. Debía su nombre al *USS Monitor*, empleado durante la guerra civil estadounidense.

Al día siguiente, Guillermo II, que en su contestación al zar había estado casi amenazador diciéndole «todo el peso de la decisión descansa ahora exclusivamente sobre tus hombros; tuya es la responsabilidad de la paz o de la guerra» telegrafió a Jorge V, primo de ambos[17]: «Acabo de enterarme por el canciller de que en este momento le ha llegado la noticia oficial de la movilización general del ejército y la armada que ha ordenado Nicky. No ha esperado siquiera a conocer los resultados de la mediación en que trabajo y me ha dejado sin noticias. Me dirijo a Berlín con objeto de tomar medidas para la seguridad de mis fronteras orientales, donde han tomado posiciones fuertes contingentes de tropas rusas».

Tropas rusas recién movilizadas se dirigen hacia el frente. El 3 de agosto, a las seis de la tarde, los rusos atacaron Johannisburg, en Prusia Oriental, a pocos kilómetros de la frontera. Horas después los alemanes cruzarían desde Silesia y Posen y marcharían sobre Tschenstochow, Berdzin y Kalisch. Fotografía publicada por la revista francesa *Panorama* en agosto de 1914.

Esa misma noche, puesto que parecía que Guillermo tenía dudas, Francisco José, que veía que su ejército aún combatía solo, lo presionó más. Conocía bien al káiser, y tenía le completa seguridad de que si ponía en duda sus aptitudes, se vería obligado a actuar en consecuencia: «Tengo plena conciencia —le dijo—, del alcance de mis decisiones, que he adoptado confiando en la justicia divina y en la seguridad de que la *Wehrmacht*[18], demostrando una inquebrantable lealtad, servirá a mi imperio y a la Triple Alianza».

Guillermo II, que esa tarde había recibido también un telegrama del zar dándole su palabra de honor de que no realizaría ninguna acción mientras se mantuviesen las negociaciones con Austria sobre Serbia, le contestó al empera-

---

[17] La casa real de Inglaterra fue hasta 1917 la alemana de Sajonia-Coburgo-Gotha. Jorge V cambió su nombre por Windsor, el castillo donde fue bautizado, debido al alto sentimiento antialemán que causó la guerra.
[18] El terminó *Wehrmacht* como conjunto de las fuerzas armadas de Alemania no lo inventó en 1935 el régimen nacionalsocialista, como tantas veces se cree, ya aparece en la Constitución de Fráncfort de 1849.

dor que esperaba a su vez que, cuando Alemania interviniera, dejase a Serbia a un lado y emplease contra Rusia el grueso de sus fuerzas mientras el Reich estuviera retenido por los combates en Francia, pues la alianza que esta había firmado con los rusos en 1894 la iba a obligar también a entrar en la guerra. «De hecho —decía su comunicado—, en esta lucha gigantesca que emprendemos hombro con hombro, Serbia va tener una importancia secundaria». El káiser, al que Francisco José parecía haber subestimado políticamente, sabía bien lo que decía.

Cartel ruso de propaganda publicado en 1914. Bajo el rótulo general Concordia, *representa a la* Triple Entente. *Marianne, por Francia, y Britannia, por Gran Bretaña, aceptan el liderato de la Madre Rusia, en el centro, ante el inicio de la Primera Guerra Mundial.*

Como lo sabía su jefe de estado mayor, Helmuth Johannes von Moltke, el mayor quebradero de cabeza del canciller por su influencia sobre el káiser. Mientras Bethmann-Hollweg aconsejaba moderación, Moltke telegrafiaba directamente al jefe del estado mayor austrohúngaro, Franz Conrad von Hötzendorf: «Movilícese contra Rusia. Alemania hará lo mismo».

Rusia declaró la guerra a Austria, lo mismo que Austria a Serbia, porque creyó que su condición de gran potencia no le dejaba otra alternativa. De igual forma que Austria estaba convencida de que no podía seguir siendo una potencia sin vencer a Serbia, Rusia creyó que dejaría de serlo si abandonaba a su aliado a sus suerte.

No es cierto, cómo han dicho hasta ahora muchos historiadores, que una movilización rápida fuese un factor esencial para la victoria, menos aun cuando la estrategia de la época se basaba cada vez más en la potencia de fuego y se empezaban a dejar a un lado los brillantes movimientos tácticos del siglo anterior, pero sí lo es que por entonces nadie ponía en duda que la movilización de una gran potencia iba inmediatamente seguida del inicio de hostilidades.

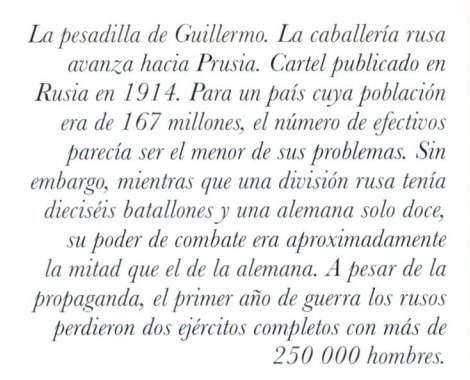

La pesadilla de Guillermo. La caballería rusa avanza hacia Prusia. Cartel publicado en Rusia en 1914. Para un país cuya población era de 167 millones, el número de efectivos parecía ser el menor de sus problemas. Sin embargo, mientras que una división rusa tenía dieciséis batallones y una alemana solo doce, su poder de combate era aproximadamente la mitad que el de la alemana. A pesar de la propaganda, el primer año de guerra los rusos perdieron dos ejércitos completos con más de 250 000 hombres.

El sábado, 1 de agosto, después de haber entregado un ultimátum a Rusia de doce horas, otro a Francia de dieciocho —exigiéndole que diese garantías de neutralidad—, y un tercero a Bélgica pidiendo el libre paso por el país desde el momento que comenzasen las operaciones contra Francia, Alemania denunció unos oscuros incidentes en los lagos y bosques de Masuria, en Prusia Oriental. Primero dijo que los rusos habían cruzado la frontera en Echwidlen, al sur de Biala, y luego envió a Gran Bretaña un escueto telegrama en el que informaba que en Gross Prostken, una estación fronteriza, una patrulla rusa había disparado sobre otra alemana que llegaba en el ferrocarril para reforzar el puesto. Verdad o no, a las cinco de la tarde el Reich ordenó también la movilización general y, a las siete y diez, el conde Friedrich Pourtalès, embajador alemán en San Petersburgo, le entregó a Sergei Sazonov, ministro de exteriores ruso, la declaración de guerra.

La pura realidad era que ninguno de los dos países entraban en conflicto por mero altruismo o siguiendo los dictados de una política de alianzas. Rusia buscaba el curso inferior del Niemen, parte de Galitzia, Polonia, Posen y Silesia. Alemania —apoyada en el tan aireado pangermanismo—, el hierro de la fronteriza cuenca minera del Briey para hacer que Francia dependiera económicamente de su producción industrial. Además, pretendía la unidad económica de Europa central bajo su liderazgo, la ampliación de sus posesiones coloniales, el control político y económico de Bélgica, incorporar Luxemburgo como un estado federal más y estrechar su relación con Holanda. Exactamente lo mismo que ambas potencia intentaban desde el siglo XVIII[19].

Para entonces, la situación interior en Rusia era extremadamente confusa e inestable. La burocracia estatal se veía totalmente desbordada por una movilización y una guerra que parecía haberla pillado desprevenida. Con la intención de remediar la crisis de transportes, las dificultades de abastecimiento o la organización de los hospitales, los cuerpos administrativos locales decidieron tomar la iniciativa y sustituirla. Los *zemtvos*, las asambleas elegidas por los distritos y los gobiernos provinciales, que había instituido en 1864 el zar Alejandro II durante sus grandes reformas liberales, designaron un comité central de 70 delegados; algo similar a lo que hicieron las municipalidades, que formaron también un comité a razón de 1 delegado por ciudad de menos de 100 000 habitantes, 2 por cada ciudad grande y 5 por Moscú y Petrogrado.

La Unión de los *Zemtvos* y la Unión de las Ciudades se encargarían de poner en pie las obras de guerra y de servir de intermediarios entre la administración y los productores para la fabricación del material del ejército y para el abastecimiento. En un principio el gobierno no obstaculizó ese movimiento porque los servicios públicos eran incapaces de asumir la carga de una organización de esas características, pero esas grandes asociaciones pronto serían conscientes de su fuerza y, a principios de 1915, empezarían a denunciar la incapacidad del gobierno.

Solo la Duma dio muestras de colaborar con los diversos ministros. En el transcurso de dos breves sesiones mantenidas en agosto de 1914 y febrero de 1915, evitaron, en sesión pública, hacer críticas a la administración de la guerra y aclamaron los discursos patrióticos de su presidente Rodzianko. Pero el gobierno no movió un dedo para apoyarse en la representación nacional, sino que, voluntariamente, acortó las sesiones parlamentarias mediante el artículo 87 del Acta Constitucional, que le otorgaba el derecho a legislar mediante decretos cuando la Duma no estuviese reunida; un privilegio que estaba dispuesto a utilizar ampliamente.

En todo momento la única consigan gubernamental parecía ser que la guerra se ganara sin la cooperación de los representantes de la nación, para reservar únicamente al buenhacer de la dinastía Romanov el prestigio de la victoria.

---

[19] Ver nuestra obra *Las garras del águila*. EDAF, 2012.

1.3.1 El desastre

En el inmenso teatro de operaciones de la Europa Oriental, los rusos, que gozaban de unidad de mando ante austriacos y alemanes, se vislumbraban como los indiscutibles directores de orquesta. El primer asalto comenzó en la región el día 3 de agosto, bajo la dirección del gran duque Nicolás Nikoláyevich —nombrado comandante de todas las fuerzas por una orden especial del zar, a pesar de su inexperiencia—, y su jefe de estado mayor, Yakov Zhilinsky. Alemania, totalmente dedicada a su avance por Bélgica y Francia, apenas ofreció resistencia a los ejércitos I y II, a las órdenes de los generales Paul von Rennenkampff y Alexander Samsonov respectivamente. Sus escasas fuerzas, estacionadas a lo largo de la frontera, se fueron retrasando cortas distancias en unos pocos lugares, mientras esperaban la llegada de refuerzos.

En respuesta a la movilización general de Rusia, Austria-Hungría hizo lo mismo el 4 de agosto pero, para sorpresa de todos, al llamar nada más a los miembros de las unidades en activo, solo puso en marcha a las fuerzas armadas que tenía disponibles; no consideró necesario incluir a nuevos reclutas[20]. El día 5, también le declaró la guerra a Rusia y, el 6, firmó de inmediato un compromiso con Alemania para frenar a lo largo de la frontera el avance ruso, que se encontraba ya cerca de Marggrabova y estaba a punto de costarle el puesto al jefe del VIII ejército alemán, el aristocrático general Maximilian von Prittwitz.

El problema era que los austriacos no tenían las mismas prioridades que los alemanes, y para cuando el día 18 se puso en marcha hacia las líneas rusas de Galitzia el II Ejército del general Oskar Potiorek, gobernador de Bosnia y comandante en jefe de las operaciones contra Serbia, que hasta entonces había estado enfrascado en combates contra los serbios, lo hacía muy bajo de efectivos.

En Prusia, mientras, el ejército del gran duque continuaba su avance imperturbado. Tras entrar en Marggrabova, se movió con bastante rapidez y amenazó o se apoderó en una semana de Memel, Tilsit, Insterburg y Allens-

---

[20] Una peculiaridad de la monarquía austríaca era que tenía tres ejércitos subordinados a tres ministerios diferentes que coexistían juntos de forma equivalente: el ejército imperial y la flota imperial, las milicias del *Landwehr* austríaco y las milicias del *Landwehr* húngaro, el *Honvéd*. Un auténtico ejército multicultural en el que, según los documentos oficiales del imperio, de cada 100 soldados, 25 eran de lengua alemana, 23 húngaros, 13 checos, 9 serbios o croatas, 8 polacos, 8 ucranianos, 7 rumanos, 4 eslovacos, 2 eslovenos y 1 italiano. Orígenes que se sobrepasaban de largo en muchos de los regimientos de infantería o caballería si se estudiaban de forma individual y que hacía necesario que los comandantes hablasen diferentes idiomas. Un problema que se agravaba cuando había que entrenar a las tropas o pedir suministros y apoyos técnicos o sanitarios.

tein, por citar solo algunas de las ciudades más importantes del distrito de los Lagos de Masuria, en el sureste de la frontera ruso-prusiana. Rusia estaba satisfecha. Tal y como estaba previsto, la guerra no iba a ser más que un paseo militar hasta la victoria.

La noche del 22 de agosto, consciente de que no iba a poder contar mucho con su débil aliado, el *Reich* se despertó en Prusia. Moltke, harto de Von Prittwitz, que había sido derrotado con facilidad el día 17 en Gumbinnen, lo destituyó y sacó de la reserva para ocupar su puesto al general Paul von Hindenburg. Para ayudarlo, ordenó también que el general Erich Ludendorff dejara Lieja y ocupara un puesto como su jefe de estado mayor. Llegó a las 18.00 del día 23 y, enseguida los dos se pusieron de acuerdo. Detendrían a los rusos en las proximidades de Olsztyn[21].

Paul von Hindenburg, sentado a la izquierda, y Erich Ludendorff planean la batalla de Tannenberg. Obra de Hugo Vogel realizada en 1915.

Esa misma tarde, Von Hindenburg decidió autorizar un plan de acción preparado por el coronel Maximilian Hoffmann, jefe de operaciones de Prittwitz. Proponía que se utilizara a la caballería como pantalla en el Vístula, con la intención de confundir a Von Rennenkampf. Mientras tanto, el general Hermann von Francois, con el I.Cuerpo, utilizaría el ferrocarril para trasladarse hacia el suroeste, donde se encontraba el ala izquierda del II Ejército de Samsonov, y los dos cuerpos bajo las órdenes del carismático August von Mackensen, esperarían la orden de avanzar a pie hacia el sur con el fin de po-

---

[21] Von Hindenburg y Ludendorff se encargaron después que la batalla se conociera con el nombre de la cercana ciudad de Tannenberg, en memoria de la derrota sufrida en 1410 por los caballeros teutónicos ante una fuerza conjunta de lituanos y polacos.

der enfrentarse al ala derecha del general ruso. Finalmente, un cuarto cuerpo permanecería en el Vístula para vigilar el avance hacia el norte del I ejército del zar. La trampa estaba preparada.

Samsonov, acosado por problemas de abastecimiento y comunicación[22], no tenía ni idea de que Von Rennenkampf había decidido detenerse, y pensaba que sus fuerzas continuaban hacia al suroeste. Además, como creía que el VIII ejército se retiraba, decidió acelerar lo más posible la marcha de sus doce divisiones —tres cuerpos—, para perseguirlo en dirección noroeste, hacia el Vístula, mientras el cuerpo restante, el VI, se dirigía hacia su objetivo original en el norte, Seeburg-Rastenburg. Una maniobra que no hizo más que aumentar la brecha entre él y Von Rennenkampf.

Ataque de los cosacos en Prusia Oriental, en 1914. *Una visión rusa de la Gran Guerra, de finales del siglo xx, que poco tiene que ver con la realidad.* Obra de Aleksandr Yurevich Averyanov realizada en 1990. Colección particular.

---

[22] Una de las grandes preguntas de la campaña es por qué los rusos eran tan ingenuos como para transmitir sus órdenes completas por radio y sin cifrar. Hay varias explicaciones, una de ellas era su falta de formación. Sus operadores no estaban suficientemente capacitados en métodos de codificación y decodificación como para enviar mensajes cifrados de una forma eficaz. Incluso cuando codificaban mensajes, los alemanes rompían con facilidad las claves. Otra razón, era la falta de cable para el teléfono o el telégrafo. Cada cuerpo solo tenía suficiente como para conectar con los comandantes de división, no le llegaba para contactar con el cuartel general del ejército, con el que prefería mantener comunicación por radio.

El 24 de agosto el grueso de las fuerzas de Samsonov llegó a los extremos de la línea alemana y la venció en pequeñas acciones. Continuó su avance y cayó el solo en la red.

Ludendorff emitió una orden para que Von Francois iniciara el ataque contra el ala izquierda de Samsonov en Usdau al día siguiente. Sorprendentemente, se negó a cumplir la orden mientras no hubiese llegado su artillería, lo que estaba previsto para el día 27. Ludendorff y Hoffmann tuvieron que ir a verle para repetirle la orden en persona. De mala gana, aunque se quejó de la falta de proyectiles, accedió a iniciar el ataque.

Mientras regresaban de su reunión en el I cuerpo, Hoffmann, recibió dos mensajes sin cifrar interceptados a Rennenkampf y Samsonov, respectivamente. Su contenido era explosivo.

El primero, enviado por Rennenkampf, revelaba la distancia entre los dos ejércitos, detallaba los planes de marcha del I y confirmaba que se separaba del II, por lo que ya no era una amanaza inmediata. El segundo, interceptado a Samsonov, era igualmente notable. Después de haber vencido el día anterior a los alemanes estaba seguro de que su retirada era general, por lo que le enviaba a Rennenkampf los planes detallados de su ruta prevista en persecución de las fuerzas alemanas.

Hoffmann se apresuró a entregar los mensajes a Ludendorff y Hindenburg. Tras un momento en el que dudaron de su autenticidad, se decidieron a alterar los planes de su ejército. Ahora, mientras el reconocimiento aéreo se encargaba de situar con exactitud a Samsonov, Von Francois podía retrasar su asalto hasta el 27, cuando sus fuerzas estuviesen al completo.

Ese día, el I cuerpo alemán, tras un masivo bombardeo obtuvo enseguida un éxito notable. Ocupó rápidamente Soldau, en la frontera con Rusia, y cortó las comunicaciones de la izquierda de Samsonov con su centro.

A pesar de su éxito, Ludendorff, temeroso de que las fuerzas de Rennenkampf pudieran todavía aparecer para unirse a los combates, ordenó a Von Francois que regresara al norte. De nuevo decidió no hacerle caso y se dirigió hacia al este, con el fin de evitar que el centro de Samsonov pudiera retirarse hacia la frontera. Aunque acababa de desobedecer una orden clara de Ludendorff, su acción audaz sería imprescindible para conseguir durante la batalla un éxito arrollador.

Haciendo caso omiso de las advertencias de un avance alemán masivo hacia el sur, el día 26, Zhilinksi ordenó al ejército de Rennenkampf que prosiguiera con los planes originales y continuara su marcha al oeste de Konigsberg, a una distancia considerable de la difícil situación de Samsonov. Desastrosamente para los rusos, Hoffmann también interceptó ese mensaje, por lo que de inmediato Ludendorff envió a Mackensen al sur para unirse con Francois.

Establecieron contacto en Willenberg, al sur de Bischofsburg, el 29 de agosto. Samsonov, que se acababa de dar cuenta el día anterior del peligro que corría, estaba ya rodeado.

Desabastecidas y con su sistema de comunicaciones arruinado, sus fuerzas, de las que el VI cuerpo ya había sido derrotado, se dispersaron. En consecuencia, ordenó una retirada general al anochecer del 28 de agosto. Era demasiado tarde, muchos de sus hombres arrojaron sus armas y se entregaron a las fuerzas alemanas que los rodeaban. Otros intentaron escapar, pero confundieron lo que parecía ser tierra firme con un pantano intransitable en el que los caballos, los hombres y las armas se hundieron lentamente.

La noche del 29, Samsonov, horrorizado al ver como su ejército se desintegraba perdido en los bosques de los alrededores, e incapaz de informar al zar de la magnitud de la catástrofe, se pegó un tiro en la cabeza. Su cuerpo fue encontrado posteriormente por una patrulla alemana y enterrado con honores militares.

Mientras, los contraataques enviados desde la frontera rusa, que chocaban contra las reservas de Francois y Mackensen, se mostraban débiles e insuficientes, por lo que ya era prácticamente imposible evitar el desastre. La noche del 31, Zhilinsky dio la batalla por perdida. Ordenó a las unidades que no estaban rodeadas que se retiraran hacia el este. Eso incluía al ejército de Rennenkampf, que hasta entonces no se había movido. Solo su caballería había hecho un intento de acercarse a las posiciones alemanas, pero había regresado a sus puestos enseguida.

Noventa y cinco mil soldados rusos fueron capturados. Las bajas se estimaron en 30 000 muertos y heridos. De los 150 000 hombres del II ejército, solo alrededor de 10 000 escaparon. Los alemanes sufrieron menos de 20 000 bajas y, además de los prisioneros, capturaron más de 500 cañones. Se requirieron sesenta trenes para trasladar a Alemania todo el botín.

Hindenburg y Ludendorff fueron agasajados como héroes a su regreso a Berlín. Tal fue el brillo de la victoria, que Hindenburg acabaría reemplazando a Von Falkenhayn como como jefe del estado mayor alemán y basaría toda su carrera política posterior a la guerra en esa campaña.

A pesar de que sabían que el uso propagandístico de la victoria comenzaba a engrandecerla demasiado, el volumen de la derrota rusa sorprendió a los aliados, que se preguntaron preocupados si los ejércitos del zar estarían ya vencidos. No era el caso. Como siempre, el gran peso del ejército ruso aseguró, de momento, su supervivencia.

En Rusia, el impacto psicológico de la derrota de Tannenberg habría sido mayor si la balanza no hubiese oscilado en contra de las potencias centrales en Galitzia: dos ejércitos austriacos invadieron Polonia al mismo tiempo que los alemanes movían sus tropas, pero fueron contenidos por una terrible embestida de los rusos. Eso salvó a Nicolás II en primera instancia, pero los ánimos de toda la población —terratenientes, campesinado y obreros—, estaban demasiado excitados. Si no se producía ningún cambio el zarismo iba derecho, en un plazo más o menos largo, al desatre total.

1.3.2 Economía de guerra

Más de 50 años después de la emancipación oficial de los siervos, la situación de servidumbre persistía en la práctica en muchos casos y en algunas zonas, por ejemplo, en el Caúcaso. El clamor para que se redujesen las rentas impuestas por los terratenientes y la reducción y abolición definitiva de la servidumbre, era cada vez más insistente. Al no ser atendido, se convirtió en la exigencia de que los terratenientes fuesen totalmente desposeidos de sus tierras y que las mismas fueran definitivamente distribuidas entre el campesinado.

Rusia ante su enemigo menor en el frente turco. *El 14 de diciembre de 1914, el jeque Ul-Islam proclamó, en nombre del Califato, la Guerra Santa islámica contra el Reino Unido, Francia, Rusia y Montenegro. Gracias a la entrada del Imperio Otomano en el conflicto el régimen zarista planeaba reemplazar a la población musulmana del norte de Anatolia y de Estambul con gentes más fiables para él, como los cosacos del Caúcaso.*

Las continuas movilizaciones por esta motivo que tuvieron lugar entre 1914 y 1916, unidas al reclutamiento masivo de campesinos para alimentar la maquinaria de guerra, privaron a la agricultura de casi la mitad de su mano de obra; el ganado, el poco que quedaba, fue sacrificado en masa para las necesidades del ejército y el rendimiento agrícola descendió un 25% respecto de la media normal mientras las exportaciones del extranjero —de las que ya en tiempo normal dependía la agricultura para cubrir las necesidades del país—, quedaron prácticamente paralizadas. Al disminuir la producción en forma tan grave, el pago de las rentas se hizo insoportable para los campesinos y el deseo de estos por hacerse con tierras para su explotación integral se convirtió en algo desesparado e irresistible.

Entre 1905 y 1917 solo se intentó una reforma agraria de cierta envergadura: la reforma Stolypin —que debía su nombre a Piotr Arkádievich Stolypin, primer ministro y ministro del Interior de Nicolás II desde 1906 hasta 1911—, iniciada en noviembre de 1906. Pretendía conseguir la formación de una «capa» de granjeros ricos sobre la que el régimen zarista pudiera apoyarse, pero los logros de la reforma fueron insignificantes y, además, se vieron minados por la llegada de la guerra mundial.

Rusia castiga a Alemania y a Austria. Cartel de propaganda publicado en 1914. *Una de las razones de la entrada de Rusia en la guerra mundial fue la dependencia económica de sus principales acreedores: Francia y Gran Bretaña. Sin sus inversiones y préstamos no habría sido posible el desarrollo económico del país entre 1890 y 1910. Francia, desde finales del siglo XIX, se había convertido en la principal fuente de capital cuando el gobierno zarista necesitaba dinero. En 1914 los créditos otorgados a Rusia ascendían a la colosal cantidad de 25 mil millones de francos.*

Por mucho que se intentara remediarlo, la pobreza agrícola se veía acompañada por el atraso industrial. En vísperas de la declaración de guerra la producción rusa de hierro era de 30 kilogramos por cabeza frente a los 203 que producía Alemania o los 228 de Gran Bretaña. La producción de carbón era en Rusia de 0,2 toneladas en cabeza; una miseria comparada con las 2,8 toneladas de Alemania, las 6,3 de Gran Bretaña, e incluso las 5,3 toneladas de los Estados Unidos, que por entonces no era considerada una potencia mundial de la misma magnitud en que estaba considerada Rusia, aunque fuera un claro ejemplo de gigante «con pies de barro».

No había en Rusia más que una incipiente electrificación y una también incipiente industria de construcción de maquinaria. No había industria de máquinas ni de herramientas; no había complejos químicos ni fábricas de automóviles. Todo se importaba.

Durante la guerra, la producción de armamento se intensificó, pero el rendimiento de las industrias básicas se redujo. Entre 1914 y 1917 no se fabricaron más que 3,3 millones de fusiles para un total de 15 millones de hombres movilizados. El atraso industrial se tradujo inevitablemente en debilidad militar a pesar de las entregas de armas y municiones que los aliados hicieron al gobierno ruso.

Y, a pesar de todo lo anterior, por una extraña paradoja, la industria rusa era, en un aspecto, la más moderna del mundo: estaba muy concentrada. Su coeficiente de concentración era similar al británico y superior al alemán o al de los Estados Unidos. Más de la mitad del proletariado industrial ruso trabajaba en empresas que contaban con más de 500 personas. Eso tendría consecuencias políticas, porque esa concentración sin precedentes daba al proletariado ruso la posibilidad de llegar a un alto grado de organización política; de hecho, fue uno de los factores que le permitieron desempeñar un papel decisivo durante la revolución.

Pero antes de que la clase obrera y los intelectuales evidenciasen toda su fuerza, la debilidad del régimen allanó el camino al agravar su situación con la bancarrota financiera.

La guerra mundial obligó a gastar a Rusia más de 47 000 millones de rublos de los que no disponía. De esta cantidad, solo algo menos de la décima parte procedía del presupuesto ordinario, porque los préstamos de guerra, tanto provenientes de las grandes fortunas del interior del estado, como del exterior, alcanzaron apenas la cifra de 42 millones de rublos. La inflación era terrible: en el verano de 1917 la circulación fiduciaria era 10 veces superior a la de 1914 y el coste de la vida, para una población que ya hasta entonces había tenido enormes dificultades para sobrevivir, siete veces superior al de antes de la guerra mundial.

Moscú en 1914. Los gastos bélicos no le impidieron a la monarquía continuar con fastuosas obras públicas que enriquecían a miembros de la corte o la nobleza próximos al zar. Abajo, mientras, reparto de patatas confiscadas a los agricultores para el mantenimiento del país.

A causa de ese brutal encarecimiento que afectaba a todas las clases por igual, estallaron a lo largo de 1916 frecuentes huelgas y disturbios en Petrogrado —San Petersburgo había sido rebautizada con ese nombre el 31 de agosto de 1914[23]—, Moscú, Irkutsk y otros centros industriales. Lo advirtió el abogado Vasili Maklákov, un terrateniente líder de la burguesía liberal, poco antes del alzamiento de febrero de 1917: «Si la posteridad reniega de esta revolución renegará de nosotros por haber sido incapaces de evitarla, cuando podíamos haber hecho cambios desde arriba». Resumía así la actitud de la corte, del gobierno y de la clase media liberal y semiliberal, totalmente incapaz de prever la tormenta que se avecinaba.

Otro problema que se entremezclaba con el económico y que al generalizar, normalmente no se tiene en cuenta, es el demográfico. Entre 1861 y 1914 se produjo un rapidísimo e importante aumento de la población en los vastos territorios controlados por el zar; esta expansión demográfica, unida a una serie de cambios socioeconómicos sería otra de las claves de la transformación general de las estructuras rusas a finales del siglo XIX y principios del XX. El progreso demográfico fue tan rápido y generalizado que planteó problemas insolubles de vivienda, abastecimiento, equipamientos y empleo.

---

[23] El topónimo San Petersburgo, «ciudad de San Pedro», era de origen alemán. Pedro el Grande la nombró así en 1703, en honor a su santo patrono, por sus súbditos alemanes que habían construido y trabajado en los astilleros y la ciudad. A raíz de la guerra con Alemania se pensó que era más patriótico denominarla Petrogrado, adaptación al ruso del alemán Petersburg.

Los 49 millones de habitantes que tenía el Imperio en 1861, se convirtieron en 125 en 1897. Menos de veinte años después, en 1914, eran ya 175 millones de personas las que habitaban en los territorios de los Romanov. Si comparamos estas cifras con las de Alemania, que tenía 40 millones de habitantes al iniciarse el siglo XX, o las de Gran Bretaña, que tenía 45, podemos hacernos una idea relativa de lo que suponía para el Estado ese inmenso potencial demográfico.

El enorme crecimiento de la población rusa se debió básicamente a un gran salto de la natalidad, que entre 1881 y 1914 alcanzó valores gigantescos, por encima del 40 por mil. Eso dio lugar a un importante contingente de población joven —un tercio de los habitantes era menor de 21 años—, que ni tenía estudios ni podía trabajar. Para los varones mayores de 18 años la solución fue el ejército; para los niños y todas las mujeres, fuera cual fuera su edad, ser mano de obra barata.

Mujeres dedicadas a cosechar té en una plantación cerca de Chavka, Georgia, en 1910. Son principalmente de origen griego póntico, una antigua comunidad que vivía a lo largo de la costa del Mar Negro de Anatolia. Muchos emigraron al Cáucaso, donde quedaron bajo la protección del zar, al fin y al cabo, un cristiano ortodoxo, como ellos.

También en el terreno cualitativo ese incremento demográfico produjo transformaciones. La principal, que aumentó la población industrial y urbana en detrimento del campesinado. En 1915 ya habitaban las ciudades 25 millones de personas —aproximadamente el 15% del total de la población—, mientras que unos 12 millones se dedicaban al trabajo en las fábricas, los ferrocarriles y la navegación —cerca de un 7% de la población—. Pese a todo ello, no cabe duda de que al iniciarse la Gran Guerra, la población del Imperio, el 78% restante, era fundamentalmente rural y estaba ocupada en las faenas propias de la agricultura.

1.3.3 Imparable descenso a los infiernos

Durante los últimos días de agosto y los primeros de septiembre de 1914, el avance alemán hacia el sur de Polonia se derrumbó rápidamente. Mientras tanto, las tropas rusas habían invadido con éxito Galitzia y, el 3 de septiembre, los austrohúngaros evacuaron Lemberg. En el norte, también las correosas tropas del zar reanudaron la ofensiva y una vez más invadieron Prusia Oriental. De nuevo Von Hindenburg y Ludendorff —esta vez al mando del 9.º ejército—, los derrotaron. Primero los días 10 y 11, y cuatro días más tarde, el 15, de forma definitiva en los Lagos de Masuria.

Una familia al completo empleada en la extracción de material de las minas de hierro de las colinas Bakaly, a las afueras de Ekaterimburgo. El hierro se fundía para la acería tan lentamente como el imperio tardaba en industrializarse.

La invasión de Galitzia, sin embargo, se mantuvo. Para el 16 de septiembre los rusos comenzaron el asedio de la importante fortaleza austríaca de Przemysl, 90 kilómetros al oeste de Lemberg y, el 26, llegaron a los Cárpatos, desde donde se extendieron por las fértiles llanuras del río Bukowina, amenazando con una inminente invasión de la propia Hungría.

La primera semana de octubre trajo una tercera invasión de Prusia Oriental que ya no se extendió tan lejos como los dos anteriores, y que fue rechazada prácticamente en su totalidad antes de terminar el mes. Al mismo tiempo, desde el 2 de octubre, en respuesta a la imperiosa necesidad de ayuda inmediata solicitada por los austriacos en Galitzia, fuerzas alemanas habían entrado en Polonia con el fin de reducir la presión rusa. Alcanzaron el Vístula el 11 y avanzaron sobre Varsovia. Funcionó. Ese mismo día se levantó el asedio de Przemysl, después de que un intento ruso para tomar la fortaleza al asalto fuera rechazado.

Para el 7 de noviembre, los rusos estaban de nuevo en Prusia Oriental, y aunque esta vez se encontraron con una decidida resistencia y fueron rechazados en muchos lugares, consiguieron llegar a las provincias prusianas de Posen y Silesia. En vista de que podían volver a complicarse las cosas, alemanes y austriacos abandonaron su intento de avance contra Varsovia y se retiraron más allá de sus propias fronteras, a la Alta Silesia y el oeste de Galitzia. A mediados de noviembre los rusos pusieron en marcha una amplia ofensiva a lo largo de todo el frente que se estrelló sin éxito contra las líneas enemigas. En Prusia Oriental y en el norte de Polonia, los alemanes ganaron batalla tras batalla y avanzaron con decisión para tomar Lodz, ocupada por los rusos al inicio de la campaña.

Alrededor del día 22 parecía que por fin las armas rusas, que tenían rodeado a un grupo de ejército alemán próximo al noroeste de la ciudad, iban a tener su primer éxito, pero volvieron a mostrarse extremadamente ineficaces. Los cercados rompieron las líneas y conectaron de nuevo con el grueso de las fuerzas de Von Hindenburg en apenas cuatro días.

Lodz cayó el 6 de diciembre. Luego, entre el 7 y el 22 de febrero de 1915, los rusos fueron rechazados de nuevo en la región de los Lagos de Masuria. A partir de entonces las tropas del zar fueron expulsadas definitivamente de territorio alemán. Ningún otro ejército ruso lo pisaría de nuevo hasta el final de la Segunda Guerra Mundial, en 1945.

Miles de soldados rusos —una parte a la izquierda de la fotografía, custodiados por dragones de la caballería alemana—, fueron hechos prisioneros en el invierno de 1915 tras el segundo enfrentamiento en los Lagos Masurianos. En total, Rusia perdió en tres batallas —Tannenberg y las dos de los lagos—, tres millones y medio de hombres.

En mayo de 1915, el zar, aconsejado por su esposa y ministros, cometió otro error: se puso personalmente al frente de las acciones militares, relevando a su primo, el gran duque Nicolás, uno de los principales opositores a Rasputín.

Aunque hasta entonces era, en teoría, el responsable de dirigir las fuerzas rusas contra los Imperios Centrales, su papel se limitaba en realidad a escoger entre los distintos planes de guerra que le presentaban los generales del ejército, por lo que no parecía difícil sustituirle.

En verano, cuando Rusia consiguió recuperarse de sus derrotas y alistar nuevos reclutas que cubrieran el gran número de bajas sufrido, lanzó en las proximidades de los núcleos de población de Leópolis, Kóvel y Lutsk, en la Galitzia ucraniana, su operación contra las Potencias Centrales de más éxito en toda la guerra: la «Ofensiva Brusilov» —llevaba el nombre del general que la dirigía Aléksey Brusilov—. A pesar de los triunfos y los avances iniciales, el ataque acabó por diluirse por la indecisión del zar y la asistencia alemana a sus aliados austrohúngaros, sumado a los endémicos problemas de suministro del ejército ruso. Fue el fin.

«El gobierno —escribió Trotski para describir aquel momento—, pretendía evitar su propio hundimiento con continuas movilizaciones, para dar a los aliados todo la carne de cañón que necesitasen. Unos quince millones de hombres fueron movilizados para cubrir todos los lugares estratégicos y obligados a pasar por toda suerte de calamidades. Porque si aquellas masas debilitadas no eran en el frente más que una fuerza imaginaria, en el interior del país eran una poderosa fuerza de erosión. Se contabilizaron decenas de miles de bajas entre muertos, heridos y prisioneros. El número de desertores fue enorme. En julio de 1915 los ministros parecían contratarse a sí mismos como plañideras: ¡Pobre Rusia! decían, incluso su ejército, que en el pasado atronó al mundo con sus victorias, se ha convertido en una masa de cobardes y desertores».

Ese agosto, tras unas derrotas que había costado un número desorbitado de efectivos y provocado la pérdida de Galitzia y Polonia, el bloque que formaba la oposición en la Duma ganó fuerza y adeptos rápidamente. Englobaba a los demócratas constitucionalistas dirigidos por Pavel Miliukov y por el príncipe Gueorgui Lvov; a los octubristas —los conservadores que habían abandonado la petición de que se formase un gobierno constitucional y que se habían reconciliado con la autocracia—, dirigidos por Alexander Guchkov, y a un grupo de nacionalistas de extrema derecha cuyo portavoz era Vasily Shulgin.

Juntos pidieron al zar, con cierta timidez, la formación de un gobierno que disfrutase de la confianza del país, una fórmula que ni siquiera implicaba que los nuevos ministros rindieran cuentas a la Duma, porque el «bloque» no le pedía a Nicolás II que cediese parte de sus poderes autocráticos sino simplemente que los hiciese más digeribles; máxime tal y como iba la guerra y con el derrotismo que parecía reinar en la corte.

El zar, obstinado en no hacer concesión alguna, se negó. Más aún, del 3 al 16 de septiembre decretó la dispersión temporal de la Duma y, para humillar al bloque progresista y a la oposición en general, nombró un nuevo gobierno, pero más reaccionario e inutil que el anterior, en el que mantuvo como primer ministro a Iván Goremykin. Un político extremadamente conservador que se describía como un «hombre de la vieja escuela», veía al zar como «ungido con la auténtica soberanía» y mantenía buenas relaciones con la zarina y su entorno.

El zar, acompañado de su hijo, el zarevich Alexei Nikoláyevich Romanov, de 11 años, saluda a los oficiales de las principales unidades durante una visita al frente en el invierno de 1915.

Goremykin, que se había opuesto desde el principio a la decisión de que Nicolas II dirigiera personalmente a las tropas, e incluso instó al Consejo de Ministros a que lo ratificara, manifestó que «ya no se consideraba adecuado para la posición que desempeñaba» y planteó ser sustituido por «un hombre con una visión más moderna». Sus deseos de renuncia fueron aceptados a comienzos de febrero de 1916; en ese momento su puesto lo ocupó otro conservador, íntimo amigo de Alejandra, Rasputín y su camarilla: Borís Shtiúrmer.

Ese año pasó rápido, sin que nadie moviera ni un dedo para que las cosas cambiaran. El país no estaba preparado para una campaña bélica tan larga, por lo que en diciembre, Rusia, cuya actuación en la guerra ni era brillante ni contaba con demasiados éxitos, se encontraba sumida en una profunda crisis económica y social. Sumada a los problemas que se arrastraban de los años anteriores, la convertían, sin ninguna exageración, en alarmante.

La exagerada inflación y la escasez de alimentos provocaron enseguida en las principales ciudades el incremento de manifestaciones masivas y huelgas, alentadas tanto por la situación vivida como por la propaganda revolucionaria, en cuya difusión los servicios secretos alemanes desempeñaban un papel primordial. Si apoyaba una revolución, el alto mando germano, que durante la «Ofensiva Brusilov» se había visto obligado a trasladar al este parte de las tropas que necesitaba en Verdún, estaba seguro de que podría sacar a Rusia de la guerra. Eso le permitiría volcar todos sus esfuerzos en el frente occidental y sacarlo del estancamiento en que estaba.

En vista de que el nivel de las aguas revolucionarias crecía, se planteó la necesidad de cambiar al gobierno de Shtiúrmer, cuya dimisión era exigida por los representantes de todos los grupos parlamentarios y se habló de formar «un ministerio de confianza» que reuniera a profesionales competentes y responsables, pero el zar volvió a desoír todos los consejos. En respuesta a las quejas, despidió a todos los ministros a quienes consideraba «liberales» y, al mismo tiempo, se negó rotundamente a declarar el estado de emergencia.

Hambre. *Una familia trocea en Petrogrado un caballo muerto para alimentarse durante el duro invierno de 1917. Al fondo, al otro lado del río puede verse una manifestación.* Obra de Ivan Alekseevich Vladimirov realizada en 1918. Museo de la Revolución de Octubre. San Petersburgo.

La crisis se ahondó todavía más, agravada por dos factores externos que nunca debían haber aparecido: la participación activa en la dirección del país de la zarina y la influencia sobre sus actos de Rasputín. Con su intervención se extendieron los rumores sobre traición que ya habían comenzado a circular cuando el ataque de Brusílov acabó suspendido por orden del zar. Supuestamente tras haberle insistido su esposa, porque «el místico Rasputín había tenido una visión». Fuera o no cierto, a consecuencia de las intrigas de Rasputín ya se había producido para entonces un número descomunal de cambios de primeros ministros, ministros del Interior, gobernadores y alcaldes, sustituidos por una serie de incompetentes, habituales del entorno del monje. El mismo Shtiúrmer, era buena prueba de ello. «Llegaban uno tras otro —escribió Miliukov—. Pasaban como sombras y dejaban entrar a gente que no eran más que protegidos de la camarilla de la corte».

La Cuarta Duma, en activo de 1912 a 1917, presidida por un retrato de Nicolás II. Como las tres anteriores tuvo una influencia política limitada. En agosto de 1914, la Duma propuso su disolución voluntaria mientras durase la Primera Guerra Mundial. Sin embargo, sus miembros, cada vez más disgustados con el control que el zar ejercía sobre el ejército y otros asuntos, demandaron su reconstitución. Nicolás II lo concedió en agosto de 1915, pero esta segunda trayectoria fue incluso más ineficaz que la primera. El zar rechazó realizarle cualquier consulta y creó un Ministerio de Confianza Nacional. En respuesta, aproximadamente la mitad de los diputados formaron el «Bloque progresista», que en 1917 se convirtió en foco de resistencia política.

La Duma volvió a reunirse a finales de año y los líderes del bloque progresista expresaron abiertamente no ya sus temores, sino su alarma. En un discurso en el que Miliukov denunció públicamente por primera vez a la propia zarina blandió contra el gobierno una agresiva pregunta que estaba ya en boca de todos: «¿Qué es esto, traición o estupidez?». La respuesta del zar fue la de costumbre: volver a disolver la Duma.

No todos los miembros de la familia Romanov miraban a Rasputín de una manera tan favorable como la zarina. Los miembros del Parlamento Imperial lo denunciaron públicamente y pidieron su expulsión de la corte. Nadie hizo caso, por lo que empezaron a urdirse conspiraciones. La principal, promovida por un pequeño grupo de aristócratas y oficiales, que optaron por acabar de una vez por todas con las habladurías, asesinándolo.

La conjura la organizaron el príncipe Félix Yusúpov, Vladímir Purishkévich —un líder derechista de la Duma—, y los grandes duques Dmitri Pávlovich y Nicolás Mijáilovich. Yusúpov invitó a su suntuoso palacio a Rasputín el 16 de diciembre con la excusa de que se reuniría con su esposa, la gran duquesa Irina Alexándrovna. El monje acudió a la cita poco después de medianoche, y Yusúpov —si hacemos caso a la mayoría de las versiones que existen sobre lo ocurrido—, le sirvió vino y pasteles envenenados con cianuro mientras esperaba a la gran duquesa; según el anfitrión, dedicada en ese momento a atender a otros invitados.

Exasperado porque el veneno parecía no hacer efecto, Yusúpov fue al estudio donde aguardaban el resto de los conspiradores, cogió una pistola y le disparó dos veces al pecho. Rasputín se desplomó, Yusúpov lo dio por muerto y se fue con sus compañeros para organizar la manera de deshacerse del cadáver. Volvieron a la escena del crimen una hora más tarde y se horrorizaron al descubrir que Rasputín seguía vivo.

El monje se puso en pie, atacó a Yusúpov y huyó hacia el patio donde fue abatido de otro disparo por Purishkevich. Luego, para asegurarse, lo remató con un golpe de candelabro en la sien. Ya muerto, arrastraron el cuerpo con cadenas y lo sumergieron finalmente bajo el hielo en un canal del río Nevá. Se ha especulado que Rasputín pudiera haber padecido aclorhidria, un estado en el que la producción del ácido gástrico del estómago —ácido cianhídrico—, es inexistente o baja. Eso habría conseguido que su cuerpo no absorbiera rápidamente el tóxico del cianuro ingerido.

El día 18 el zar recibió una carta de Alexandra en la sede del cuartel general. Le decía que Rasputin había desaparecido y, probáblemente, estaba muerto. De inmediato se dirigió a Petrogrado. Llegó a Tsárskoye Selo el 19, una semana antes de las Navidades. Esa misma tarde un cadáver emergió a la superficie del río incrustado en el hielo y con la cara mutilada. Era Rasputín.

El escándalo azotó la corte. El zar y la zarina, resentidos por el asesinato de su «sagrado amigo», se aferraron aún con mayor obstinación a sus métodos tradicionales. El comportamiento de ambos sirvió de lección —una lección que el pueblo asimiló perfectamente—, en el sentido de que el derrocamiento de una camarilla cortesana no bastaba para hacer posibles los cambios que todos deseaban; que la situación que provocaba las reivindicaciones del pueblo estaba encarnada en el propio zar y, más concreta y ampliamente, en todo el orden monárquico.

La emperatriz instó a su esposo a mostrarse implacable e «imponerse a todos». Puso de ejemplo a Pedro el Grande e Iván el Terrible, pero a Nicolás II, pareció no importarle. Le respondió en tono tranquilo: «Yo sé que en los salones de Petrogrado se expresan preocupaciones». El embajador de Francia en Rusia en 1914, Maurice Paléologue, contó tiempo después en sus memorias que siempre notó en el zar esa apatía: «A primera vista —escribió—, quedaba claro que el reinado no le causaba satisfacción alguna, que su papel de emperador lo desempeñaba sin entusiasmo, simplemente como un funcionario honrado, nombrado para su puesto por Dios».

Nicolas II, ajeno a que en paralelo con estos acontecimientos el país se sumía cada vez más profundamente en el caos, entre derrotas, hambre y fraude, se interesó por la investigación sobre el caso Rasputín, tomó parte en su funeral, participó en las celebraciones del año nuevo de 1917 con su familia y, el 22 de febrero, partió de nuevo a Mogilev.

El zar fotografiado en la ventanilla de su tren en 1917. El 22 de febrero, a petición del jefe del estado mayor, el general Mijáil Alexeyev, que exigía hablar en persona con él, salió de Petrogrado camino del cuartel general del ejército. Nunca llegó a saberse lo que el general quería comentar, pero al día siguiente de su partida comenzó el golpe de estado que acabaría con la monarquía.

Días antes de que comenzara la Revolución y se viera obligado a abdicar, su principal preocupación era elegir el mejor lugar dónde enviar a sus hijos para que se recuperaran, después del sarampión que habían padecido. Parecía estar abstraído de la realidad. Camino de su última visita al frente, escribió en su diario: «Mi cerebro descansa. Aquí no están ni los ministros, ni asuntos que requieran mi atención. Me viene bien».

2.ª PARTE

Unos meses que cambiaron el mundo

Manifestación del 17 de octubre de 1905. Obra de Iliá Repin realizada en 1906. Museo Estatal Ruso. San Petersburgo.

La insurrección es un arte, y la principal regla de este arte es la ofensiva sumamente intrépida y de una firmeza inquebrantable.

Karl Marx

Durante todo el tiempo que el zar estuvo en la capital a principios de 1917, se palpaba una creciente inquietud por la falta de alimentos, pero no se tomó ninguna medida que paliase mínimamente el descontento. Todo se desbordó el 23 de febrero, un día después de su partida para el frente, durante las manifestaciones de mujeres que conmemoraban su Día Internacional.

Tras un invierno especialmente duro que no había hecho más que incrementar el hastío de la población y ver acercarse el fantasma del hambre, las mujeres aprovecharon su celebración para exigir el pan que reclamaban sus hijos. Se asaltaron varias panaderías, pero, en general, al no actuar apenas la cruel policía zarista, los disturbios no tuvieron graves consecuencias. Salvo que recibieron el apoyo incondicional de los más cerca de 100 000 trabajadores de las fábricas de la capital, que encontraron así una razón para prolongar la huelga espontánea que mantenían desde primeros de mes.

Esa tarde, Nicolás II llegó al cuartel general. Sus ayudantes más allegados decidieron que no había razón para importunarle y no recibió noticias de las huelgas y manifestaciones que se daban en Petrogrado.

El día 24, los estudiantes se unieron a los trabajadores, y el número de huelguistas se disparó a 200 000. Se decidió manifestarse por los barrios burgueses, ante las casas de muchos amos. Se trataba de intentar llegar hasta la elegante calle Nevski Prospekt y arrastrar hasta allí al mayor número posible de gente. En esta ocasión, la policía sí ocupó sus puestos para impedir que los manifestantes cruzaran los puentes sobre el Neva. Sin hacerles caso, los integrantes de las marchas pasaron junto al río, muchos caminando sobre el hielo, amparados por la bandera roja y entonando a voz en grito *La Marsellesa*. La protesta se realizaba hasta entonces con jovial entusiasmo, sin diferencias entre mencheviques, bolcheviques y socialrrevolucionarios. Solo se exigía trabajo, salario digno y comida. Los cosacos patrullaban las calles y los manifestantes les hacían señales amistosas. Incluso sorprendía la pasividad policial. Lo cierto era que las autoridades no se habían tomado todavía demasiado en serio esas demostraciones de fuerza.

Al tercer día comenzó una huelga general, y la agitación se abrió paso a empujones hacia el corazón de la ciudad. A las ocho de una mañana fría, húmeda y brumosa, una inmensa muchedumbre comenzó a arrancar los carteles colocados los días anteriores en los que se invitaba a la población a guardar la calma. La policía se mostró más huraña. Lo mismo que los cosacos, cuyos caballos, nerviosos, ya se acercaban demasiado a aquellos que encabezaban las marchas.

A pesar de que hasta entonces todas las protestas se habían desarrollado de forma espontánea, rápidamente el movimiento se convirtió en político. Se llevaron a cabo manifestaciones multitudinarias en las fábricas y, durante una marcha por la plaza Znamenskaya, frente a la estación de Nikolaevsky, la gente comenzó a gritar: «¡Abajo la guerra!, ¡Abajo la autocracia!». Los bolcheviques habían aprovechado la situación para convertirse en los principales organizadores de las manifestaciones.

En los barrios de la periferia los obreros desarmaron a la policía. Para reprimir a los sediciosos fueron enviadas las tropas desde sus cuarteles. Hubo algunos encuentros, pero, en general, los soldados evitaron disparar contra los obreros. Incluso los cosacos, que habían tenido una participación tan importante en la represión de la revolución de 1905, decidieron apoyar a los manifestantes contra la policía.

Manifestación en Petrogrado. *Las revoluciones de febrero y octubre de 1917 condujeron, la primera a la abdicación de Nicolás II, y la segunda a la toma de poder por el Partido Bolchevique.*

La evolución de los acontecimientos puso en alerta a otro protegido de la zarina, Alexander Protopópov, ministro de Interior, que amenazó con disolver la Duma y detener a su presidente. Pero ese día, la reunión estuvo marcada por la propuesta de Nikolai Pokrovsky, titular de Exteriores, que pidió el cese de todo el gobierno durante el Consejo de Ministros. Fue entonces cuando se decidió informar al zar de lo que ocurría. Nicolás II telegrafió de inmediato al general Sergei Semyonovich Khabalov, comandante del Distrito Militar de Petrogrado y le instó a tomar medidas cuanto antes: «Por la presente —escribió—, ordenó que acabe con los disturbios en la capital mañana. No se pueden permitir en estos difíciles momentos en que mantenemos la guerra contra Alemania y Austria». Luego, suspendió hasta abril las sesiones de la Duma. Sus líderes se mostraron todavía temerosos de desafiar la autoridad del zar y decidieron no convocarla de manera clandestina, pero hicieron que los diputados no abandonasen la capital. Entre todos ellos se formó un comité, para que no se perdiera el contacto «corporativo» con lo que ocurría.

El Palacio de Invierno, sede actual del Museo del Hermitage. Se encuentra cerca del lugar en el que estaba ubicado el Palacio de Invierno de Pedro el Grande. El actual es el cuarto que se construyó. Sufrió continuas remodelaciones desde finales de 1730 a 1837, cuando fue seriamente dañado por un incendio y volvió a ser reconstruido. Su escala monumental pretendía ser el reflejo de la grandeza y el poder de la Rusia Imperial. Obra de Ludwig Frans Bohnstedt realizada en 1860. Museo del Hermitage, San Petersburgo.

2.1 El último zar

La mañana del 26 el general Khabalov y el ministro Protopopov, se dispusieron a llevar a cabo la orden imperial. La policía tomó posiciones en campanarios, torres, áticos, y techos de edificios altos y abrió fuego contra los manifestantes, al tiempo que las ametralladoras disparaban desde los puentes y a lo largo de la avenida Nevsky Prospekt, y la caballería cargaba para disolver a la multitud. Decenas de personas resultaron muertas o heridas. Esa tarde, toda la guarnición de la capital, prácticamente formada por reclutas, daba muestras de gran nerviosismo, que se vieron acrecentadas cuando los soldados decidieron celebrar asambleas en sus cuarteles para decidir si debían obedecer la orden de disparar contra los obreros desarmados.

No hubo que esperar mucho a que se tomara una resolución conjunta. Por la noche, la 4.ª compañía del batallón de reserva del regimiento de élite Pavlovsky, formada por unos 1500 hombres, salió de sus cuarteles y, de repente, abrió fuego contra un destacamento de policías a caballo que vigilaba los accesos al centro de la capital.

El 27 de febrero fue el día decisivo. Nuevas secciones de la guarnición se unieron a la rebelión y los soldados, que querían evitar en su mayoría ser enviados al frente, comenzaron a compartir sus armas y municiones con los obreros. A partir de ese momento la policía desapareció de la calle. La marea revolucionaria había adquirido tal ímpetu que, por la tarde, el gobierno estaba completamente aislado. No le quedaba más refugio que el Palacio de Invierno y el edificio del Almirantazgo. A última hora, los sublevados ocuparon el Palacio Táuride, uno de los más importantes de Petrogrado, sede de la primera Duma; eligieron comités de huelga, delegados de las fábricas y, junto a los representantes de los partidos de ideario socialista, instalaron allí al Sóviet de Diputados y Obreros.

Por entonces, los ministros todavía albergaban la esperanza de aplastar la revolución con la ayuda de los regimientos veteranos que el zar había ordenado retirar del frente. A la mañana siguiente quedó perfectamente claro que esas tropas no iban a salvar al gobierno. Sencillamente, porque no iban a llegra nunca: los comités ferroviarios se habían encargado de interrumpir todo tipo de transportes militares.

Los propios revolucionarios se vieron desbordados por la fuerza intrínseca de los acontecimientos. La guarnición de Petrogrado se descontroló y los regimientos eligieron representantes que también fueron admitidos como miembros del soviet, que cambió su nombre por el de Consejo de Delegados, Obreros y Soldados. El soviet se convirtió así en el único poder real del país, y decidió formar una milicia obrera, cuidar del aprovisionamiento de la capital y ordenar que se restableciese la normalidad en los ferrocarriles, siempre que no afectase a la estrategia militar. Mientras, los más exaltados asaltaron la fortaleza prisión de Schlüsselburg y liberaron a los presos comunes y políticos al tiempo que comenzaban la cacería de ministros zaristas.

El día 28, tras decidir volver a Petrogrado, Nicolás II le mandó a la zarina el siguiente telegrama: «En mis pensamientos estoy a tu lado. Hace muy bueno. Esperamos que todo salga bien». El regreso no fue fácil para su convoy. Según algunas versiones, el camino fue cortado por marineros borrachos y tuvo que cambiar de itinerario para dirigirse a Pskov a unos 280 kilómetros de la capital, donde estaba situado el estado mayor del Frente Norte.

Ante la realidad de los hechos consumados y de la fuerza con que el soviet asía las riendas del poder, el comité de la Duma, que hasta entonces no se había atrevido a nada, tuvo que admitir la formación de un nuevo gobierno. El 1 de marzo, Mijaíl Rodzianko, su presidente, informó de ello al general Alexeyev, que apoyó la idea siempre que rindiera cuentas al Parlamento y no incluyera a representantes de los partidos de ideario socialista.

Así se hizo. El gobierno provisional, presidido por el príncipe Lvov, lo formaron los octubristas. Solo Alexander Kerensky, abogado de profesión, brillante orador y líder de la oposición socialista al régimen, estaba en la lista ministerial para la cartera de Justicia, pero había sido propuesto para el cargo en consideración a sus aptitudes personales y a su extraordinaria popularidad, no como representante de un partido.

Mientras se formaba un gobierno que por primera vez no iba a elegir el zar, el general Alexeev envió telegramas para consultar el asunto con los siete comandantes de los ejércitos. Se recibieron seis respuestas con el consentimiento. Únicamente del contraalmirante Alexander Kolchak, comandante de la Flota del Mar Negro, no respondió. Trotski escribiría más tarde en su libro *Historia de la Revolución rusa*: «entre los altos cargos militares ninguno se puso en defensa de su soberano, todos se precipitaron a subirse a la cubierta del buque de la Revolución, esperando contar con camarotes cómodos. Generales y almirantes se arrancaban de sus uniformes los escudos de la Casa Imperial y se prendían lazos rojos. Los civiles, por definición, no estaban obligados a mostrarse más valientes que los militares. Cada uno buscaba sobrevivir».

El mismo día que se formó el gobierno provisional, dos figuras que gozaban de autoridad en el país, los representantes del Parlamento Guchkov y Shulgin, acudieron a Pskov a entrevistarse con Nicolás II para intentar arreglar la situación y mantener la monarquía. Insistieron en que el zar abdicara a favor de su heredero, el zarévich Alekxei. El zar no opuso demasiada resistencia, al contrario, después de un periodo de meditación, aceptó renunciar al poder, pero a favor de su hermano Mijail. «Espero, caballeros, que entendáis los sentimientos de un padre —dijo a los presentes—, el príncipe estaba gravemente enfermo y el reinado supondría para él una carga demasiado pesada». Así conseguía también no tener que separarse de su hijo.

Al abdicar, el zar infringía el Decreto sobre la sucesión al trono, vigente desde la época de Pablo I, que prohibía ceder la corona. Algunos creyeron que de ese modo buscaba de manera consciente ilegitimizar todo aquel proceso, pero parece poco probable. Todos los presentes coincidieron al comentar la extraordinaria tranquilidad que reveló el soberano al firmar el manifiesto de abdicación.

Guchkov, que no era gran partidario del zar, recordaría más tarde: «Todo ocurrió de una forma tan simple y, diría, rutinaria, por parte del protagonista, que tuve mis dudas de que estuviera en su sano juicio. Esta persona hasta el último instante simplemente no se dio cuenta de la situación ni de lo que estaba haciendo. Incluso de una figura con un carácter de hierro y un autocontrol impecable se podría esperar cualquier manifestación de emociones que revelaran sus profundos sufrimientos. Nada por el estilo. Por lo visto, era una persona intelectualmente limitada, de una sensibilidad muy baja, por así decirlo». El propio zar aquel mismo día en su característica manera lacónica escribió en su diario: «Alrededor solo hay traición, cobardía y engaño».

Mientras en Pskov se representaba el acto principal del drama, en Petrogrado, Miliukov, que ya era ministro de Asuntos Exteriores del gobierno provisional, anunció públicamente la abdicación antes de conocer siquiera las condiciones y detalles. Dijo en un discurso dirigido a los oficiales del ejército que el zar sería sustituido por su hijo, y que hasta que el zarévich alcanzase la mayoría de edad, el gran duque Mijail gobernaría en calidad de regente. Los oficiales le contestaron que no estaban dispuestos a regresar a sus respectivos destinos a menos que el anuncio de la regencia fuese retirado. En el soviet, Kerenski ya había hablado a favor de una república y sus palabras habían sido recogidas por todos los presentes con clamorosas ovaciones. Ni siquiera llevaba un día en activo, y el gobierno provisional se encontraba ya dividido entre monárquicos y republicanos.

Fotografía coloreada y retocada de Miguel Aleksándrovich Romanov, gran duque de Rusia. Hijo menor del zar Alejandro III, hermano de Nicolás II y detentador de los derechos sucesorios al trono imperial, como Miguel II, entre el 15 y el 16 de marzo de 1917, en que renunció a los mismos. En junio de 1918 fue el primer Romanov en ser asesinado por los bolcheviques.

La noche del 2 de marzo, mientras en algunas ciudades del imperio las tropas lo proclamaban como Mijaíl II, el gran duque se reunió en su piso con Lvov, Miliukov, Rodzianko y Kerenski, como representantes del Parlamento y el nuevo gobierno. Le urgieron a tomar una decisión, pero divididos como estaban, en sentidos completamente contrarios: los dos primeros, a aceptar la corona y mantener la monarquía; los otros dos, a abdicar a favor de la República. El 3 de marzo, tras solo un día como heredero de los derechos de Nicolás, Mijaíl tomó la decisión de renunciar al trono y ceder el ejercicio de sus funciones a la Duma. Luego, emitió la siguiente proclama que, en esencia, ponía fin a la dinastía de los Romanov:

Una pesada carga ha caído sobre mí por la decisión de mi hermano de transferirme el trono imperial de Rusia en un momento de guerra sin precedentes y de disturbios entre la población.

Inspirado por el pensamiento en toda la nación y por el bienestar de nuestra patria, que debe estar por encima de todo, he tomado la difícil decisión de aceptar el poder supremo solo en el caso de que tal sea la voluntad de nuestro gran pueblo; de que la asamblea constituyente de representantes del pueblo establezca una nueva forma de gobierno y de que unas nuevas leyes fundamentales sean establecidas de común acuerdo para el Estado ruso.

Por lo tanto, hago un llamamiento a la bendición de Dios. Pido a todos los ciudadanos del Estado ruso que obedezcan al gobierno provisional que se ha formado y se ha investido con total poder por iniciativa de la Duma del Estado, hasta que una Asamblea Constituyente, que se celebrará en el plazo más breve posible sobre la base del voto general, directo, equitable y secreto, exprese la voluntad del pueblo en su decisión sobre una forma de gobierno.

Después de la abdicación, Nicolás II dedicó varios días a visitar su madre, que había acudido desde Kíev. Posteriormente se despidió de los altos mandos, pidió que el ejército siguiera combatiendo con valentía y partió para su residencia en Tsárkoye Seló. Se disponía a emigrar a Inglaterra cuanto antes, con toda su familia.

Nicolas II junto a su familia y a los oficiales de su guardia. El zar controlaba la Iglesia, la diplomacia, el ejército y las cuestiones de la guerra. Además, poseía la iniciativa legislativa y podía legislar entre dos sesiones de la Duma.

No iba a ser tan fácil. El 8 de marzo la zarina recibió en su salón al nuevo comandante del Distrito Militar de Petrogrado, el general Lavr Kornílov. Por encargo del gobierno provisional la informó de que «para poder garantizar su seguridad», todos los miembros de la hasta entonces familia real permanecerían bajo arresto domiciliario. En las mismas condiciones quedó Nicolás, ya ciudadano de Rusia y coronel Romanov, cuando pudo finalmente reunirse con ellos. Ninguno sabía lo que les iba a tocar vivir en adelante, ni que solo los separaba de la muerte un año, cuatro meses y diez días.

2.2 Solos ante el mundo

Sin el zar como fuente legal de poder, la autoridad pasó a ejercerla un gobierno provisional de corte democrático y moderado. Encabezado inicialmente por el príncipe Lvov como Primer Ministro, inició toda una serie de reformas sociales y políticas, pero una de las principales demandas populares, el fin de la guerra, no fue atendida. Una mayoría muy activa del Parlamento y gran parte de las élites reformistas del país pensaban que continuar la guerra al lado de las democracias occidentales era la mejor garantía para que perduraran las reformas y, en consecuencia, el nuevo régimen.

El gobierno provisional —«provisional» porque la asamblea constituyente, elegida por el voto popular, todavía tenía que determinar el destino de la nueva república—, tuvo que enfrentarse también desde el primer día, junto con la Duma, la única institución legítima en el país después de la disolución de todas las imperiales, a dos problemas que parecían insuperables.

El primero, la dudosa legitimidad de la propia Duma, debido a la manipulación de la ley electoral en 1907. Si tenemos en cuenta que la voz de un propietario era igual a la de 4 ricos capitalistas, 65 ciudadanos de clase media, 260 agricultores o 540 trabajadores, y que como resultado de este reparto de puestos 200 000 propietarios recibieron el 50 % de los votos en la Duma. ¿Es de extrañar que se percibiera como «burguesa» y no como un gobierno popular? El segundo, surgía del primero. Desde el momento en que se estableció el gobierno provisional en el Palacio Táuride, se formó en el mismo lugar el soviet de Petrogrado, el órgano de representación popular.

Sin embargo, no era algo tan complicado como parece, incluso ambos grupos dieron muestras de llevarse bien. De hecho, el gobierno provisional fue aprobado por el Soviet de Petrogrado. La explicación es muy sencilla: su comité ejecutivo, formado por socialistas moderados convencidos de que habían protagonizado una «revolución burguesa», juzgaron que el gobierno también debía estar bajo el control de otros «burgueses».

Porque la principal debilidad del gobierno era su incapacidad para ejercer el poder de manera efectiva. Las clases medias a la que representaba se hallaban presas del pánico y políticamente desorganizadas y, por lo tanto, nada tenían que hacer frente a los obreros armados, en unión del ejército rebelde. El gobierno provisional solo podía ejercer sus funciones si el soviet de Petrogrado y los sóviets del resto de las provincias colaboraban. Pero los objetivos de unos y otros eran muy distintos.

Unidad de la Guardia Roja en la f,abrica Vulkan de Petrogrado, fotografiada en 1917, durante los primeros días de la revolución de febrero.

Los ministros más influyentes —Lvov, Miliukov y Guchkov—, confiaban en la restauración de una monarquía constitucional; albergaban la esperanza de que la marea revolucionaria acabaría por remitir y estaban dispuestos a hacer todo lo posible para que así fuese; en definitiva, estaban dispuestos a volver a imponer a los obreros la antigua disciplina industrial y a evitar a cualquier precio la reforma agraria.

Por el contrario, los sóviets no se apoyaban solo en la clase obrera —en Petrogrado, por ejemplo, contaban con la guarnición militar—. Gracias a sus sistemas de representación estaban en estrecho contacto con las masas y en una situación idónea para reaccionar según sus necesidades. Los miembros de cualquiera de los sóviets salían mediante elección directa de la masa obrera de las fábricas y el sistema se aplicaba de la misma manera en todos los cuerpos militares. Pero esos diputados no se elegían para un periodo determinado y el electorado podía repudiar a cualquier responsable elegido si no estaba de acuerdo con su gestión, y elegir a otro en su lugar. Esa era una de las innovaciones introducida por los sóviets en los sistemas electorales, que años más tarde seguiría aplicándose en la práctica, aunque no estuviese «constitucionalmente» definida.

Los soldados del soviet arrestan a los generales durante la revolución de febrero de 1917. Obra de Ivan Vladimorov realizada sobre 1920. Colección particular.

Como organismo representativo, los sóviets tenían una base más restringida en los parlamentos elegidos por sufragio universal: eran, por definición, organismos de clase, y su sistema de elección excluía cualquier representación de la alta y media burguesía. Por otra parte, los sóviets de 1917 representaban a sus electores de forma mucho más directa que cualquier otra institución parlamentaria existente hasta entonces. Los diputados permanecían bajo el constante y vigilante control del electorado y, muchas veces, eran depuestos. Así pues, se modificaba constantemente la composición de los sóviets de las fábricas, los regimientos o las comunidades agrícolas. Además, como los votos no representaban divisiones administrativas, sino unidades productivas o militares, su capacidad de acción revolucionaria era enorme. Tenían el mismo poder que gigantescos comités de agitación que impartieran órdenes a obreros de fábricas, estaciones de ferrocarril o servicios municipales. Hacia el final de la revolución de febrero, el soviet de Petrogrado se convirtió en el organismo dirigente de la revolución. Ochos meses después, acabaría por desempeñar el mismo papel.

Y, sin embargo, tras los acontecimientos de febrero, el soviet, más que impulsar la marea revolucionaria, se vio arrastrado por ella. El 2 de marzo decretó la famosa Orden n.º 1 en virtud de la cual los representantes de los soldados fueron admitidos en los comités formados y pudieron tomar todo tipo de dcisiones e iniciativas políticas, siempre que no contradijesen las que decidera el soviet. La orden, sobretodo, recomendaba a los soldados que mantuviesen una estrecha vigilancia de los depósitos de armas y que se resistiesen a cualquier intento de la oficialidad de desarmar a los suboficiales y a la tropa, pero acabó por írseles de las manos: los soldados comenzaron a desobedecer a los oficiales y a enfrentarse con ellos y los oficiales acabaron por oponerse al soviet y despreciarlo.

Fue la primera manzana de la discordia que se interpuso entre el gobierno provisional y el soviet, después de que el soviet hubiera aceptado la autoridad del gobierno. Lvov acusó al soviet de relajar la displina militar hasta unos límites inconcebibles y peligrosos y el soviet, que en realidad temía un golpe contrarevolucionario por parte de la oficialidad, sostuvo que la única forma que tenía el gobierno de garantizar su existencia era asegurar la lealtad de la tropa y la suboficialidad. Así pues, no entendía de que se quejaban, pues todo era en su propio beneficio.

El problema, de las relaciones ente ambos —y a la larga con los sóviets de otras ciudades—, era que se tendía a consagrar un poder bicéfalo que, por su propia naturaleza, solo debía haber sido transitorio. A la postre, uno de los dos tendría que afirmarse como única autoridad y eliminar al rival, y eso consumía tiempo y esfuerzo. Máxime si temenos en cuenta que todos estaban enfrentados con todos: los oficiales querían acabar con el soviet; los bolcheviques querían acabar con el gobierno provisional y los socialistas moderados y otros grupos de izquierda esperaban que acabara de consolidarse el régimen bicéfalo y esa situación transitoria se convirtiera en permanente.

Por supuesto, el soviet y el gobierno también se enfrentaron continuamente por otro tipo de causas, pero entre ellas hubo una que se convirtió en un desacuerdo irreconciliable: la cuestión del fin de la guerra. El gobierno quería «combatir hasta el final»; el comité ejecutivo quería la paz inmediata sin anexiones ni indemnizaciones. Por lo tanto, cuando Miliukov, convencido de que no habían sido las protestas por las penurias causadas por la guerra a la población las que habían desencadenado el fin de la monarquía, sino el deseo de las tropas de mejorar la dirección del esfuerzo bélico hasta la victoria final, se opuso a la aplicación de reformas sociales y políticas hasta que terminasen los combates, el comité ejecutivo montó un gran escándalo.

Dijo que el gobierno estaba formado por «ministros capitalistas» y Miliukov, a pesar de que no era un capitalista, tuvo que renunciar a su puesto arrastrando con él a Guchkov, que era el ministro de Guerra. Durante sus dos meses en el cargo no había hecho otra cosa que intentar en vano mantener la disciplina militar y renovar el entusiasmo por la contienda, pero con la oculta esperanza de que la victoria daría a Rusia el control de los Balcanes y del estrecho de los Dardanelos, en Turquía, según lo prometido en el tratado secreto que se había firmado en Londres en 1915.

2.2.1 El tren sellado

Aquel 1917 fue un año sumamente activo en Europa. La Guerra Mundial había alcanzado su terrible apogeo y Alemania empezaba dar muestras de agotamiento. El *Reich* necesitaba con urgencia una gran campaña victoriosa que doblegara a Francia antes de que llegara la ayuda estadounidense. Sin embargo, tras las batallas de Verdún y del Somme del año anterior, había perdido más de un millón de soldados y no tenía fuerzas suficientes como para volver a lanzarse al ataque. A no ser que las retirara del frente este.

Allí, el poderoso gigante ruso había sido en gran medida aplastado, pero no dominado. Defendido por sus anchas estepas, los restos del ejército del zar podían todavía plantear resistencia durante muchos años y absorber la atención de fuerzas que Alemania necesitaba con urgencia para el frente occidental. Urgía la rendición de Rusia, pero no estaba claro que se pudiera conseguir en un plazo breve, al menos militarmente.

Mientras, Lenin, que había seguido la caída del régimen zarista entre las montañas de Suiza, desde su residencia del número 14 de la calle Spielgasse de Zúrich, una modesta habitación en la que vivía el exilio con su mujer, Nadya Krupskaya, sabía que era el momento de actuar y se sentía impaciente. Cuatro días después de la abdicación de Nicolás II le escribió a un compañero: «Considero cuidadosamente, desde todos los puntos de vista, cuál sería la mejor manera de hacer este viaje. Por favor, procúrese a nombre suyo los papeles necesarios para cruzar Francia y entrar en Inglaterra. Yo los utilizaré para pasar vía Inglaterra y Holanda, camino de Rusia». Teniendo en cuenta que ni Francia ni Gran Bretaña estarían dispuestos a facilitarle un salvoconducto, la única ruta que le quedaba a Lenin era atravesar Alemania en tren hasta el Báltico, trepar por todo el mapa de Suecia hasta el extremo norte del golfo de Botnia y cruzar la frontera ártica con el imperio ruso en Tornio.

Berlín, sabía que Lenin era muy capaz de acabar con la Duma, y que un gobierno en sus manos sería mucho más proclive a rendirse ante Alemania que ningún otro, por lo que no dudó en establecer contacto con él en Suiza, para ofrecerle cobertura. Es más, los alemanes estaban dispuestos a patrocinar a todos aquellos movimientos políticos que pudieran debilitar la posición rusa, aunque ideológicamente no tuvieran nada que ver con el *Reich*; —desde los nacionalistas finlandeses y ucranianos, hasta los islamistas caucásicos, pasando por cualquier facción comunista—, siempre que hubiera un interés común: sacar a Rusia de la guerra.

El plan de trabajar de manera conjunta con los alemanes contó con la inicial oposición de sus compañeros de Zúrich, que temían ser vistos como colaboradores del enemigo. Lenin, que sabía que no tenía elección, les diría: «Cuando la revolución está en peligro no podemos caer en tontos prejuicios burgueses. Si los capitalistas alemanes son tan cándidos como para llevarnos a Rusia allá ellos». Luego, aunque realmente esa complicidad le abochornaba, les puso a los alemanes mediante su interlocutor, Fritz Platten, secretario del Partido Socialdemócrata suizo, todo tipo de condiciones para aceptar su ayuda. La principal, que viajarían en un vagón sellado, con un estatus de extraterritorialidad similar al de una embajada extranjera. Sin ningún contacto con los alemanes. El propio Platten viajaría en el tren y ejercería de intermediario para evitar el contacto directo entre los exiliados rusos y sus interlocutores alemanes.

La mítica locomotora que tiró de los vagones en los que Vladimir Ilitch Oulianov «Lenin» realizó la última etapa de su viaje fotografiada a finales de la década de los 60. Fue un regalo de Finlandia al gobierno de la Unión Soviética.

El 29 de marzo, una comitiva de 32 bolcheviques se congregó en la estación de ferrocarril de Zúrich, desde donde partieron con destino a Petrogrado a través de la teóricamente hostil Alemania. Tenían la garantía de que la policía no pondría un solo pie en los compartimentos ocupados por los rusos.

A las 03:10, la locomotora inició la marcha. Los preparativos del viaje, no habían sido fáciles. Cruzaron Suiza y, al amanecer, se produjo el cambio de trenes en la estación de Gottmadingen, ya en Alemania. Los hombres que viajaban solos se instalaron en los compartimentos de tercera clase; las mujeres

Lenin aclamado por la multitud a su llegada a la Estación de Finlandia. Fue uno de los responsables de la lucha contra el Estado zarista hasta la Revolución de 1905; entonces tuvo que huir de Rusia, a donde no volvió hasta 1917, para iniciar la Revolución de Octubre.

y las parejas —incluidos Lenin y su esposa—, en segunda. Dos oficiales del ejército alemán, encargados de la seguridad de los viajeros, embarcaron en el mismo vagón que los exiliados y se instalaron en un compartimento de tercera clase en uno de los extremos.

Desde la frontera sur, el vagón —que cambió varias veces de vía y de locomotora—, se adentró en Alemania en dirección a Berlín. Los exiliados cruzaron Ulm, Stuttgart, Karlsruhe y Frankfurt, hasta llegar a la capital alemana, donde el tren se detuvo durante horas.

Tras esa misteriosa escala de la que nunca se han llegado a saber las razones, aunque se haya especulado mucho sobre ella, Lenin y sus compañeros prosiguieron su viaje. El 1 de abril llegaron a Sassnitz, en la costa báltica, donde embarcaron en el ferry sueco *Reina Victoria*, con destino a Trelleborg. Desde allí prosiguieron, de nuevo en tren hasta Malmo y, después, en un ferrocarril nocturno, hasta Estocolmo. Al día siguiente, una multitud de periodistas y curiosos los despidió en la estación, desde donde salieron rumbo a Haparanda, 600 kilómetros al norte.

Tornio, la primera ciudad de la entonces provincia rusa de Finlandia, se encuentra al otro lado del río Torniojoki, que estaba congelado a mediados de abril, y debieron atravesar en trineo. En la frontera, el interrogatorio y los registros fueron intensos, pero finalmente consiguieron pasar.

Era el domingo 2 de abril. Lenin le envió un telegrama escueto a su hermana, que se encontraba en Petrogrado, pidiéndole que le informara al periódico oficial bolchevique de su llegada inminente. Al día siguiente, el tren atravesó Finlandia.

Por la tarde se acercaron a la frontera de Rusia. Beloostrov, una pequeña ciudad en la linde ruso-finlandesa era el primer punto de peligro; un lugar obvio para que una unidad de cosacos o de *junkers*, los cuerpos de élite, los esperaran para arrestarlos. No ocurrió nada. Los revolucionarios se adentraron en Rusia. Su destino final, la estación de Finlandia, estaba a apenas unas horas.

La noticia de la llegada de Lenin corrió como la pólvora entre la euforia de sus camaradas bolcheviques y el pánico de los ministros del gobierno provisional, que desataron una campaña en la prensa para acusarlo de estar a sueldo del enemigo alemán. Chuchill diría posteriormente que el estado mayor germano había dejado caer a Lenin en Petrogrado «como si se tratara del bacilo de la peste».

Miles de personas con pancartas y símbolos revolucionarios esperaban a los exiliados. Era de noche y muchos llevaban linternas y antorchas. Sobre el andén, Lenin, que durante sus años de exilio había adoptado la idea de Trotsky de la revolución permanente, la exigió de inmediato cuando pronunció su primer discurso clave: «El pueblo necesita paz, el pueblo necesita pan, el pueblo necesita tierra. Y ellos le dan guerra, hambre, le quitan el pan y dejan a los terratenientes con la tierra. Debemos luchar por la revolución social, luchar hasta el final, hasta la victoria completa del proletariado. Larga vida a la revolución social internacional». Apenas unos días después, desarrolló esas ideas en sus *Tesis de Abril*. Desde ese momento intentó demostrar su poder y expulsar a los «burgueses» del gobierno mediante la movilización de masas.

En las *Tesis*, Lenin explicaba que no podía existir connivencia con el gobierno constituido por los zaristas, mencheviques y eseristas, e indicaba cómo debía ser la auténtica República de los Sóviets. En uno de sus puntos, manifestaba la decisión de separarse de la Segunda Internacional y abandonar el término, e ideas, de socialdemocracia que poseía su partido, cambiándolo por el de comunista. De esta forma se creaba el germen de la Tercera Internacional, o Internacional Comunista.

Lenin se pronunciaba también en ese escrito por la transferencia de todo el poder a los consejos obreros y campesinos, así como por la expropiación de las grandes propiedades. Aunque en aquellos momentos los consejos estaban dominados por mencheviques y socialistas revolucionarios, en su opinión, eran muchas las posibilidades de que, con un programa como el mencionado, los bolcheviques se convirtiesen rápidamente en mayoría. La propia pervivencia —una decisión del gobierno provisional—, del monopolio del Estado sobre los cereales, y de los precios fijos consiguientes, había acrecentado el descontento de los campesinos con respecto a los nuevos gobernantes.

2.2.2 La complicada república rusa

La segunda fase de la revolución comenzó el 3 de mayo, con el cambio de gobierno, organizado por una coalición entre liberales, mencheviques, socialistas revolucionarios y «kadetes» que, con grandes críticas bolcheviques, intentó salvar el régimen liberal burgués. En esa coalición, presidida aún por el príncipe Lvov, los liberales no estaban en mayoría, pero lograron mantenerse en sus cargos gracias al apoyo de los socialistas moderados, que todavía mantenían una fuerte presencia en los sóviets.

La necesidad de recurrir a un gobierno de coalición revelaba que el régimen liberal burgués estaba a merced del socialismo moderado y este a su vez —como hemos visto por la manera en que estaban formados—, de los sóviets. Al prestar su apoyo a la burguesía liberal, los líderes socialistas tuvieron que cargar con la acusación de sus partidarios de haberse desviado de sus principios. Eso los hizo tremendamente impopulares. Podían haberse salvado solo con dejar la coalición y gobernado en solitario, pero preocupados ante todo por la posibilidad de que se iniciara una guerra civil, nunca fueron capaces de dar ese paso.

El nuevo gabinete solicitó una paz sin anexiones, reconoció el derecho de autodeterminación de los pueblos, anunció la consolidación de una fuerte autoridad central, asumió un modelo económico similar al imperante en la mayoría de los países de la Europa Occidental y se comprometió a preparar la entrega de la tierra a los campesinos. Su absoluta incapacidad para poner fin a la guerra fue, sin embargo, la causa de su desprestigio, muy en particular del de los mencheviques.

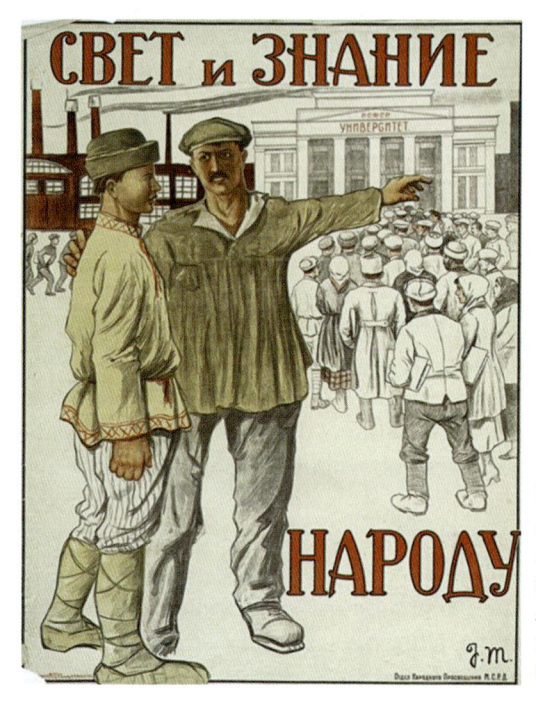

Luz y conocimiento para el pueblo. *Un cartel de propaganda de los partidos liberal y socialdemócrata, que comenzó a utilizarse en 1915 y el Comisariado Popular de Educación del gobierno bolchevique mantuvo hasta 1925.* Colección Particular.

El número de desertores creció de manera formidable, la moral en el frente quedó por los suelos y, tal y como había previsto Lenin, los bolcheviques no dejaron de ganar terreno. Si en febrero no contaban con más de 20 000 afiliados, en abril eran ya casi 80 000 y, a finales de julio superaban los 200.000, con una escasa presencia, eso sí, de campesinos. La estrategia bolchevique que, en pocas palabras, apuntaba a radicalizar las tensiones, chocaba frontalmente con la desplegada en aquellos momentos por mencheviques y socialistas revolucionarios, entrampados en un gobierno que no acometía reforma alguna y que no mostraba tampoco inclinación a poner fin a la guerra.

En un escenario en el que no faltaban esfuerzos alemanes para debilitar la retaguardia rusa —esta vez con entregas de importantes sumas de dinero a los bolcheviques—, y las noticias del frente traían siempre una sucesión de derrotas, parecía que el conflicto que anegaba de sangre Europa era utilizado por el gobierno como un señuelo cuyo objetivo era aunar voluntades en los momentos críticos. Una operación muy delicada si tenemos en cuenta que los éxitos militares no llegaban nunca. De hecho, se hizo común entre los responsables de los diversos frentes la idea de mantener una guerra estrictamente defensiva hasta que llegara el armisticio. Dijeran lo que dijeran los dirigentes de Petrogrado.

Además, y eso era lo más importante, los campesinos de todo el país habían comenzado a apoderarse ilegalmente de latifundios y a dividirlos, sin esperar a la decisión de la asamblea constituyente. No existía esperanza alguna de mantener a los soldados en las trincheras cuando la tierra estaba siendo dividida en sus hogares.

Un episodio ocurrido durante la visita al frente de Kerenski —nombrado ministro de guerra en lugar de Guchkov—, la víspera de la ofensiva que se iba a iniciar el 1 de julio para poder volver a meter a Rusia en la guerra y ganarse el respeto y el respaldo de los aliados, nos ilustra a la perfección lo que ocurría en Rusia en ese momento.

Ese verano, el ejército aún idolatraba a Kerenski. Tanto, que una enfermera británica observó con asombro como «los soldados besaban su uniforme, su coche, y las piedras sobre las que caminaba. Muchos se arrodillaban y rezaban, otros lloraban». Al parecer, esperaban que les dijera que las conversaciones de paz ya habían comenzado, que la tregua se iniciaría al día siguiente y que estarían en casa para el otoño. Sus esperanzas se desvanecieron de repente cuando Kerenski, que ya hemos dicho que era un orador muy brillante, les lanzó un discurso estándar sobre «patriotismo ruso» y una llamada apasionada «para defender a su país hasta el final».

En sus memorias, el propio Kerenski cuenta lo que ocurrió a continuación: «Los soldados empujaron a un amigo entre sus filas, al parecer el más elocuente, que me dijo: Usted nos habla de que necesitamos terminar con los alemanes para poder darle a los campesinos la tierra. Pero ¿qué va a ser de mí, campesino, si los alemanes me matan mañana?».

Kerenski no tenía respuesta para esa pregunta que, por otra parte, era bastante natural escucharla de un campesino movilizado a la fuerza que ni siquiera sabía por lo que luchaba, y ordenó a su oficial que lo enviara de vuelta a casa: «¡Que su pueblo sepa —dijo—, que el ejército ruso no necesita cobardes!». Como si no supiera que en las comunidades rurales de todo el país se habían refugiado ya cientos de miles de desertores y ni a uno solo de ellos lo consideraban cobarde. De todos modos, el pobre soldado se desmayó ante lo inesperado de la respuesta y el oficial se quedó comprensiblemente aturdido por la contestación ¿Qué iba a hacer si su unidad dejaba las trincheras esa noche y se iba a su casa?

El problema era que Kerenski realmente veía a ese soldado como un monstruo dentro de la gran familia del ejército. Es incomprensible que no se diera cuenta de que, en su país, millones de personas pensaban de la misma manera. Era como si Rusia estuviera en un mundo aparte en el que la educada minoría gobernante se mostrara incapaz de entender el idioma de una gigantesca mayoría analfabeta.

En términos más sencillos: los bolcheviques no fueron los que ganaron finalmente la batalla por el poder; más bien la perdió el gobierno provisional al rechazar una alternativa al bolchevismo que estuvo a su alcance hasta el 1 de julio. A partir de esa fecha ya no hubo opción, antes o después, era un hecho indiscutible que los bolcheviques se iban a hacer con el gobierno. No pudo sorprender a nadie que se produjera meses después un golpe de estado.

Un soldado obliga a golpes a dos desertores a volver al frente durante la Ofensiva Kérenski. Para entonces la disciplina en el ejército ruso ya no existía.

De hecho, lo que el gobierno intentó demostrar con su ofensiva de julio sobre una pequeña sección de 80 kilómetros de frente será siempre un misterio. El ataque se concentró en el este de Galtzia y se le encomendó a la división 131.º con el apoyo de 1328 cañones de grueso calibre. El 12 de julio se rompió el frente austríaco, 70 kilómetros al este de la ciudad de Lvov. Fue un ataque extraño. En palabras del corresponsal británico John Wheeler-Bennett, «batallones enteros se negaron a seguir adelante, y los oficiales, después de haber agotado las amenazas y ruegos, se dieron por vencidos y se lanzaron solos al ataque». Desde luego, no alcanzaron Lvov; tan pronto como al general Maximilian Hoffman, jefe de estado mayor en el frente oriental del ejército imperial alemán, le llegaron desde Flande, en tren, 6 divisiones de refuerzo, contraatacó a lo largo de toda la línea. Los rusos se deshicieron; eso convirtió su retirada en una aplastante derrota. Miles de soldados abandonaron el frente y decenas de oficiales fueron asesinados por sus propias fuerzas. El gobierno quedó consternado por el desastre.

2.2.3 La última oportunidad

La tercera fase de la revolución, que duró del 3 de julio al 30 de agosto, comenzó con un abortado estallido revolucionario y acabó con un abortado estallido contrarrevolucionario.

Continuar la guerra agudizó las posturas divergentes de las fuerzas políticas en todo lo referente a las relaciones exteriores, la revolución y el modelo político. La posición más conservadora era la de los «kadetes» —recordamos que eran los demócratas constitucionales—, que predicaban la continuación de la guerra hasta la victoria, afirmaban que con la abdicación de Nicolás II la revolución había finalizado y deseaban instalar una república parlamentaria de corte occidental. Mencheviques y social-revolucionarios, por su parte, deseaban una paz sin anexiones, para lo cual era necesario, por el momento, sostener una guerra defensiva. Defendían que la revolución había cubierto una primera fase —la dirigida por la burguesía—, y pedían una Asamblea Constituyente, de la que esperaban lograr que instalara en el país un sistema político de socialismo democrático.

Los bolcheviques, ajenos a todo lo anterior, propugnaban la paz inmediata, a cualquier precio; afirmaban que la revolución había comenzado, pero hasta el momento sin cubrir ninguna fase; pedían el poder para los sóviets y esperaban que pudiera edificarse en Rusia una sociedad totalmente socialista.

El 3 de julio, azuzados por el desastre de la fracasada ofensiva militar, la mayoría de los obreros de Petrogrado, aunque no se hallaban aún dentro del marco de las condiciones objetivas que podían impulsar a los bolcheviques al poder, decidieron acabar con la coalición de gobierno. El incremento de los mítines de agitación, que en la capital seguían un itinerario ya conocido, desde los barrios obreros a través de los puentes del Neva, hasta el Palacio Tauride, suscitó en los sectores conservadores la petición de mayor energía en el gobierno para acabar con el desorden. Los patronos recurrieron a los cierres de sus empresas y la prensa derechista acusó a bolcheviques y anarquistas de fomentar los tumultos en su propio interés. Era cierto, pero mientras los anarquistas confiaron en el éxito de la insurrección espontánea, los bolcheviques, que sabían que todavía no estaban preparador, titubearon.

Lo justo para que el día 4 el gobierno trajera tropas leales del frente y al siguiente controlara la capital. Una situación radicalmente diferente a la que se había dado en febrero; quizá porque los choques que se habían producido desde junio entre anarquistas y bolcheviques contribuyeron a que nadie frenara ese inoportuno levantamiento popular.

El fracaso de la revuelta de julio permitió a los sectores moderados controlar con más eficacia el proceso del postzarismo. En primer lugar, con el aislamiento y persecución de los bolcheviques. Kerenski los acusó de traidores a la nación y a la revolución, y ordenó la detención de muchos de sus dirigentes, entre ellos Kamenev, Trotski y Lunatcharski. Mientras, Lenin, avisado de lo que iba a ocurrir, conseguía huir a Finlandia con pasaporte falso.

Luego, se desató con dureza la represión en los barrios obreros de Viborg y Vassilevski, en la capital, para desmontar el potencial de los bastiones bolcheviques y, en paralelo, se inició una enorme campaña de desprestigio contra Lenin y todo lo que tuviera relación con el bolchevismo. Trotski llamó a julio «el mes de la gran calumnia».

Manifestación en la calle Nevsky Prospect de Petrogrado el 2 de julio de 1917. El llamamiento para la concentración era: «Abajo los ministros capitalistas. Todo el poder al sóviet de obreros, soldados y diputados campesinos».

El 7 de julio, el gobierno del príncipe Lvov, en buena parte abandonado por una gran parte de sus propios valedores, que le habían vuelto la espalda, dejó de existir. Lo sustituyó Kérenski, que conservó su cartera de ministro de Guerra, convirtiéndose en la figura dominante del gobierno. Su poder real, sin embargo, era escaso. El país cada vez se escoraba más a la izquierda y el gabinete se veía obligado a ceder de manera constante ante el soviet de Petrogrado. Los dirigentes de este habían terminado por aceptar a Kérenski como presidente ante la falta de alternativas, y por su creciente disgusto con los kadetes; a pesar de haber rechazado un mes antes una propuesta similar que había realizado el propio Kérenski y sus partidarios en el gobierno.

Cartel de propaganda para las elecciones de la Asamblea Constituyente formada en marzo de 1917. En él puede leerse «Votad por el único partido de los socialdemócratas, el n.º 4».

El día 14 el nuevo presidente regresó de uno de sus numerosos viajes al frente para tratar con Miliukov la formación de un nuevo gabinete de coalición que incluyese a socialistas y kadetes; a pesar de su animosidad mutua, ambos consideraban necesario un pacto para evitar el peligro de los extremistas de derecha e izquierda. El acuerdo entre los dos excluyó a Chernov del gobierno, hizo a este por fin independiente del sóviet y del partido de Miliukov, dejó al menchevique Irakli Tsereteli como ministro del Interior —en el periodo intermedio entre la renuncia de Lvov y la formación del segundo gabinete de coalición había logrado imponerse como centro de la misma, para poder ejercer las medidas que creía convenientes en beneficio del país, con independencia de los diversos partidos—, y mantuvo a Kérenski como presidente.

A pesar de todo el nuevo gabinete era excesivamente débil. Fue recibido más con alivio, por el fin de tres semanas de crisis gubernamental, que con entusiasmo. El triunvirato de Kérenski, Nikolai Nekrásov —que acababa de abandonar oficialmente el partido de Miliukov—, como ministro de Finanzas y Míjail Teréshchenko[24], ministro de Exteriores en sustitución de Miliukov, controlaba claramente al Consejo de Ministros.

---

[24] Tereshchenko detenido en octubre durante el asalto el Palacio de Invierno escapó de prisión en la primavera de 1918. Huyó a Noruega con el diamante azul Terechenko, el segundo mayor del mundo. Una joya familiar que fue vendida en Christie, en 1984, al famoso joyero libanés Robert Mouawad por 4,6 millones de dólares.

El inicio de la ofensiva contra los alemanes en julio coincidió con la alianza de cuatro fuerzas contrarrevolucionarias, o por lo menos contrabolcheviques: La burguesía y los grandes empresarios, como los dueños de la fábrica Putilov, de 40 000 obreros, que financiaron periódicos que combatieran la propaganda bolchevique; o Nikolai Kutler, presidente de las Sociedades Mineras del Ural, con intereses metalúrgicos en el Donetz, que encabezaba una lista de empresarios que habían reunido 4 millones de rublos para frenar la revolución.

El ejército, que había organizado ya comités de oficiales dirigidos por el generalísimo Alekseiev, que presidía la Unión de Oficiales del Ejército y la Flota, o el general Lukomskij introdujo a patriotas voluntarios en sus batallosnes como elemento patriótico voluntarios en los batallones. Los aliados, que consideran a los bolcheviques, por su pacifismo, un peligroso enemigo. Y el propio Kerenski, que se esforzaba por frenar la revolución, salvaguardar la vida del zar y situarse como árbitro entre los kadetes y la izquierda, para conseguir el definitivo desplazamiento de los sóviets.

Las tres primeras fueron las responsables de apoyar el intento de golpe del general Lavr Kornilov, comandante en jefe del frente suroeste y cabeza visible del sector duro del ejército. Animado por los servicios secretos británicos, que le enviaban notas de grandes promesas mediante el escritor Somerset Maughan, Kornilov, que había restaurado unilateralmente la pena de muerte en su sector, y durante la ofensiva había mandado ahorcar alrededor de dos centenares de desertores, esperaba instaurar una dictadura patriótica con la retaguardia militarizada y establecer un estado similar al que comenzaban a definir por entonces los fascistas italianos: reacción contra la revolución social, iniciativa del gran capital y apoyo al ejército y la Iglesia.

Para sus partidarios, Kornílov era el salvador destinado a devolver el orden al país, restaurar la disciplina en el frente y eliminar la influencia política de la izquierda radical, especialmente la de los bolcheviques. Su fama de héroe de guerra, su fuga de un campo de prisioneros austrohúngaro en 1916 y su notable desempeño al frente del 8.º ejército durante la ofensiva del verano, cimentaban su prestigio.

A propuesta de Boris Sávinkov, responsable ideológico de los asesinatos más espectaculares de funcionarios imperiales entre 1904 y 1905, que había sido nombrado viceministro de Defensa y era a su vez la figura clave del nombramiento de Kornílov como comandante en jefe, este visitó al primer ministro el 3 de agosto en Petrogrado. Le llevó un duro plan para restaurar la disciplina en las fuerzas armadas que contaba con la simpatía de la mayoría del generalato ruso, pero que no gustó a Kérenski. Estaba prácticamente limitado a medidas relativas al frente, aunque el general lo extendió enseguida para incluir acciones que, en la práctica, suponían la proclamación de una dictadura militar.

En la reunión con el general estaban solo Tereshchenko y Sávinkov. Kérenski se negó a presentar el documento ante el gabinete al completo, convencido de que hundiría la coalición por la oposición de Víctor Chernov y de los consejos; finalmente, Kornilov se limitó nada más a informar a los ministros de la situación en el frente. Sin embargo, el documento quedó en manos del comisario político Midjail Filonenko, adjunto al ejército, encargado de realizar una revisión del borrado para presentarlo más tarde al Consejo de Ministros con una redacción más aceptable. Filtrado a la prensa, produjo una gran controversia entre sus defensores y adversarios. Unos porque simpatizaban con todo lo que proponía Kornilov. Los otros, porque acusaban a Kérenski de haber permitido que esos aberrantes planes se incubasen bajo las alas protectoras del gobierno.

El 6 de agosto, ajeno a unas discusiones que parecían no interesarle lo más mínimo, Kornílov solicitó el traspaso del mando del distrito militar de Petrogrado, hasta entonces dependiente del Ministerio de Defensa. Lo justificó por la cercanía de la capital al frente, mientras comenzó a ordenar que se aproximaran a la ciudad unidades de su total confinaza.

Tras el rápido regreso del general al frente, comenzaron a circular rumores sobre su inminente relevo. Las organizaciones de derecha aprovecharon para pedir que siguiese en su puesto. Para entonces, Kornílov estaba convencido de la necesidad de militarizar las fábricas y los ferrocarriles —puntos que Filonenko incluyó en su nuevo borrador del plan de reformas—, la eliminación de los consejos y el aplastamiento de los bolcheviques. Desconfiaba además de que Kérenski se plegase a aceptar esas medidas y, en una conversación privada con un general británico de enlace en el estado mayor, le calificó de oportunista y poco fiable.

El 8 de agosto Sávinkov trató en vano de que Kérenski aprobase ciertas detenciones de extremistas de izquierda y derecha y admitiese la restauración de la pena de muerte en retaguardia. Su rechazo impedía que la propuesta se debatiese en el Consejo de Ministros, pero Sávinkov decidió que la presentase Kornílov que, por su cargo, podía dirigirse sin cortapisas al gobierno. De lo que sí se mostraba partidario Kérenski era de las medidas redactadas por Filonenko para tratar de acabar con la crisis industrial y de transporte, pero temía la reacción de obreros y soldados. Ante la posibilidad de que el anuncio de las medidas llevase a una ruptura con el sóviet, un enfrentamiento civil y la instauración de un gobierno a merced de los militares, Kérenski dudó demasiado.

Días después, ante el temos de ser destituido y arrestado, Kornílov se negó a regresar a la capital para informar el gobierno de sus planes de reforma militar. Convencido por Sávinkov de la imperiosa necesidad del viaje para lograr las reformas lo hizo finalmente rodeado de guardaespaldas. No se le pasó por alto al sóviet, que le acusó de desconfiar del Estado que había creado el pueblo. Kerénski rechazó las propuestas y, una vez más se negó a que el general las expusiese ante el gabinete en pleno. La tensa entrevista acabó con acusaciones mútuas de llevar al país al desastre.

El general Lavr Georgiévich Kornilov se dirige a sus tropas a primeros de septiembre de 1917. De origen cosaco, durante su carrera militar dirigió varias misiones de exploración en el Turkestán oriental, Afganistán y Persia, aprendió varios idiomas de Asia central, y escribió informes detallados acerca de sus observaciones. Al comienzo de la guerra civil fundó en el sur de Rusia una efímera República del Don contrarrevolucionaria. Murió en combate contra el Ejército Rojo en la zona del Cáucaso.

Esa misma noche, Kornílov regresó a Mogilev, enterándose de camino de la dimisión de Sávinkov, que trataba así de presionar al primer ministro para que aceptase las medidas. Por la mañana, Kornílov ordenó al III Cuerpo de Caballería trasladarse a una posición que le permitiría marchar fácilmente sobre la capital. Sin embargo, todavía confiaba en poder imponer su plan de reformas con la cooperación del gobierno; aunque también es cierto que estaba dispuesto a llevarlo a cabo incluso si se oponía. Si creemos las memorias de su segundo al mando, el general Lukomski, Kornílov afirmó: «ya es hora de ahorcar a los agentes y espías alemanes encabezados por Lenin y dispersar el consejo de trabajadores y soldados de manera que no pudan volver a reunirse en ninguna parte».

Consciente de que la aplicación de las medidas de Kornílov le llevarían a un enfrentamiento con el sóviet, Kérenski intentó reforzar su posición en la Conferencia Estatal de Moscú, celebrada del 12 al 14 de agosto, antes de que el general pudiera recabar apoyos que le permitiesen poner en marcha sus planes. Kérenski deseaba obtener el beneplácito de la nación para revitalizar la guerra hasta lograr la victoria militar, pero sin sacrificar lo que consideraba logros de la revolución.

En la conferencia, el general, que ya contaba con el favor de destacados conservadores, principalmente kadetes y empresarios, para dar un golpe de estado y acabar con el gobierno provisional, fue aclamado por los representantes de la derecha. Finalmente, la reunión, a la que asistieron miembros de las tres Dumas anteriores, en vez de convertirse en la ocasión para reforzar el poder gubernamental, mostró simplemente la ruptura irreconciliable entre derecha e izquierda en el país. Los bolcheviques se opusieron desde el primer momento a que se celebrara la conferencia, no acudieron y convocaron una huelga que dejó la ciudad medio paralizada durante el evento.

Para el primer ministro fue una importante derrota política. su posición quedó muy debilitada, como reconoció al propio Sávinkov, que recuperó su puesto de viceministro por insistencia de los asesores militares de Kérenski. Por el contrario, Kornilov fue encumbrado como el líder de la derecha rusa. Regresó al cuartel general convencido de que la única forma de que el primer ministro aceptara su plan de reformas, sería por la fuerza.

El 17 de agosto, Kérenski, cada vez bajo mayor presión, indicó a Sávinkov que había posibilidades de que estuviera dispuesto a aceptar en principio los planes de reforma del general, incluida la restauración de la pena de muerte en la retaguardia. Kornilov entendió que sus propuestas recibían el beneplácito del gobierno, lo que no sabía era que Kérenski había aceptado que el general controlara Petrogrado ante el peligro de que el frente se acercara demasiado tras el comienzo de la ofensiva alemana contra Riga, pero que estaba dispuesto a trasladar la capital a Moscú y dejar allí a los bolcheviques y a los militares para que resolvieran entre ellos sus diferencias.

Mientras Kérenski desarrollaba sus capacidades maquiavélicas, el comandante en jefe continuó sus preparativos militares para concentrar un gran número de tropas cerca de la capital. Las unidades principales eran la 1.ª división cosaca y la división montada Usuriski, parte del III cuerpo de caballería al mando del ultraconservador genarl Krýmov. Habían sido trasladadas por ferrocarril a mediados de agosto desde sus posiciones en la reserva del frente rumano hasta las cercanías de Velíkiye Luki, a unos 450 kilómetros de la capital y estaban consideradas por los mandos entre las más disciplinadas y fiables políticamente.

A primera hora de la mañana del 21 de agosto, la 1.ª división inició su marcha hacia Pskov. Al mismo tiempo, se le asignó al III Cuerpo la «División salvaje», formada por montañeses del Cáucaso famosos por su ferocidad y crueldad en el combate, que marchó hacia el norte desde el frente suroeste. Su elección era una apuesta personal del general para «echar un pulso» a Kérenski, que había indicado expresamente que la unidad no fuese, en ningíun caso, una de las enviadas. También se prepararon para actuar en Petrogrado unidades de choque del Báltico y se convocó al comandante del I cuerpo de caballería a la sede del estado mayor para tratar la marcha sobre la capital, desde el norte, de la 5.ª división cosaca.

Tras intensas negociaciones entre Sávinkov y Kornílov la tarde del día 23 y la mañana del 24, se llegó a un acuerdo sobre las medidas a adoptar. Una de ellas estipulaba que la capital quedaría fuera de la jurisdicción militar del comandante —a pesar de las reiteradas peticiones de Kornílov para controlar su guarnición—, mientras que otra indicaba el deseo del primer ministro de recibir personalmente en Petrogrado a las tropas del III cuerpo de ejército. Kornílov interpretó esa solicitud como la intención de Kérenski de utilizarlas contra los bolcheviques y el resto de organizaciones radicales, que previsiblemente se opondrían al incremento de la disciplina militar y a la extensión de la pena de muerte a la retaguardia.

Miembros de la «División salvaje», formada por montañeses del Cáucaso, en el frente ruso en 1917. Entre ellos, el general Bagration, el coronel Gatofsky, jefe de estado mayor, y su ayuda de campo con el estandarte de la unidad.

En realidad, las tropas que iban a enviarse a la capital habían comenzado a reunirse ya antes de la Conferencia de Moscú. Eran unos 15 000 veteranos del frente —el «Ejército especial de Petrogrado»—, que debía servir para aplastar a los bolcheviques junto con la división de carros blindados británica, retirada del frente suroeste para apoyarla. Kornílov iba a justificar la marcha de esas unidades sobre la capital, con un falso levantamiento de oficiales que, haciéndose pasar por bolcheviques rebeldes, le permitiría presentarse como salvador del gobierno ante una confabulación alemana. Para ello, tres oficiales de cada regimiento de la división fueron enviados a la capital días antes del señalado para la acción. La prensa favorable al general azuzaría la tensión en la ciudad y los conspiradores tratarían de llamar a los obreros a un levantamiento que sería aplastado por las tropas que estaban preparadas.

Kornílov estaba convencido de que no haría falta actuar ilegalmente para acabar con el radicalismo de izquierda en la capital al contar con el respaldo del primer ministro. Kérenski, por su parte, había aceptado la supresión de la sublevada guarnición de la base naval de Kronstadt, el bloqueo de los buques controlados por los marinos bolcheviques mediante el hundimiento de algunas barcazas por parte de oficiales, el intento de soborno de varias unidades de letones y el uso de unidades polacas y checas para tratar de controlar ciertos puntos estratégicos.

A su regreso a la capital de una entrevista con Kornílov, Sávinkov urgió en varias ocasiones a Kérenski a firmar los borradores de las leyes que habían pactado y a presentarlas ante el gabinete, que el general estaba convencido las aprobaría. Quizá con la oposición aislada de algún ministro, del comité y de los bolcheviques, pero esas quejas estaba dispuesto a cortarlas de raíz con sus tropas. En una última audiencia privada con Kérenski, Sávinkov le recriminó sus vacilaciones, disculpas y dilación en aprobar las leyes y logró su promesa de que lo haría ese mismo día, 26 de agosto.

Mientras, unos y otros prpeparaban sus posiciones, entró en escena Vladímir Lvov, miembro del Partido Progresista y antiguo procurador del Sínodo Sagrado de la Iglesia Ortodoxa rusa, decidido a actuar como intermediario entre el primer ministro y el comandante en jefe, con el fin de acercar posturas. Solo consiguió confundir a ambos. Tras reunirse con el representante de uno de los grupos de derecha, que le informó de los planes de golpe de Kornílov, se entrevistó con Kérenski y le ofreció el apoyo de fuerzas de derecha y algunos socialistas para remodelar el gobierno y evitar así el uso de la fuerza.

Lvov pensaba que era necesario implantar en el país un nuevo gobierno autoritorio que restaurara el orden y que, tanto Kérenski como Kornílov, estaban decididos a implantarlo. El primer ministro aceptó seguir las conversaciones para descubrir lo que creyó era una conspiración de la derecha para acabar con el gobierno y Lvov creía haber recibido poderes plenipotenciarios del primer ministro para tratar sobre el cambio del gabinete.

Tres días más tarde, Lvov se entrevistó con Kornílov después de hacerlo con representantes de la derecha en Moscú, favorables a un acuerdo pacífico con Kérenski y le comunicó una posible disposición del primer ministro a dimitir y traspasarle el poder como dictador militar. Kornílov, que suponía que Lvov hablaba en nombre del primer ministro, se mostró dispuesto a aceptar y a incluir a Sávinkov y al propio Kérenski en su futuro gobierno. Para evitar que el primer ministro tuviese cualquier problema con los bolcheviques, incluso sugurió que se trasladase al cuartel general del alto mando.

Fotografía de Alexander Kérinski tomada en 1917 y coloreada. Su negativa a adoptar las medidas económicas y sociales que le exigían los socialistas radicales le hizo perder la confianza del ala izquierda de la Duma, que temía que asumiera poderes dictatoriales. Una de sus primeras medidas como primer ministro fue la supresión del Partido Bolchevique, al que acusaba de causar los disturbios de julio, a pesar de que el propio Lenin había desautorizado la insurrección por considerarla prematura.

De vuelta en la capital, ese 26 de agosto del que hablábamos antes, Lvov le planteó a Kérenski la renuncia, la implantación de un gobierno militar y la proclamación de la ley marcial. Lo expuso como un ultimátum, y Kérenski le pidió que pusiese por escrito las condiciones supuestamente exigidas por el comandante en jefe. Eran las las siguientes:

—Que se proclame la ley marcial en Petrogrado.
—Que toda autoridad civil y militar se traspase al generalísimo.
—Que todos los ministros, a excepción del presidente del Gobierno, dimitan y que el poder ejecutivo temporal se transfiera a los viceministros hasta la formación de un gabinete por el generalísimo.

Esa tarde, Kérenski solicitó confirmación de la propuesta de Kornílov por telegrama y convocó a Lvov al Ministerio de Defensa para ponerse en contacto con el general y confirmar si realmente estaba implicado en el complot. El primer ministro y el comandante en jefe hablaron finalmente por teléfono, pero cada uno entendió la conversación a su manera. Kérenski sacó la conclusión de que Kornílov no deseaba ya ayudarle a aplastar a los radicales de izquierda, sino apartarlo del poder, por lo que decidió relevarlo de su puesto, denunciarlo como rebelde y solicitar la ayuda de la población contra sus planes.

Por su parte, Kornílov se convenció de haber llegado a un acuerdo definitivo con el primer ministro gracias a la mediación de Sávinkov y Lvov, y de que acudiría a la sede del estado mayor para ultimar los detalles del plan. De hecho extendió nuevas órdenes para las tres divisiones del III cuerpo, entre ellas, la de ponerse en marcha hacia el norte, a Petrogrado.

Guardias rojos en un control de las calles de Petrogrado. Cuando Kérinski vio que el intento de golpe militar podía ser demasiado peligroso solicitó la ayuda de los bolchviques, con los que él mismo quería terminar. Fue un enorme error

A primera hora de la mañana, el comandante del frente norte, el general Klembovski, embarcó en trenes a la división montada Usuriski para enviarla a la capital por la línea Pskov-Narva-Kranoe Selo. A las otras dos unidades del cuerpo, la «División salvaje», que se encontraba en Dno, y a la 1.ª cosaca, que estaba en Pskov, las mandó a Gatchina y Tsárskoye Seló, en los alrededores de la ciudad. Mientras sus tropas se trasladaban, Kornílov telegrafió a Sávinkov como había acordado, para decirle que estaban en marcha, que proclamase la ley marcial.

Cuando Kérenski se encaró con Sávinkov para contarle lo ocurrido y pedirle explicaciones, este, que desconocía las gestiones de Lvov, se mostró convencido de que había un malentendido. Para entonces, Kérenski ya había destituido con un telegrama a Kornílov, que respondió negándose a acatarlo. Sávinkov, sorprendido, obtuvo el permiso del primer ministro para tratar de resolver la situación antes de que se convirtiese en un enfrentamiento público.

Mientras, Kérenski reunió a medianoche al gabinete para exponer la conversación con el comandante en jefe y transmitirle sus exigencias tal y como se las había comunicado Lvov. Lo presentó como una conspiración contrarrevolucionaria y solicitó poderes ilimitados para enfrentarse a lo que ya consideraba un golpe militar. Los ministros no deseaban acusar públicamente de traición a Kornílov, y algunos propusieron la dimisión conjunta de Kérenski y del comandante en jefe. Incluso, para resolver la situación, le ofrecieron al general Mijaíl Alexéyev la presidencia del gobierno. Kérenski, por su parte, trató de nombrar al general Lukomski, lugarteniente de Kornílov —que le había sustituido temporalmente tras una repentina enfermedad de este—, nuevo comandante en jefe. Lukomski se negó, con el respaldo de cuatro de los cinco comandantes de los distintos frentes, que también se opusieron a la destitución.

Los mandos trataron entonces de cortar las comunicaciones del gobierno con las unidades militares para que no se extendiese la noticia del relevo de Kornílov. No lo lograron, y las tropas no tardaron en conocer la situación. Los comités tomaron las instalaciones telegráficas allí donde no lo hicieron agrupaciones espontáneas de soldados.

De madrugada, Kerénski obtuvo la dimisión de todo el gabinete, se nombró a sí mismo comandante en jefe, con el general Alekséiev —que lo despreciaba y se había negado a aceptar el mando del ejército—, como jefe de estado mayor, y asumió poderes dictatoriales. Esa mañana el país recibió la noticia de que Kornílov se había alzado contra el gobierno y marchaba sobre la capital.

Para entonces, la «División salvaje» había comenzado su marcha en ferrocarril hacia la capital y los trenes de vanguardia, con algunos de sus regimientos, estaban en Viritsa, a 60 kilómetros de Petrogrado. La división Usuriski se encontraba entre Narva y Iamburg y la 1.ª división cosaca había alcanzado Luga. La situación de Kérenski parecía poco halagüeña, pero en Viritsa, los ferroviarios bloquearon la vía con vagones cargados y levantaron los rieles que conducían hacia la capital para que los soldados no pudieran avanzar y quedaran incomunicados. Ignorantes en general de los planes de Kornílov, las tropas comenzaron a recibir a los enviados del consejo capitalino y, en ocasiones, fueron rodeadas por trabajadores y campesinos que les acusaron de traicionar la revolución.

Kérenski, impotente para frenar por sí mismo a Kornílov, que acababa de nombrar a Sávinkov gobernador militar de Petrogrado —aunque este decía no saber nada sobre el asunto—, dio entonces la orden de armar a los trabajadores para oponerse al avance de las tropas. Se equivocó, pues poco después esas mismas armas se utilizarían para derrocar al gobierno. El sóviet, tras dudar en su apoyo al primer ministro, se decidió a respaldarlo cuando supo lo cerca que estaban las unidades de Kornilov. Mientras la guarnición de la ciudad desmontaba las líneas de ferrocarril que debían utilizar los rebeldes, el sóviet formó un comité para mantener los servicioa básicos y coordinar la defensa y envió agitadores al III cuerpo para tratar de detener su avance.

Los bolcheviques —de quienes dependía en realidad la fuerza armada de ese comité—, relegados tras las Jornadas de Julio, pudieron enviar tres delegados para su formación, como el resto de los grandes partidos socialistas. Quedaron así rehabilitados políticamente. El sóviet, que contaba con más hombres en armas, destituyó a Sávinkov cuando se negó entregárselas y lo envió a la comisión gubernamental para que investigara su participación en el golpe. En las fábricas, largas colas de voluntarios esperaron para enrolarse como guardias rojos; tras una breve instrucción, fueron enviados a preparar las defensas al sur de la capital.

Los kadetes, los industriales y los oficiales, por su parte, abandonaron a su suerte a Kornílov, que solo recibió el apoyo de Miliukov a través de un editorial en su periódico *Rech*, que los impresores suprimieron y que le supuso el envío a Crimea por orden del comité central de su partido. Los oficiales que debían haber fingido el alzamiento bolchevique en la capital que justificaría la marcha de las unidades contra la ciudad, cuando finalmente recibieron la orden de intervenir, ya era demasiado tarde.

Las tropas de Kornílov, al recibir la noticia de que no se había producido ningún alzamiento bolchevique en la capital, detuvieron su avance y recibieron a los agitadores enviados por el sóviet. Informados de que el alzamiento contra el que se suponía que marchaban no existía, depusieron las armas. Filonenko, ya de vuelta en la capital, denunció a Kornílov y avisó a las tropas de que estaban siendo utilizadas por sus oficiales. La «división salvaje» recibió a una delegación del Cáucaso que se encontraba en Petrogrado y que les explicó la situación. Las tropas de caballería alzaron banderas rojas, detuvieron a sus comandantes y enviaron delegado a la capital para transmitir su inquebrantable lealtad al Gobierno.

La división Usuriski se encontró en una situación similar a la de los hombres del Cáucaso. Algunos trabajadores detuvieron su avance a través de Narva durante siete horas; cuando pudo continuar y llegó a Iamburg, no había vías. Quedó bloqueada. Asediada por diversas delegaciones de obreros y soldados, se avino rápidamente a desobedecer a sus oficiales y a proclamar su lealtad al gobierno. La 1.ª división cosaca, detenida en Luga y rodeada por los 20 000 hombres de la guarnición, también se pasó a los enviados del sóviet. El general Krýmov, quedó aislado en su tren; la tarde del 30 de agosto fue trasladado a Petrogrado para explicar la situación al primer ministro con un salvoconducto. Poco después se suicidó.

El comité ejecutivo del frente suroeste detuvo al general Anton Denikin y a su estado mayor; las tropas se hicieron con el control de las unidades en Finlandia y en Helsinki; los marineros tomaron el control de los navíos de la flota en el puerto. El general Erdeli, al mando del «ejército especial», en el frente suroeste, fue detenido por unidades enviadas por el comité de la unidad tras negarse a rescindir las órdenes de marcha contra la capital; lo mismo sucedió en los ejércitos 7.º y 11.º. El respaldo inicial de los comandantes del frente occidental y rumano se tornó en apoyo al gobierno tan pronto como Kornílov proclamó abiertamente su rebeldía. El comandante del frente norte, a pesar de sus simpatías por el general, pronto se dio cuenta de que era inútil cualquier resistencia y huyó disfrazado de soldado. Los intentos de los oficiales del estado mayor de respaldar a Kornílov fueron vanos y la mayoría de los que tenían de menor graduación respaldaron la acción de las unidades contra los alzados. En el frente, los comités y los soldados cooperaron para desbaratar el alzamiento en una impresionante muestra de poder.

Los generales que acompañaron a Kórnilov en su aventura, fotografiados durante el otoño de 1917 en el monatserio de Bijov. Con el n.º 1, en el centro con bastón, L.G. Kornílov; el 2, A.I. Denikin; 3, G.M. Vannovsky; 4, I.G. Erdeli; 5, E.F. Elsner; 6, A.S. Lukomski; 7, V.N. Kislyakov; 8, I.P. Romanovsky; 9, C.L. Markov; 10, M.I. Orlov; 11, L.N. Novosiltsev; 12, V.M. Pronin; 13, I. G. Soots; 14, S.N. Ryasnyansky; 15, V.E. Rozhenko; 16, A. P. Bragin; 17, I. Rodionov; 18, G. L. Chunihin; 19, V.V. Kletsanda; 20, C. F. Nikitin.

El 1 de septiembre, Alekséiev se hizo con el control del cuartel general del ejército. Kornílov se rindió y acabó el levantamiento. Fue internado junto a otros oficiales en el monasterio católico abandonado de Bijov, cerca de Maguilov. Los detenidos quedaron bajo custodia de la guardia personal de Kornílov y de soldados de valentía y lealtad reconocida condecorados con la Orden de San Jorge. Denikin y sus seguidores de la sede del frente suroeste fueron trasladados al monasterio más tarde desde Berdichev. Fue otro error. Todo el grupo acabaría por formar más adelante el núcleo del futuro Ejército de Voluntarios.

Ese mismo día, Kérenski, que había prometido además aplicar las medidas reclamadas originalmente por Kornílov, proclamó la república y la formación de un directorio con él mismo a la cabeza. En realidad, las decisiones políticas siguió tomándolas por sí mismo, aunque cada vez era más impotente para aplicarlas. Había tratado de recuperar fuerza aplastando el golpe, pero estaba completamente debilitado y en manos de las fuerzas militares de los bolcheviques. Su decisión de realizar una investigación secreta del golpe y su negativa a testificar en la misma acabaron con su reputación de socialista moderado íntegro. Supuestamente un dictador, su autoridad ya era nula. La izquierda creía que había estado implicado de alguna manera en los planes del general, mientras que la derecha no le perdonaba haber hecho fracasar el pronunciamiento.

Los socialistas moderados, que se habían opuesto al golpe pero anteriormente habían respaldado el nombramiento de Kornílov, también sufrieron un menoscabo en el respaldo popular. El 31 de agosto, los bolcheviques lograron la mayoría en el sóviet de Petrogrado, síntoma de la radicalización política en la capital. Cuatro días más tarde, Trotski y otros bolcheviques que iban a desempeñar importantes papeles en octubre, fueron liberados.

En el ejército, la disciplina se hundió por completo tras el golpe. Recelosos de la postura de muchos oficiales, numerosos soldados detuvieron a sus mandos y, en ocasiones los torturaron o ejecutaron. A pesar de que únicamente algunos oficiales habían apoyado abiertamente a Kornílov, las tropas sospechaban que muchos otros habían simpatizado con él en secreto. Las deserciones se multiplicaron y muchos soldados, campesinos al fin y al cabo, marcharon a participar en la recogida de las cosechas y a atacar haciendas de terratenientes.

Numerosas resoluciones de los soviet del frente exigieron la aplicación de la pena de muerte a Kornílov y sus partidarios, castigo que el propio general había logrado restituir en el ejército. La reputación de Kérenksi en el frente se hundió cuando ordenó rescindir las medidas excepcionales que los comités de soldados habían puesto en marcha para controlar los centros de mando de las unidades y las comunicaciones.

Aunque los soldados creían habían salvado a la revolución, no era cierto. Había sido Kérenski, el que había conseguido abortar el golpe. Pero con la ayuda de los bolcheviques, lo que que provocó en el país un aparatoso giro político hacia la izquierda. La primera manifestación de ese giro fue el colapso de la segunda coalición, que dejó a Rusia casi un mes sin gabinete. Eso hizo a Lenin adelantar sus planes para hacerse con el gobierno.

2.3 Poder rojo

El 24 de octubre, de manera solapada, sin ruido, comenzó otra rebelión en Petrogrado. No fue similar a los sucesos de febrero de 1917, ni, sobre todo, a la revolución de1905. No hubo manifestaciones de masas, ni lucha en las calles. No hubo barricadas, ni se paralizaron las taréas cotidianas. Los restaurantes siguieron abiertos, los teatros mantuvieron sus funciones y la vida nocturna de la capital continuó con su reposada tranquilidad. Sin excesos, para evitar posibles envidias, pero brillante. Hay que retroceder algo más de tres semanas, para saber lo que ocurrió.

A finales de septiembre se formó el último gobierno de coalición bajo la dirección de Kérenski. Participaron kadetes, socialrevolucionarios de derecha —los acontecimientos habían provocado divisiones en el partido—, y mencheviques. No era sino una reproducción del callejón sin salida de los meses anteriores que volvía a poner de manifiesto, o al menos esa era la lectura que los bolcheviques hacían, la falta de compromiso con un gobierno de izquierda asentado en el «poder del sóviet». Sobre todo, si tenemos en cuenta que los bolcheviques eran ya mayoría en el Soviet de Petrogrado —Trotski había vuelto ya a dirigirlo—, en el de Moscú, y en muchos de provincias.

Para Lenin era el momento de ocupar el poder y, desde su refugio en Finlandia, urgió al comité central del partido a que se preparase para la acción armada. Defendía que la ascendencia bolchevique en los sóviets los había potenciado y, puesto que el gobierno no parecía ni mucho menos dispuesto a ceder a su voluntad, debía ser derrocado con las armas en la mano.

Era la lógica conclusión a la que cabía llegar a tenor del curso de la política bolchevique desde el mes de abril. El régimen de febrero había sido posible, según Lenin, gracias a la retirada de los sóviets en favor del gobierno provisional, y esa retirada se había materializado porque los socialistas moderados se habían adueñado de los sóviets.

También el gobierno comprendía —no lo vamos a negar—, que ese era el curso lógico que podían tomar los acontecimientos, pero realmente no creía que los bolcheviques estuviesen en situación de actuar de acuerdo a esa lógica. Lejos de Petrogrado, de Moscú y de la región de los Urales, los mencheviques conservaban la dirección de los consejos de un buen número de ciudades importantes, y contaban con un significativo baluarte en Georgia. Los socialrevolucionarios, por su parte, controlaban el grueso de los consejos campesinos y disfrutaban de notable apoyo en los frentes de batalla; aunque en su seno hubiese cobrado cuerpo una escisión, los «socialistas revolucionarios de izquierda», cuyas posiciones eran muy próximas a las defendidas por los bolcheviques.

El peso de contar con Petrogrado y Moscú hizo que, también a los ojos de Lenin, que había regresado en secreto a la capital el 22 de octubre, se dieran las condiciones para una toma del poder por los sóviets respectivos. Sin embargo, la decisión de acometer los preparativos al respecto fue acogida con recelo al día siguiente por buena parte de los miembros del comité central bolchevique. Para Alexandr Zinóviev y Lev Kámenev, por ejemplo, partidarios de una aproximación a otras formaciones de izquierda, era preferible aguardar a un triunfo en las elecciones a Asamblea Constituyente, en la confianza de que esa institución y el Soviet de Petrogrado podrían acometer de manera conjunta la tarea de gobierno. Lenin —alegaban—, sobreestimaba la fuerza de los bolcheviques y subestimaba la del gobierno provisional; creía que la revolución rusa iba a salvarse gracias a un alzamiento socialista en el resto de Europa y ellos no estaban de acuerdo en que una revolución proletaria en el oeste estuviese, ni mucho menos, próxima. No les faltaba razón. Fuera de Rusia todos estos acontecimientos eran seguidos con muy escasa atención. Si acaso, con un manifiesto escepticismo respecto a las posibilidades de que los bolcheviques se mantuviesen en el poder.

En cualquier caso, poco tenían que hacer a pesar de su amistad con el líder bolchevique, la postura de Lenin la apoyaban diez miembros del comité central entre los que estaban Trotski, Stalin y Dzershinsky. Además, Trotski acababa de conseguir el apoyo de los comités de las tropas de la fortaleza Pedro y Pablo.

Hasta entonces, todos esos movimientos no parecieron preocupar en exceso a Kérenski, quizá porque veía que sería una buena oportunidad para reprimir la revuelta y, a continuación, desencadenar una dura represión que terminara de una vez por todas con los bolcheviques. Pero esa tarde, a última hora, el gobierno decidió abrir acciones judiciales contra el Comité Militar Revolucionario, prohibir los diarios bolcheviques y llamar a fuerzas leales. Al mismo tiempo, ordenó a los oficiales de las academias militares que se prepararan para el combate. En respuesta, el comité revolucionario ordenó a los tripulantes del crucero *Aurora* que el buque no abandonara su posición en el Neva y preparasen lanchas de desembarco y cañones.

Una vez caída la noche, Lenin que había llegado oculto hasta los distritos centrales, se instaló en el Instituto Smolny, sede del Soviet de Petrogrado y del comité central bolchevique, para dirigir las operaciones. La estrategia se centraba en asegurar las comunicaciones entre los marinos del Báltico y los obreros armados del barrio de Viborg. La acción comenzó a las dos de la madrugada del día 25 —7 de noviembre del calendario gregoriano—, cuando Trotski envió a pequeños grupos de Guardias Rojos a que ocuparan los principales edificios gubernamentales, oficinas de correos, telégrafos, teléfonos, estaciones de ferrocarril, arsenales y depósitos de agua. Por un error táctico se retrasó hasta la noche siguiente la toma del Palacio de Invierno, donde se reunía el gobierno.

La sala de estar de la segunda planta, de estilo rococó, en el ala noroeste del Palacio de Invierno. Toda la decoración del interior era de estilo barroco. El zar Nicolás II tuvo su despacho muy próximo a esta habitación —encima del salón de malaquita, donde se reunía el gobierno provisional—, hasta que en 1904, cada vez más descontento con los problemas que se daban en al capital se trasladó a Tsárskoye Selo. Acuarela de Edward Hau realizada en 1860.

El guión desarrollado seguía, paso a paso, las normas redactadas por Karl Marx para que una revolución triunfara. A su vez estaban copiadas del héroe de Marx: Georges Jacques Danton, artífice de la Revolución Francesa en 1789; en sus propias palabras «el maestro más grande de la táctica revolucionaria que se ha conocido». Eran las siguientes:

1. No jugar nunca a la insurrección y, una vez empezada, saber firmemente que hay que llevarla hasta el fin.

2. Concentrar en el lugar y en el momento decisivos fuerzas muy superiores, porque, de lo contrario, el enemigo, mejor preparado y organizado, aniquilará a los insurrectos.

3. Una vez comenzada la insurrección, obrar con la mayor energía y pasar obligatoria e incondicionalmente a la ofensiva. «La defensa es la muerte de todo alzamiento armado».

4. Esforzarse por sorprender al enemigo; por aprovechar el momento en que sus tropas estén aún dispersas.

5. Conquistar éxitos cada día —incluso cada hora, si se trata de una sola ciudad—. Aunque sean pequeños, permitirán a toda costa la «superioridad moral».

Aplicado a Rusia y al mes de octubre de 1917, eso quería decir: ofensiva simultánea, y lo más rápida posible sobre Petrogrado, que deberá partir indefectiblemente de fuera y de dentro, de los barrios obreros, de Finlandia, de Reval, de Cronstadt; ofensiva de toda la escuadra y concentración de una superioridad gigantesca de fuerzas sobre la «guardia burguesa» —los cadetes y algunos cosacos—, formada por unos 15 000 o 20 000.

La histórica decisión del levantamiento armado en la reunión del 23 de octubre. En el centro, de espaldas, G.Y. Sokolniki; en el lado izquierdo de la mesa, de izquierda a derecha, Lómov; G.I. Oppokov y Lenin, con peluca y disfrazado. Rodeando la mesa a la derecha, Y.M. Sverdlov, A.M. Kollontai, I.V. Stalin, F. Dzerzhinsky, M.V. Fofanova, L.B. Kámenev, A.S. Búbnov, G.E. Zinoviev u, junto a Lenin, L.D. Trotski. Obra de Vladimir Nikolaevich Pchelin.

Combinar las tres fuerzas principales —la flota, los obreros y las unidades militares—, de modo que pudieran ocupar y mantener los puntos estratégicos principales; seleccionar como «tropas de choque» a los elementos más decididos para participar en todas las operaciones de importancia y cercar y aislar Petrogrado. En resumen, apoderarse de la ciudad.

No puede sorprender a nadie que después de los sucesos de agosto al gobierno le fallaran sus resortes militares. Los refuerzos solicitados no llegaron nunca, y eso multiplicó la importancia del Aurora al servicio de los bolcheviques. En cualquier caso, Kérenski no esperó mucho a conocer el resultado del levantamiento, huyó. En teoría, para coordinar la resistencia.

La nueva revolución se hacía bajo la consigna de «todo el poder para los sóviets», pero realmente no iban a ser los sóviets los que controlaran la situación, sino solo uno de sus sectores, el más audaz y organizado: los bolcheviques.

El plan para las operaciones militares había sido preparado con gran precisión por Trotski, Podvoiski, Vladimir Antonov-Ovseenko y Lasevich, miembros del comité revolucionario. Si en febrero se necesitó una semana para derribar al zar, para acabar con el último gobierno de Kerenski bastaron unas pocas horas. La tarde del día 25, los ministros se encontraban sitiados en el Palacio de Invierno —igual que estuviera el gobierno zarista durante aquella otra revolución—, reunidos en el antiguo comedor del zar, una habitación de un lujo extravagante, decorada con malaquita y oro.

El palacio lo defendía una fuerza variopinta formada por 400 cadetes, algunos cosacos, un destacamento de ciclistas y un batallón femenino. Los primeros en desertar fueron los ciclistas, luego los cadetes y por último los cosacos. Buena parte del batallón femenino y los compañeros que no se habían marchado todavía se escondieron en las dependencias del palacio a la espera de acontecimientos.

A las 21.40 el Aurora disparó una salva de artillería, que era la señal de asalto. Las ametralladoras de los coches blindados tabletearon para rociar de impactos las fachadas de la plaza; en la fortaleza de Pedro y Pablo abrieron fuego y dos obuses causaron daños en un par de ventanas, pero poco más. Nadie disparó desde el interior. Nadie se resistió. Ni siquiera las puertas estaban cerradas.

El acalorado debate que mantenían los miembros del gabinete lo interrumpio Antonov-Ovseenko, encargado de la toma del palacio. «En nombre del Comité Militar Revolucionario —les dijo—, les pongo a todos bajo arresto». Se había producido el cambio de poder.

Políticamente la ciudad estaba bajo control bolchevique, pero nada más. La multitud se avalanzó sobre el Palacio de Invierno cargado de innumerables riquezas en sus 1500 habitaciones. Se produjeron pillajes con las obras de arte, pero sobre todo de vajillas, alfombras, sábanas, cortinas y objetos suntuarios. Más de dos millones de piezas, aunque otro tanto hubiese sido evacuado durante la guerra. Lo peor llegaría al descubrir las bodegas, donde se almacenaban centenares de botellas de Château d'Yquem 1847 y Louis Roederer Cristal, el vino y champán favorito de Nicolás II. Antonov-Ovseenko, lo cuenta en sus memorias:

> El regimiento Preobrazhenski, que había mantenido la disciplina hasta entonces, se emborrachó completamente mientras montaba guardia. El regimiento Pavlovski, nuestro baluarte revolucionario, tampoco pudo resistir la tentación. Enviamos guardias escogidas entre diferentes unidades y también se emborracharon. Miembros de los comités de los regimientos se encargaron de la vigilancia y también sucumbieron. Los blindados que debían dispersar a la multitud empezaron a hacer eses... «Acabemos con los remanentes del zarismo», fue la alegre consigna que se apoderó de la multitud. Tratamos de detenerla tapiando las entradas, pero se colaban por las ventanas. Intentamos inundar con agua las bodegas y los bomberos encargados de hacerlo, se emborracharon.

En una sola noche y sin apenas derramamiento de sangre los bolcheviques se habían hecho dueños de la capital. A la mañana siguiente la gente no podía dar crédito a lo que leía en decenas de carteles pegados a las paredes de las calles principales:

> El gobierno provisional ha sido derrocado. La autoridad gubernamental ha pasado a manos del comité militar revolucionario que dirige el proletariado y la guarnición de Petrogrado. La causa por la que tanto tiempo ha luchado es ofrecer de inmediato una paz democrática; abolir la propiedad de los terratenientes; el control obrero de la producción y la formación de un gobierno soviético. Esta causa está ahora garantizada ¡Viva la revolución de los soldados, obreros y campesinos!

Muy distinto fue el caso de Moscú, donde la oposición política al golpe la encabezó el Partido Social Revolucionario. La lucha por el poder en la ciudad fue mucho más encarnizada que en Petrogrado; el enfrentamiento se prolongó y, según Nikolai Bujarin, costó alrededor de 5000 víctimas.

El PSR moscovita, más cohesionado y conservador, aunque de menor tamaño que el de la capital, se opuso con tenacidad a la toma del poder por los bolcheviques, encabezado por el alcalde de la ciudad, Vadim Rúdnev, que había logrado una gran victoria electoral en junio. Más cercano a los liberales que a su pasado socialrevolucionario, Rúdnev era una de las figuras conservadoras del partido de la ciudad. Por su parte, los bolcheviques locales no se hallaban preparados para tomar el poder: controlaban el sóviet de obreros, pero no el de soldados. No estaba lista la Guardia Roja y no existía una comisión militar revolucionaria, como en Petrogrado.

Pavel Karlovich Shternberg, astrónomo y revolucionario, amigo de Lenin y Trotski, da las órdenes para bombardear el Kremlin durante la Revolución de Octubre, tras realizar los cálculos necesarios. Además de tener conocimientos artilleros descubrió las perturbaciones planetarias y fue pionero en aplicar la fotografía a la astronomía para poder plasmar estrellas dobles. Universidad de Moscú.

El día 26, en los barrios obreros de Petrogrado, algunas organizaciones condenaron la toma del poder por un solo partido. Hubo mítines en las grandes fábricas y en el puerto; se acusó de irresponsabilidad a los bolcheviques y otra vez se apartaron del compromiso los más temerosos. Pero la mayoría de los obreros conocía ya a los que dirigían esa revolución: Lenin y Sverdlov con sus planteamientos teóricos; Trotski y Antonov Oseenko con su dirección táctica en las calles de la ciudad. No les fue difícil formar un gobierno de Comisarios del Pueblo, mientras el Segundo Congreso de los Sóviets aplaudía las noticias del arresto de los miembros del gobierno provisional.

Lo presidió Lenin; Trotskifue nombrado comisario de Asuntos Exteriores; Stalin, comisario de las Nacionalidades; Rykov, comisario de Interior; Milutin, comisario de Agricultura; Shlyapnikov, comisario de Trabajo; Lunacharski, comisario de Educación y Antonov-Ovseenko, Krilenko y Dibenko, constituyeron un «triunvirato» encargado de todos los asuntos militares.

2.3.1 En el Palacio de Invierno

Con frecuencia muchos historiadores cometen el error de pensar que el famoso Batallón Femenino de la Muerte, que se encontraba en primera línea antes y después del 25 de octubre, cuando se inició la revolución, protagonizó también los sucesos ocurridos ese día en el Palacio de Invierno. Puesto que es imposible que tuviera el don de la ubicuidad, la consecuencia lógica es que tenía que ser otro, como así fue.

El asalto al Palacio de Invierno. Obra de Ivan Vladimirov realizada en 1918. Colección particular.

En junio de 1917, Maria Bochkareva, una mujer que por permiso expreso del zar se había incorporado en noviembre de 1914 al 25.º batallón de la reserva del ejército imperial con sede en Tomsk, Siberia, y tenía el rango de suboficial, persuadió a Kérenski, para que le permitiera formar un batallón solo de mujeres dispuestas a combatir en primera línea. Había estado en el frente, resultado herida, tenía condecoraciones y, sobre todo, dsiponía de cerca de 2000 voluntarias entre los 18 y los 40 años, por lo que a Kérenski no le pareció mala idea que las mujeres pudieran inspirar con su ejemplo a la masa de soldados, cansados de la guerra, que continuaban la lucha contra alemanes y austro-húngaros.

La unidad se formó en Petrogrado el día 21 con el nombre oficial de Escuadrón de la Muerte de la Primera Mujer Marija Boczkariowej, pero pronto se conoció con un apelativo más corto: Batallón Femenino de la Muerte. Se integró en el Primer cuerpo de ejército siberiano, en el regimiento 525.º de la división de infantería 132.ª.

En un par de meses, siguiendo su ejemplo, se crearon catoce formaciones similares en el ejército y una en la armada: una unidad independiente denominada Primer Batallón de Mujeres de Petrogrado[25]; el Segundo Batallón Femenino de la Muerte de Moscú; el Batallón de Mujeres de Kuban, organizado en Ekaterinodar; cuatro destacamentos de comunicaciones en Moscú y Petrogrado; siete unidades de comunicaciones adicionales organizadas en Kiev y Saratov y el Primer Destacamento Naval Femenino. La reportera estadounidense Bessie Beatty estimó que el número total de mujeres que prestaron servicios en estas unidades segregadas por género en el otoño de 1917 era aproximadamente de 5000, pero solo el Primer Batallón de la Muerte y uno organizado en Perm de forma extraoficial, fueron desplegados en primera línea.

---

[25] El Primero de Petrogrado tenía una dotación de entre 1 100 y 1 400 mujeres y dos destacamentos de comunicación de 100 voluntarias cada uno. Su régimen de entrenamiento incluía no solo desfiles, tiro al blanco y maniobras nocturnas, sino también clases de lectura para los analfabetos.

El batallón de mujeres de Maria Bochkareva, al completo, fotografiado también con sus oficiales —todos hombres—, a finales de junio de 1917. A los bolcheviques les pareció una estupidez, y nunca llegaron a aceptar que las mujeres pudieran formar parte del ejército. Basaban sus críticas en los batallones no autorizados, de escasos efectivos y mínima calidad, que habían surgido en ciudades de toda Rusia para seguir el ejemplo de Bochkareva.

Beatty, muy conocida también como activista política de izquierdas, escribió cuando fue a visitarlas al frente: «Las mujeres pueden luchar. Tienen el coraje, la resistencia e incluso la fuerza para luchar contra los alemanes. Los rusos han demostrado eso y, si es necesario, todas las mujeres del mundo pueden demostrarlo».

Es curioso que su opinión fuera tan diferente de la de otra mujer que también llegó a estar con ellas, la prestigiosa escritora y fotógrafa británica Florence Farmborough[26], que las acompañó en el frente el 13 de agosto, como enfermera de la Cruz Roja del ejército imperial ruso:

> En la cena nos enteramos que las noticias sobre el Batallón Femenino de la Muerte eran ciertas. Bochkareva lo había llevado al sur de primera línea, frente a los austriacos, y había ocupado parte de las

---

[26] Durante la Guerra Civil Española trabajó como locutora de Radio Nacional difundiendo noticias diarias en inglés referentes al ejército del general Franco.

trincheras abandonadas por los hombres de la infantería. Para entonces el tamaño del batallón había disminuido considerablemente desde las primeras semanas, cuando se habían incorporado a él unas 2000 mujeres y niñas, bien maquilladas, que lo consideraban solo una emocionante y romántica aventura.

Bochkareva condenó su comportamiento y exigió disciplina férrea por lo que, poco a poco, el entusiasmo patriótico se redujo y quedaron apenas 250. El primer bombardeo que recibieron las pasó por encima, pero eso no impidió que se produjeran desmayos, gritos histéricos y que algunas huyeran a retaguardia. Aunque en honor a la verdad, no lo hicieron todas ellas, algunas permanecieron en las trincheras.

Fotografía coloreada de María Leontievna Bochkareva. Había nacido el 4 de marzo de 1898 en Novgorod, a orillas del lago Ilmen, era la tercera hija de un anciano campesino, Leonti Frolkov. A poco del nacimiento de Maria, la familia se trasladó a Tomsk, a unas habitaciones situadas en un sotano. La extremada pobreza de la familia obligó a Maria a trabajar desde muy corta edad, cuando apenas era una niña de 9 o 10 años. Continuó trabajando hasta su matrimonio, a la edad de 15 años, con Afansi Bockcharev, a quien la misma Maria describe en su autobiografía como extremadamente falto de inteligencia. Ambos se ocupaban de descargar mercancías de los grandes paquebotes que circulaban por el rio Tom.

En realidad, el batallón, que ocupaba una posición próxima a Smorgon y formaba parte de la «Ofensiva Kerenski», no se había comportado mal en combate. En su informe, el comandante del regimiento elogió la iniciativa y el coraje de las mujeres. Sin embargo, las unidades de socorro prometidas para apuntalar la ofensiva nunca llegaron, y todos los batallones —hombres y mujeres—, fueron finalmente obligados a retirarse perdiendo todo el terreno ganado durante el ataque.

En cuanto se vio que la llegada de las mujeres no había tenido el efecto deseado de revitalizar a los soldados, cansados de la guerra, las autoridades militares comenzaron a cuestionarse el valor de su participación. En particular, el gobierno tuvo dificultades para justificar la asignación de unos recursos que se consideraban muy necesarios a un proyecto tan poco fiable. En agosto, la tendencia era ya suspender cualquier tipo de organización de mujeres destinadas al combate y, en septiembre, ante la retirada oficial de apoyo, el 2.º batallón de mujeres de Moscú comenzó a desintegrarse, aunque, justo antes de su disolución, alrededor de 500 voluntarias fueron enviadas al frente a petición propia, sin el conocimiento del estado mayor general.

Se pensó entonces utilizarlas en unidades auxiliares, como la vigilancia de los ferrocarriles, pero esa idea encontró la oposición radical de los hombres que ocupaban esos puestos, que a su vez serían enviados al frente.

Una visión heróica del asalto al Palacio de Invierno durante la Revolución de Octubre, realizada en la dáecada de 1930. En realidad, en Petrogrado no hubo ningún tipo de combates, apenas unos disparos y un par de cañonazos.

El 25 de octubre, el Primero de Petrogrado fue llamado a la Plaza del Palacio para que desfilara y fuera inspeccionado antes de ser enviado de nuevo al frente. Después de la revista, y puesto que comenzaban los disturbios, se le ordenó defender al gabinete ministerial, refugiados en el palacio. El comandante del regimiento se negó, pero no a que 137 de las mujeres de la segunda compañía protegieran algunos camiones de combustible próximos. Allí duraron poco, no tardaron en tener que desplazarse al interior del complejo, junto con los cadetes y las unidades de cosacos, para proteger también la zona del palacio que estaba destinada a hospital militar, atendido por las Hermanas de la Misericordia. Unos y otras se vieron desbordados por la multitud que acompañaba a las fuerzas bolcheviques, numéricamente superiores y, finalmente, se rindieron.

Tras su captura se extendieron por toda la ciudad los rumores de violaciones masivas. John Reed, el periodista radical estadounidense que cubrió toda la Revolución, informó en los tres periódicos para los que escribía *The Masses*, *The New York Call* y *Seven Arts* que «se publicaron todo tipo de historias sensacionalistas por la prensa antibolchevique sobre el destino del batallón de mujeres que defendió el Palacio. Se dijo que algunas de los chicas soldados habían sido arrojados desde las ventanas a la calle, que el resto habían sido violadas y, muchas, se habían suicidado como consecuencia de los horrores que habían sufrido». No tenía ninguna prueba pero no le importó, la historia resultaba especialmente «sabrosa» para sus lectores varones, por entonces la gran mayoría de los consumidores de la prensa mundial.

El mismo día 25, la esposa del embajador británico en Rusia solicitó del agregado militar británico en Petrogrado, el general Alfred Knox, que interviniera para lograr su liberación. Knox tomó prestado el automóvil del embajador y se dirigió a la sede de los bolcheviques en el Instituto Smolny, un enorme edificio, antigua escuela para las hijas de la nobleza. Los centinelas trataron de impedir su entrada, pero consiguió llegar hasta el tercer piso, donde se encontraba el despacho de Antonov-Ovseenko. Le exigió que liberara a las mujeres de inmediato. Si no lo hacía —le dijo—, el mundo entero sabría hasta donde llegaba la barbarie de los bolcheviques. Antonov-Ovseenko que realmente no tenía ningún interés en complicarse la vida con asuntos intrascendentes, las puso en libertad el día 26.

El comité nombró una comisión para investigar las denuncias de malos tratos. A pesar de que durante los interrogatorios a los que se las sometió se encontraron muchos casos de abuso verbal, violencia física y amenazas de violencia sexual, el 16 de noviembre, cuando se dio por cerrado el caso, el doctor Mandelbaum informó que tres mujeres habían sido violadas y que se habían suicidado. Sin embargo, afirmó que no se había tirado a nadie por las ventanas.

Ese mes, el día 21, el Comité Militar Revolucionario ordenó que desapareciesen de una vez los batallones de mujeres. El de Bochkareva, que continuaba en el frente, acató la disposición poco después ante la creciente hostilidad de las unidades masculinas, que querían poner fin a la guerra y pensaban que las voluntarias intentaban prolongarla. Una semana después, el 30, quince días antes de que se firmara el armisticio que ponía fin a la participación de Rusia en el conflicto, el nuevo gobierno bolchevique ordenaba la disolución oficial de todas las formaciones militares femeninas.

2.3.2 El gobierno comunista

El programa del gobierno, integrado exclusivamente por bolcheviques que a partir de entonces se llamarían comunistas no estaba aún bien definido; pero sus líderes, sí parecían decididos a implantar la dictadura del proletariado y a respaldarla con el apoyo de amplias masas del campesinado, que formaba el grueso de la población rusa. Confiaban en lograr ese apoyo mediante el reparto entre ellas de unos ciento cincuenta millones de *desjatin* —un *desjatin* era aproximadamente una hectárea—, de la tierra que había pertenecido a los grandes terratenientes. Lo anticipó Lenin en su primer decreto: «A partir de ahora queda abolida la propiedad terrateniente sin compensación alguna».

El Consejo de Comisarios del Pueblo —el gobierno ruso encabezado por Lenin—, fotografiado en diciembre de 1917 o enero de 1918. De izquierda a derecha: I.Z. Steinberg, I.I. Skvortsov-Stepanov, B.D. Kamkov, V.D. Bonch-Bruévich, V.E. Trutovsky, A.G. Shliápnikov, P.P. Proshyan, V.I. Lenin, I.V. Stalin, A.M. Kollontai, P.E. Dybenko, E.K. Koksharova, N.I. Podvoiski, N.P. Gorbunov, V.I. Nevsky, A.V. Shotman y G.V. Chicherin.

En cierto sentido puede decirse que la guerra civil sería un forcejeo para conseguir el apoyo del campesinado. Y acabarían por ser los bolcheviques los que ganasen la partida. Las hectáreas de tierra que los *mujijks* habían conseguido gracias a ese primer decreto eran una sólida base en la que asentar el nuevo régimen. Al defender a los bolcheviques contra los generales «blancos» y contra la invasión extranjera, el campesino ruso se defendía a sí mismo y evitaba el regreso de los terratenientes, que marchaban amparados de unos y de otros. Podría aducirse que Lenin sobornó al campesinado, y es verdad, pero no lo es menos que el antiguo sistema era un anacronismo altamente lesivo para ellos, y sus reivindicaciones nunca habían sido satisfechas. Ningún partido, salvo el bolchevique, se había mostrado capaz de atender sin demora esas reivindicaciones, por lo que la revolución agraria de 1917 daba al sistema soviético una gran estabilidad.

En cualquier caso era una decisión que no suponía grandes mejoras para el conjunto del Estado a corto plazo. Todo era un desastre generalizado. La producción sufría los efectos de un largo proceso de paralización, cuando no de orientación desesperada hacia fines militares y los campos, sin suficientes brazos que los atendieran, estaban prácticamente abandonados.

Los ministros de Kérenski condenados a limpiar establos. El cambio de gobierno supuso el inicio de represalias en todos los niveles de la vida diaria. Obra de Ivan Alekseevich Vladimirov realizada en 1918. Colección Particular.

Desde el punto de vista económico se impusieron algunas medidas marxistas, no todas, ya que no se consideraba el momento propicio. Entre ellas, la nacionalización de los bancos y empresas de más de cinco trabajadores y la anulación de las deudas del Estado —unos 16 millones de rublos-oro—. Esto último conllevó, como era de esperar, la oposición de Gran Bretaña, Francia, Estados Unidos y Japón que eran los principales países acreedores.

Los bolcheviques estimaban el mercado como la institución más «burguesa» y por tal motivo debía ser inmediatamente destruido. Fue repentinamente declarado ilegal, igual que el comercio y las propiedades de las clases altas. Se nacionalizaron las empresas y fábricas. El gobierno se apoderó del excedente de la producción agrícola de los campesinos para apoyar a los obreros y fuerzas bolcheviques de la guerra civil en las ciudades. Se reclutó la mano de obra organizándola militarmente. Se racionaron los bienes de consumo a precios artificialmente bajos y, más tarde, sin precio alguno. Si bien el ataque bolchevique a la economía de mercado fue exhaustivo y violento, sería erróneo pensar que fue completamente un éxito. El impulso del mercado tardó bastante en desaparecer y apareció un gran mercado negro para los bienes de consumo. De hecho, es posible que fuera ese mismo mercado negro y la producción de antes de la guerra los factores que lograran sostener a los rusos hasta el término de la guerra civil y retrasaran el colapso total.

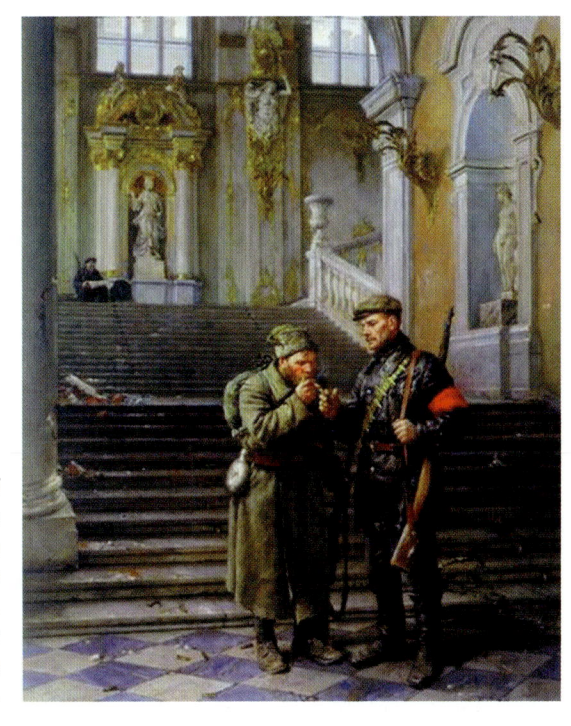

Un soldado y un miliciano vigilan el acceso al Palacio de Invierno. Durante los primeros meses de la Revolución la Guardia Roja se convirtió en el brazo armado del Partido Comunista. No dudó en utilizar las armas ante cualquier acto que pudiera considerarse contrarevolucionario.

En ese aspecto los resultados de los primeros años de gobierno, afectados por la guerra civil fueron catastróficos. En 1920, la producción industrial fue igual al 20% del volumen anterior a la guerra. La producción agrícola bruta disminuyó de más de 69 millones de toneladas en el período 1909-1913 a menos de 31 millones de toneladas en 1921. La superficie cultivada bajó de más de 224 millones de hectáreas en el período 1909-1913 a menos de 158 millones en 1921. Entre 1917 y 1922, la población disminuyó en 16 millones sin contar las muertes por causa de la guerra ni la emigración. Entre 1918 y 1920, ocho millones de personas dejaron las ciudades para trasladarse a las aldeas. En Moscú y Petrogrado, la población disminuyó en un 58,2 %.

Esta situación de inseguridad, que culminó en el estallido de la guerra civil, obligó a una organización peculiar de la economía, en la que los dirigentes bolcheviques se veían obligados a ir más lejos o más de prisa de lo que hubieran deseado. Fue preciso incrementar la producción en todos los órdenes y recurrir a procedimientos como los «sábados comunistas», en los que se trabajaba gratuitamente durante cinco horas. Para poder llevarlo a cabo, Lenin hizo constantes llamamientos a un nuevo tipo de heroísmo: «El heroísmo del trabajo creador, continuo y asiduo, en todo Estado —decía—, es infinitamente más difícil que el heroísmo de la insurrección».

La hambruna de 1922 conmocionó a Rusia. Las condiciones de vida con el gobierno bolchevique, aplastado primero por la guerra mundial y luego por la guerra civil, resultaron mucho peores para gran parte de la población que con el gobierno de los zares.

A pesar de esos llamamientos y de la entrega de tierras, la situación en el campo se hizo dramática. Fueron enviados obreros para ayudar a los campesinos pobres a luchar con los *kulaks* —los campesinos acomodados—, y requisar, arrestar, o ejecutar a los *kulaks* recalcitrantes. La dureza con que se implantó el comunismo de guerra aumentó la oposición en torno a los socialrrevolucionarios de izquierda, que combatían la política agraria de Lenin y agrupaban a los descontentos. Finalmente, el gobierno decidió desencadenar una dura represión que dividió y acabó para siempre con los socialrrevolucionarios de izquierdas. Unos se incorporaron a los bolcheviques, los otros, a los movimientos antisoviéticos.

En general, con la producción industrial prácticamente paralizada, las ciudades tenían poco para comerciar con los campesinos. Sin ningún incentivo para la producción de excedentes agrícolas, el gobierno recurrió a la confiscación, que desalentó más aún la producción agrícola y provocó dos respuestas tradicionales por parte de los campesinos: a corto plazo, escondieron sus existencias y, a largo plazo, se negaron a sembrar más tierra de la que fuera necesaria para alimentar a su propia familia. En 1920, el gobierno bolchevique se enfrentaba ya a una situación interna al borde de la catástrofe. El hambre y la enfermedad estaban generalizados y la industria y el comercio se encontraban prácticamente paralizados. El intento de dirigir toda una economía igual que un ejército, abarcando la requisición de las cosechas, el reclutamiento de los trabajadores y la eliminación de las cuentas en dinero había fracasado completamente.

Un ejemplo claro de esta relación entre la falta de abastecimientos y la incapacidad que mostraba el gobierno para cumplir sus promesas fueron las revueltas que se dieron en Siberia a comienzos de 1921 ante la desastrosa política comunista, que empujó a miles de habitantes de la región, entre el hambre y a la desesperación, a asaltar los silos de grano en los que se guardaba el trigo que necesitaban para vivir. La insurrección se extendió de Omsk, antigua capital de Kolchak, a Tiumén o Ekaterimburgo, pero fue aplastada sin contemplaciones. Aparecieron pintadas con alusiones al zar o el rechazo a la carne de caballo que se veían obligados a comer —la más famosa decía «¡Dadnos al Zar y carne de cerdo!»— y se notaba claramente que en los lugares en los que el régimen bolchevique contaba con una considerable oposición, la pobreza y las hambrunas podrían costarle caras al gobierno.

Fue el caso de la remota Yakutia, en el norte de Siberia, una de las zonas en abierta rebelión contra los bolcheviques, donde un gobierno regional ya había intentado proclamar la independencia en octubre de 1918. Primero ese levantamiento fue aplastado por los bolcheviques de Irkutsk, luego tomo el control de la provincia el ejército blanco y, finalmente, en mayo de 1921, cuando ya volvía a estar la región bajo control del gobierno, el hambre permitió que grupos armados blancos fueron capaces de dar un golpe de estado con apoyo japonés, tal vez con la intención de quitarle la zona a los rusos, aunque eso ya puede ser algo dudoso.

Políticamente, en enero de 1918 se produjeron elecciones a la Asamblea Constituyente, una promesa del gobierno burgués que Lenin no se había atrevido a anular. Los resultados dieron la mayoría a los socialrevolucionarios, el partido en el que había militado Kérenski. Los bolcheviques solo obtuvieron 1/5 de los diputados. El primer día en que se reunió, la nueva Asamblea anuló los decretos del gobierno bolchevique, pero no le dio tiempo a más, la Guardia Roja la disolvió.

Todas esas decisiones trajeron consigo que ahora hubiera dos mundos opuestos cuya misma existencia era ya foco de una tensión cada vez más patente. La histórica frase que había dicho tres décadas atrás el canciller alemán Bismarck sobre la importancia militar del centro de Europa era la pesadilla de los gobiernos de la época y las potencias occidentales iban a ir más allá en las defensas de sus intereses internacionales y en sus deseos de cortar cuanto antes una mecha que amenazaba con extenderse por Europa, pues comprendían que la primera tarea para ellos era acabar con el Estado soviético y eliminar así el principal punto de referencia del movimiento internacional de la época.

Lenin sacrifica Rusia a la III Internacional comunista, un cartel de propaganda publicado por el Movimiento Blanco en 1919.

Pero las organizaciones obreras también comprendieron la importancia de la nueva situación; el mismo Lenin resucitó un objetivo suyo surgido en 1914: crear la III Internacional o Internacional Comunista como consecuencia del desastre de la Segunda, que había quedado dividida y deshecha al comenzar la Gran Guerra. Ya en marzo de 1918, el Congreso del Partido Obrero Socialdemócrata Ruso acordó cambiar el viejo nombre de éste por el de Partido Comunista Bolchevique Ruso, para evitar cualquier asociación con los partidos socialdemócratas de entonces.

En ese mismo mes ya hubo contactos que fructificarían un año más tarde, en marzo de 1919, durante una reunión de representantes de 19 países interesados en el proyecto de Lenin. Aparte de las diferentes repúblicas soviéticas, estaban presentes comunistas alemanes y emisarios de grupos comunistas de otros países que, por no poder trasladarse al interior de Rusia, enviaban a sus representantes en Moscú. Aunque, en un principio, los diferentes delegados acudían con una mermada esperanza de constituir algo estable, lo cierto es que el entusiasmo de los bolcheviques y la aparición de un delegado austriaco terminaron por inclinar la balanza: el Congreso se convirtió en fundacional de la Internacional Comunista —*Komitern*—. Se votó el manifiesto redactado por Trotski que contenía las tesis leninistas sobre el avance del comunismo desde el Manifiesto Comunista de Marx y Engels; las denuncias a la democracia burguesa a favor de la democracia proletaria y una llamada al proletariado internacional para que sus gobiernos pusieran fin a cualquier tipo de intervención militar en Rusia y reconocieran al régimen soviético.

Cartel de propaganda utilizado entre 1917 y 1921 con referencias al «comunismo de guerra». Puede leerse: «Proletariado, que no temías a las armas pesadas, no temas al trabajo pesado. El país de los trabajadores se construye mediante la mano de obra.

Para garantizar la continuidad del proyecto la III Internacional se dotó de un comité ejecutivo cuyo primer presidente fue Zinoviev, con el periodista polaco Karl Radek como secretario.

Pronto se vio que los deseos de los fundadores de la nueva Internacional chocarían a menudo con las ideas reformistas enquistadas en el movimiento obrero internacional por la acción de los partidos socialdemócratas, que ahora parecían volver a revivir aquella II Internacional que no habían sabido llevar a buen puerto. En realidad, el freno de los objetivos que se había propuesto el *Komitern* vino impuesto por los procesos de lucha de clases que se dieron en cada país y que no condujeron precisamente a una rápida revolución mundial. Lo cierto es que las tesis leninistas acerca de la III Internacional no configuraron a esta como una asociación flexible de diferentes organizaciones, sino como a un único partido del proletariado internacional, con una sola disciplina y una sola estrategia revolucionaria. Eso, en un mundo repleto de gentes distintas, no podía traer nada bueno.

El freikorps *se dirige a reprimir los levantamientos revolucionarios de Múnich. Acabada la guerra mundial, la derrota alemana y el estallido de la revolución espartaquista hizo nacer en el ánimo de los dirigentes bolcheviques la esperanza de la revolución mundial. Estallaron revoluciones comunistas en Alemania, Hungría y Austria y, en 1919, se instalaron sóviets en Baviera y Austria, pero no alcanzaron la insurrección generalizada que se esperaba.*

Uno de los males heredados por la Rusia revolucionaria fue el complejo sistema de pueblos dominados y oprimidos por el zarismo. Eso había configurado un enorme pero artificial Estado que los bolcheviques pronto denunciaron como injusto y sobre el que ellos —decían—, no edificarían nunca un estado socialista. Consecuentes con este planteamiento, a las dos semanas de la toma de poder, el Comité Ejecutivo Central de los Sóviets de toda Rusia publicó la Declaración de Derechos de los Pueblos de Rusia; en ella se proclamaba el derecho a la autodeterminación, la plena igualdad y la soberanía y se abolía radicalmente todo tipo de privilegios por razones de nacionalidad o religión. La Declaración tardó poco tiempo en ponerse en práctica, y mucho menos en demostrar que quedaba muy bonito sobre el papel, pero que la realidad era algo muy distinto. En 1921 había seis repúblicas en el país: la federativa de Rusia, Ucrania, Bielorrusia, Armenia, Azerbayán y Georgia. A la hora de la verdad, todas dependían de Moscú.

En general, fue tan grande la fuerza inicial que llegaron a acumular los bolcheviques gracias a todas estas circunstancias, que les permitió no solo ganar la guerra civil, sino arriesgarse, diez años más tarde, a un peligroso enfrentamiento con amplios sectores del campesinado y salir asimismo triunfante del empeño.

Bien es cierto que las clases ricas y opulentas habían sido desposeídas y que el nuevo estado era efectivamente una dictadura del proletariado, pero la abolición de los privilegios de la burguesía fue considerada al principio como una medida más o menos de emergencia; y, en cualquier caso, se suponía que esa dictadura del proletariado iba a dar a los obreros y campesinos —es decir, a la gran mayoría de la población—, más libertad política y económica de la que podrían conseguir nunca en un estado liberal-burgués. El problema fue que, al término de la guerra civil, los obreros y también los campesinos se habían visto privados de sus libertades políticas y ya se habían sentado las bases para un sistema de gobierno a base de partido único.

A principios del siglo XX Rusia tenía, sin ninguna duda, la tradición más fuerte de Europa en cuanto al uso de la violencia social y política, agravada quizá por la forma brutal con la que el mundo se había enfrentado durante los años de la Primera Guerra Mundial. La guerra civil serviría, además de como enfrentamiemto político, de válvula de escape para muchos rencores fruto de siglos de opresión social.

Todos los contendientes, en diversa medida, utilizaron los mismos métodos de represión: detenciones, fusilamientos en masa, tomas de rehenes e internamientos en campos se convirtieron en prácticas comunes. Existió el Terror Rojo, pero no le fue a la zaga el Terror Blanco.

Cientos de miles de personas perecieron a causa del Terror Rojo: mencheviques, anarquistas, socialrevolucionarios, liberales, demócratas, Blancos, nacionalistas; incluso pacifistas tolstoianos, sionistas y bundistas; junto a muchos otros cuyos orígenes sociales o su marginalidad bastaban para convertirlos en sospechosos. La Iglesia ortodoxa rusa, que se situó activamente contra el gobierno bolchevique, sufrió miles de detenciones, ejecuciones, expoliaciones y destrucciones con el fin de erradicar no solo su importancia anterior, sino también las creencias religiosas. Se calcula que entre 1917 y 1918 fueron asesinados cerca de 20 000 sacerdotes.

Las Checas locales se mostraron con frecuencia mucho más radicales que la central. El pequeño partido bolchevique no contaba con los medios para acabar con la violencia generalizada que recorría Rusia durante la guerra civil y los leninistas acabaron a menudo por reivindicar y asumir la violencia popular espontánea que se producía —estuvieran a favor o en contra de ella—, para poder canalizarla e instrumentalizarla en su provecho y dar la impresión de que era ellos los que controlaban la situación.

¿Y que hacían mientras los Blancos? Lo mismo. Rápidamente se encargaron de acabar sistemáticamente con nacionalistas, demócratas, sindicalistas, revolucionarios moderados y, por supuesto, bolcheviques, sin olvidar a simples sospechosos, abatidos ante la menor duda. Restituyeron las tierras enajenadas a sus antiguos propietarios y no vacilaron en quemar o destruir pueblos enteros, o someter a los campesinos a castigos corporales humillantes. Sus tropas a menudo se desacreditaban desde su llegada a fuerza de violaciones y pillajes, mientras que muchos de sus jefes, sin ningún control efectivo, multiplicaban sus actos de arbitrariedad y mostraban un modo de vivir fastuoso y libertino.

Es posible que el Terror Rojo fuera más organizado y que los generales blancos se vieron más desbordados aún que los bolcheviques por la violencia de sus partidarios sobre territorios vastos donde su autoridad era limitada, pero no debemos olvidar que, en marzo de 1919, una «conferencia especial» presidida por el general Denikin tomó la decisión de condenar a muerte de manera sistemática a «toda persona que haya colaborado con el poder del Consejo de Comisarios del Pueblo», lo que incluía normalmente a judíos, bálticos, chinos, comunistas y todos aquellos individuos catalogados como indeseables e irrecuperables.

Siempre que no fueran antiguos oficiales del ejército zarista, personas con títulos nobiliarios, burgueses, *kuláks* o popes, que a ellos ya se habían encargado de juzgarlos, castigarlos y ejecutarlos, tribunales populares Rojos, surgidos espontáneamente para castigar a los implicados en las matanzas del Terror Blanco.

En ese sentido, el propio encarnizamiento y salvajismo de la guerra civil modificó el carácter de la revolución y del estado resultante. Lo dijo públicamente Zinoviev, en octubre de 1920, ante un congreso de socialistas independientes alemanes celebrado en Halle, Sajonia: «Jamás imaginamos que deberíamos recurrir al terror en la guerra civil, ni que nuestras manos iban a quedar tan ensangrentadas.

3.ª PARTE

La guerra civil

Los cosacos congelados del general Paulov. Obra de Mitrofan Grekov realizada en 1927. Museo Central de las Fuerzas Armadas, Moscú.

Toda la historia ha sido la historia de la lucha de clases entre las clases dominadas, en distintas etapas del desarrollo social.

Friedrich Engels

Unos días antes del golpe de estado de octubre, Lenin, en la polémica que mantenía con los más moderados Grigori Zinóviev y Lev Kaménev, había reafirmado otra vez sus dos principales supuestos teóricos: que la revolución se justificaría a si misma nacionalmente, y que sería apoyada por la inmensa mayoría del pueblo ruso. Incluso estaba seguro de que la justificarían todos los países, pues sería el preludió de una mayor, a nivel internacional.

Al menos uno de esos supuestos, el de que el bolchevismo se afirmaría sólidamente en todo el país, se vio desafiado en la práctica con una fuerza que Lenin difícilmente pudo imaginar. Porque durante más de dos años y medio, los bolcheviques tuvieron que enzarzarse en una salvaje guerra civil contra los ejércitos blancos y contra la intervención de las tropas extranjeras dispuestas a apoyarlos.

Es cierto que en Petrogrado el alzamiento se produjo casi sin derramamiento de sangre, pero el proceso de consolidación de la revolución a través de toda Rusia en su conjunto se prolongó durante meses y varió mucho según ciudades y regiones. En algunos lugares, como Moscú o Irkutsk, los enfrentamientos por las calles duraron días y se produjeron cientos de víctimas; en otras poblaciones, sin embargo, y fueron mayoría, no hubo combates. Los soviéticos necesitaron relativamente poca lucha directa para dominar a sus oponentes. Cuanto más industrializado era un núcleo de población y más proletaria su población, mayor era la fuerza de la revolución.

Naturalmente, el gobierno bolchevique hizo todo lo posible para que se extendiera. La Guardia Roja salió desde Petrogrado, Moscú y otras ciudades para darla a conocer y forzar adhesiones, y lo mismo hicieron marineros enviados desde el Báltico y, en menor medida, de las flotas del Mar Negro.

Los marinos del Báltico de Kronstadt y Helsinki no solo jugaron un papel clave en el levantamiento de octubre, si no que fueron un recurso muy valioso durante las primeras etapas de la guerra civil. También fueron enviadas unidades del ejército cuando había posibilidad de utilizarlas, pero cada vez fueron menos. Las únicas tropas del ejército en las que los revolucionarios podían confiar eran los fusileros letones. Letonia era una de las regiones más industrializadas del imperio ruso, por lo tanto, contaba con una alta proporción de trabajadores. Además, el Partido Socialdemócrata Letón de los Trabajadores se había puesto en 1905 del lado de los bolcheviques, contra los mencheviques, y lo mismo habían hecho en 1917 gran número de los 40 000 hombres de la división de fusileros letones.

Las unidades disponibles fueron enviados por tren para ayudar a los revolucionarios locales, pero en ningún caso eran suficientes por sí solas para conquistar Rusia. Demostraron la fuerza que tenían a la hora de difundir los incipientes éxitos obtenidos en las grandes ciudades, pero en los lugares en que las fuerzas contrarrevolucionarias eran mayoría, poco más. Eso obligó tras los primeros meses a reconsiderar esa idea que tenían los bolcheviques de pequeñas unidades voluntarias, dirigidas de manera democrática, apoyadas por masas de trabajadores dispuestos a combatir a un enemigo de clase. Sobre todo, cuando demostraron ser muy poco útiles a la hora de vérselas con un rival bien organizado, decidido a luchar.

En esas condiciones, a las fuerzas revolucionarias no les quedaba otro remedio que enfrentarse a una primera gran prueba: la renovación de las hostilidades con Alemania. Independientemente de los muchos cambios operados, Rusia era un país beligerante en una guerra mundial que se hallaba en un momento de máxima intensidad bélica. Había que tomar una decisión sobre cómo resolver esa situación y había que hacerlo de inmediato.

Hombres de los primeros día de la Revolución de Octubre, en San Petersburgo. A caballo, un marinero de Kronstadt, a pie, dos Guardias Rojos. Obra de Georgy Savitsky realizada en 1930.

Y ese era el problema. Desde la Revolución Francesa, todas las organizaciones consideradas de izquierdas, en general, habían abogado por la sustitución de los ejércitos permanentes con las milicias populares, para asegurarse de que las fuerzas armadas no podrían ser utilizados de nuevo contra el pueblo, pero ahora los bolcheviques todavía no tenían muy claro qué tipo de ejército querían, ni cómo organizarlo.

Tampoco es que eso fuera demasiado sorprendente, pues a la hora de la verdad, los elementos más concretos del programa de cualquier revolución no los establece previamente con todo tipo de detalles un pensador o un filósofo, sino que son modificados constantemente por la experiencia y, en ese sentido, el caso ruso no era una excepción. Lo más chocante, sin embargo, era que Lenin tuviera una visión muy determinada sobre el futuro del Estado que deseaba liderar, pero pareciera incapaz de darse cuenta que difería de forma sustancial con la fuerza real de los sóviets.

Aunque Lenin y Trotski, una vez en el poder, habían mantenido como brazo armado del nuevo régimen a la Guardia Roja; hasta entonces un conjunto de soldados y obreros armados voluntarios, liderados por suboficiales, que actuaban como una milicia, pero sin apenas jerarquías ni reglamentos marciales, enseguida se vio que no era suficiente. Se decidió sustituirla por una fuerza militar permanente. El Consejo de Comisarios del Pueblo creó entonces mediante un decreto publicado el 28 de enero de 1918, el Ejército Rojo, basado en principio en la Guardia Roja, pero con rangos, departamentos, disciplina y una organización militar efectiva. El 23 de febrero, con las unidades de Petrogrado y Moscú, intervino en su primera acción contra el Ejército Imperial Alemán.

¡Uneté a la caballería roja! Cartel de propaganda que se utilizó desde 1917 hasta 1921 en el Ejército Rojo para captar voluntarios. Durante la guerra civil los carteles fueron enviados al frente de batalla prácticamente en la misma proporción que las balas y los proyectiles de artillería. En la parte inferior advierte: «El que destruye o cubra este cartel comete un acto contrarrevolucionario».

Como se consideró esencial que la nueva fuerza estuviera identificada políticamente con el régimen, la labor de adoctrinamiento recayó en Trotski, designado «comisario del pueblo para la Guerra» entre 1918 y 1924. Organizador enérgico y competente, buen orador, atravesó el país a bordo de su legendario tren blindado y voló de un frente a otro para restablecer por todas partes la situación militar, galvanizar las energías y desplegar un enorme esfuerzo de propaganda. Sabía que la primera vez que el Ejército Rojo perdiera una batalla importante, sería el fin de la revolución y de todo por lo que los bolcheviques habían luchado.

Miles de hombres acudieron para unirse al Ejército Rojo —muchos, no necesariamente porque creían en lo que los rojos representaban, sino porque Lenin habían ordenado que los suministros de alimentos fueron primero a los soldados, y el resto a los habitantes de las ciudades—, Trostki, muy consciente de ello, aplicó una disciplina de hierro para formar una fuerza militar bien organizada a partir de una masa armada compuesta por voluntarios indisciplinados. Para erradicar del ejército la «anarquía militar» en los caóticos primeros meses, adoptó el lema de «amenazas, organización y represalias». Le ayudaron a que se cumpliera los denominados «escuadrones penales», dedicados a castigar a desertores, elementos de dudosa fidelidad y, en algunos casos, a los revolucionarios ucranianos.

Bogdan Vasko, comandante de un destacamento del Ejército Rojo, en las proximidades de Ufa durante el invierno de 1918. Está acompañado a derecha e izquierda por dos miembros de la Checa.

A pesar de las críticas de numerosos viejos bolcheviques, no vaciló tampoco en readmitir por millares a antiguos oficiales y suboficiales zaristas, que sabía tenían la experiencia de mando y en tácticas de combate de las que el Ejército Rojo carecía. Para ello, las autoridades crearon una comisión especial presidida por Lev Glezárov que se encargó de estudiar cada caso de manera individual. Hasta mediados de agosto de 1920 reclutó a unos 48 000 exoficiales —principalmente de rango menor—, 214 000 exsuboficiales y 10 300 funcionarios como personal de administración. A veces por la fuerza —su familia respondería de su lealtad, en virtud de la «ley de rehenes»—, pero también voluntarios en nombre de la continuidad del Estado y de la salvación de un país amenazado por la anarquía y el desmembramiento.

Muchos de ellos ocuparon el cargo de «especialista militar» o de «asesores técnicos», especialmente todos los oficiales zaristas de alto rango, cuya lealtad al nuevo régimen resultaba dudosa. En esos casos, Trotski no dudó en amenazar a los posibles disidentes con penas de cárcel o condenas a muerte, en caso de descubrir engaños o mala fe. Para realizar ese cometido se instruyó a la recién creada Checa, la primera de las organizaciones de inteligencia política y militar del nuevo gobierno, organizada el 20 de diciembre por Feliks Dzerzhinski. La Checa soviética sucedía a la *Ojrana* zarista, cuya organización interna emuló. Su principal cometido era «suprimir y liquidar» —con amplísimos poderes y casi sin límite legal alguno—, todo acto «contrarrevolucionario» o «desviacionista».

Leon Trotski durante una visita al frente en 1919, fotografiado con sus guardaespaldas del Ejército Rojo. En 1917, tras diez años de exilio en Austria Francia y Estados Unidos, regresó a Rusia. Fue elegido presidente del Soviet de Petrogrado y se encargo de organizar el nuevo ejército que necesitaba el país. A la muerte de Lenin perdió popularidad. Stalin lo expulsó del gobierno y, en 1929, de la Unión Soviética.

A pesar de que la medida resulto un éxito y los oficiales zaristas siempre estuvieron flanqueados por comisionados militares bolcheviques que vigilaban todas sus acciones —después llamados comisarios políticos—, fue una de las cosas que Stalin le echó en cara cuando ambos pugnaban por el control del partido tras la muerte de Lenin.

Otro avance importante que impulsó el comisario de guerra fue la unificación de los esfuerzos militares de varias organizaciones bolcheviques ya disueltas con la formación de un Consejo Militar Revolucionario, establecido el

6 de septiembre de 1918. Trotski se convirtió en su presidente, mientras que en virtud de él, el letón Jukums Vācietis, antiguó coronel del ejército imperial, desempeñó el cargo de comandante en jefe militar de la Rusia Soviética.

Trotski, pese a las críticas que recibió, desempeñó de manera brillante su papel de comisario. Sin formación en materia militar, demostró enseguida ser un líder natural. Probablemente, porque sus ideas no les resultaban complicadas a las tropas: si un comandante rojo tenía éxito en el combate, era promovido. Si fallaba y sobrevivía, pagaba el precio.

3.1 El desastre de Brest-Litovsk

En las elecciones que, conforme a lo acordado por el comite revolucionario, se celebraron a finales de noviembre de 1917, los bolcheviques y sus aliados del ala izquierda, los socialistas revolucionarios, no llegaron a alcanzar el 30% de los votos. La asamblea, convocada de nuevo para mediados de enero de 1918, se mostró muy poco dispuesta a aceptar sus peticiones puesto que se encontraban en minoría, por lo que, siguiendo las órdenes de Lenin, fue disuelta y dispersada a punta de pistola. Esta medida, en medio de la fiebre revolucionaria, pasó casi desapercibida, pero despertó un rencor en los adversarios de los bolcheviques que sería profundo y duradero.

Era un problema serio, pero no el principal al que se enfrentaba la nueva Rusia. Máxime cuando debía definir cuál iba a ser la postura que mantendría en la guerra, pues de ella dependía conseguir una unanimidad o una mayoría suficiente dentro del propio partido bolchevique que no provocase la desunión. Fue la primera vez que los revolucionarios se vieron obligados a pagar un alto precio por su anterior demagogia.

Desde el principio habían denunciado la guerra como imperialista y, aunque tuvieran razón, nunca habían abogado por una paz separada, al contrario, incluso habían negado que fuera eso lo que desearan. Ahora, después de que habían prometido la paz al pueblo ruso a cualquier precio, se encontraban con que, una vez instalados en el poder, las circunstancias les impedían cumplir su promesa. Las clases obreras de los otros países beligerantes no se habían alzado siguiendo su inspiración contra sus explotadores capitalistas, como ellos deseaban, al contrario, a pesar de que tuvieran problemas y levantamientos en su país, los poderosos ejércitos de la Alemania Imperial seguían hostigando a los restos de las unidades rusas a lo largo de toda la frontera oriental, por lo que no era de esperar que estas se mantuvieran pasivas durante mucho más tiempo.

Ante la desintegración del ejército ruso como fuerza de combate eficaz —a lo que tanto habían contribuido los bolcheviques—, y puesto que las únicas tropas que mostraban cierto de grado de disciplina y de capacidad de combate en el frente eran, en general, antibolcheviques, y solo podían utilizarlas si estaban dispuestos a correr el riesgo de que sus bayonetas se volvieran en cualquier momento contra ellos, la única alternativa realista pasaba por intentar buscar la paz con los alemanes de manera individual, y procurar conseguir de ellos las mejores condiciones posibles. Esa solución, encontró una oposición tan enorme entre los más radicales partidarios de las ideas de Lenin que los fundamentos del partido se vieron seriamente afectados antes de que pudiera completarse el proceso de capitulación, pero a la postre, Lenin, que dijera lo que dijera sabía muy bien cuáles eran las auténticas necesidades del país, consiguió hacerse con la situación.

Oficiales del estado mayor del mariscal Von Hindenburg reciben en Brest-Litovsk el 7 de enero de 1918 a la comisión rusa encabezada por Lev Kamenev.

El 3 de marzo, tras unos meses de armisticio y prolongadas y enconadas negociaciones, se firmó el tratado de paz con Alemania en Brest-Litovsk, la sede de su cuartel general en el frente oriental. Pasaría a los anales de la historia como un clásico ejemplo de paz draconiana y de castigo. Las condiciones alemanas eran muy duras y suponían un amargo final al largo y penoso esfuerzo bélico ruso en la Primera Guerra Mundial. Los alemanes se justificarían después alegando que no habían tratado con el legítimo gobierno ruso contra el que habían luchado en las primeras fases del conflicto, sino contra una banda de usurpadores, unos fanáticos políticos que se habían adueñado del poder en una parte del antiguo imperio y cuyo derecho a hablar en nombre de todo el pueblo ruso, estaba por demostrar. Puede que fuera cierto. De los que no cabe duda es de que los soviéticos no lo olvidaron en 1945, menos de 30 años después, cuando se volvieron las tornas.

Desde un punto de vista bolchevique el golpe más duro que representaba Brest-Litovsk era la renuncia por parte del nuevo régimen a sus reivindicaciones respecto de los estados del Báltico, Polonia y, sobre todo, Ucrania. Los alemanes estaban decididos a mantener libre el acceso a las riquezas de Ucrania para poder alimentar su esfuerzo bélico y se negaron a tratar con los bolcheviques en todo lo relativo a esa región. Es más, insistieron en llegar a una paz separada con una minoría ucraniana separatista, la Rada, que pretendía constituirse en gobierno independiente aprovechando la confusión de la guerra y el hundimiento del antiguo imperio.

También adujeron que el gobierno soviético no tenía derecho a hablar en nombre de Finlandia ni de los estados del Báltico, cosa por otra parte perfectamente lógica. Todo eso suponía un duro golpe para los comunistas rusos, aunque más para sus esperanzas que para sus posesiones, porque en ninguna de esas regiones habían ejercido nunca un poder estable.

En cualquier caso, como el tratado se suscribió tan solo 8 meses antes del colapso alemán su vigencia iba a ser bien efímera. El cumplimiento de lo dispuesto en el documento provocó muchos esfuerzos y desacuerdos entre las dos partes, pero los bolcheviques lograron de momento lo que más deseaban: la inmunidad frente a nuevos ataques alemanes y un respiro para consolidar su poder y extenderlo a aquellas regiones del imperio que no habían sido invadidas por ellos.

Porque ese era otro grave problema. En muchas regiones apartadas del país, a las que los bolcheviques no habían conseguido aún extender su poder, organizaciones hostiles, o por lo menos disconformes con el ideario bolchevique, estaban estableciendo su propia autoridad. Algunas, estaban inspiradas por socialistas que habían pertenecido a alguna de las ramas del partido original, pero otras procedían de sectores conservadores partidarios del antiguo régimen que se habían visto arrastrados a aceptar la autoridad del gobierno provisional, pero que no tenían ninguna intención de someterse pacíficamente al poder bolchevique.

Esa primavera, una vez firmada la paz, fueron los que decidieron pasar al contraataque. Al principio, muchos se mostraron desconcertados por el audaz golpe de estado, pero ya habían tenido tiempo de sobra para valorar cual era el verdadero alcance del apoyo popular que tenían los sóviets y de advertir que los comunistas pretendían obtener el monopolio del poder.

A esta reacción de carácter nacional, impulsada por quienes defendían unas aspiraciones políticas que se cifraban en buena parte en el mantenimiento del tradicional territorio ruso, se sumaron muchos movimientos separatistas que vieron una oportunidad única en el colapso del antiguo imperio multinacional de los zares. Estos movimientos, se vieron estimulados por otros similares que tuvieron lugar en el seno del imperio austrohúngaro, que se deshacía a pasos agigantados tras el final de la guerra, así como por el apoyo de los gobiernos aliados a la autodeterminación de las minorías nacionales.

Finlandia, donde comenzó de inmediato una enconada guerra civil entre comunistas y anticomunistas, fue uno de los primeros ejemplos de lo que se avecinaba. El problema lo resolvieron enseguida los fineses cuando se mostraron claramente partidarios de obtener una completa independencia de la nueva Rusia comunista.

3.2 EL LEVANTAMIENTO DE FINLANDIA

DESDE EL MOMENTO EN QUE NICOLÁS II, que también era gran duque de Finlandia, abdicó, la unión personal entre Rusia y Finlandia perdió su base legal. Al menos, para los nacionalistas finlandeses, que, deseosos de evitar un conflicto mayor, intentaron negociar su futuro con el gobierno provisional ruso[27].

Presentaron una propuesta que les dotaba de una amplia autonomía que fue aprobada por el gobierno interino finlandés, aún bajo los auspicios de Petrogrado, pero acabó por ser modificada en el Parlamento que, ante lo sucedido en Rusia, había decidido asumir todos los poderes legislativos, con excepción de la política exterior y los asuntos militares. Antes de la votación, se pensaba que el gobierno provisional sería derrotado, pero finalmente no se aprobó la ley, y el Parlamento fue disuelto.

Tras la disolución y después de su victoria en las elecciones, en octubre de 1917, los conservadores nombraron un gabinete integrado solo por ellos. El 1 de noviembre, los socialdemócratas lanzaron un programa político llamado Exigimos, que pretendía conseguir concesiones en política interior y solicitar la aceptación de la soberanía finesa por parte de los bolcheviques.

El proyecto fracasó, y los socialistas comenzaron una huelga general del 14 al 19 de noviembre. Lenin y los bolcheviques, amenazados en Petrogrado, presionaron a los socialdemócratas para que se hicieran con el poder en Finlandia, pero la mayoría no querían una guerra, aunque el éxito de la huelga

---

[27] Los finlandeses no guardan mal recuerdo de su periodo como Gran Ducado hasta Alejandro III y el comienzo las políticas «paneslavistas», pues hasta ese momento disponían de las ventajas de estar unidos a una gran potencia, sin sufrir las desventajas que ello conlleva. En el siglo XX la situación fue a peor. El gobernador general, el general ruso, Nikolái Bóbrikov, empezó en 1898 a reducir la autonomía finlandesa, y el llamado Manifiesto de febrero, aumentaba el estudio del ruso en las escuelas y lo declaró idioma de la Administración. En 1903, Bóbrikov obtuvo además poderes dictatoriales, pero en 1904 fue asesinado en el Senado por Eugen Schauman, un nacionalista finlandés.

general llevó al Consejo Revolucionario de Trabajadores a votar mayoritariamente a favor de tomar el poder. El comité ejecutivo supremo revolucionario, fue incapaz de reclutar más hombres y hubo de aplazar el golpe, pues los socialistas estaban divididos entre quienes buscaban una solución pacífica y quienes querían un enfrentamiento.

El barón Carl Gustaf Emil von Mannerheim. Su experiencia y competente liderazgo fue una importante contribución a la victoria blanca en la Guerra Civil Finlandesa. Miembro del ejército zarista, en octubre de 1904, fue transferido al 52.º Regimiento de Dragones de Nezhin, en Manchuria, con el rango de teniente coronel. Ascendió por su valentía en la batalla de Mukden. En la Gran Guerra, sirvió en los frentes rumano y austrohúngaro. Tras distinguirse en combate, fue condecorado con la Cruz de San Jorge, uno de los más altos honores del Imperio ruso. En 1915 fue asignado al mando de la 12.ª División de Caballería y, tras la Revolución de febrero, asumió el mando del 6.º Cuerpo de Caballería como teniente general. No gozó de la confianza del nuevo gobierno, por lo que regresó a su país, donde fue designado comandante en jefe del ejército en enero de 1918. Curiosamente, a pesar de hablar sueco —su lengua materna— y expresarse fluidamente en ruso, alemán, inglés, francés y polaco, no aprendió bien finlandés hasta los 50 años.

Aun así, la huelga fue un triunfo de la izquierda, y el Parlamento finlandés aprobó la jornada laboral de 8 horas y el sufragio universal a partir de las elecciones locales del 16 de noviembre, pero durante la huelga se habían producido los primeros choques entre la Guardia Cívica y la Guardia de los Trabajadores, y no se llegó a un conflicto abierto solo porque no había armas, por lo que ambos bandos se dedicaron a partir de ese momento a conseguirlas.

El Senado, presidido por Pehr Evind Svinhufvud, propuso la declaración de independencia de Finlandia, que el Parlamento aprobó el 6 de diciembre de 1917. Aunque los socialdemócratas votaron contra la propuesta de Svinhufvud, decidieron presentar una declaración de independencia alternativa, que no contenía diferencias sustanciales con la primera[28]. Para una pequeña

---

[28] El momento era perfecto. En diciembre de 1917, los bolcheviques todavía negociaban el armisticio con Alemania, y estaban en crisis, con un ejército desmoralizado e incapaz de hacer frente a todas las amenazas.

nación como Finlandia, el reconocimiento de Rusia y de las potencias europeas era esencial. Lenin creía que aún podía mantener el control de Rusia y Siberia, pero que sería difícil sostener territorios periféricos, incluyendo Finlandia, por lo que Svinhufvud y su delegación logró la concesión de soberanía por Rusia, que fue aprobada el 22 y entró en vigor el 31 de diciembre de 1917.

Sin embargo, la situación en Finlandia se agravó. Los conservadores veían una amenaza la radicalización de obreros y trabajadores y comenzaron a armarse, formando grupos de voluntarios, en tanto los socialistas comenzaron a plantearse derrocar por las armas al gobierno. Para enero de 1918, no parecía haber nadie lo suficientemente cuerdo como para detener la guerra.

La guerra civil finlandesa. La ejecución de un civil en Virrat en 1918; no se sabe con certeza si el verdugo es un rojo o un soldado blanco. La guerra proyecta largas sombras sobre la historia del país. Hubo más muertos por actos de terrorismo, ejecuciones en masa, o como en este caso, por asesinatos, que en acciones de guerra.

Los grupos armados autodenominados Guardias de Seguridad de los Trabajadores, cambiaron su nombre al de Guardia Roja a finales de mes, y se movilizaron a las 23:00 horas del 27 de enero, al mando de Ali Aaltonen, un ex oficial del ejército zarista, que estableció su cuartel general en Helsinki. Por su parte el Parlamento y el Senado, ante la presión comunista, habían acordado el día 12 crear una unidad policial y de seguridad, que garantizase el orden, pero el 15, las cosas quedaron claras al pasar a denominarse la Guardia Blanca, Ejército Blanco Finlandés, que estableció su sede en Vaasa, al mando del general Carl Gustav Mannerheim, otro experimentado oficial zarista. Su orden de movilización se fijó las 03:00 horas del 28 de enero, apenas cuatro horas después de que lo hicieran los rojos.

Los combates, habían comenzado unos días antes, por el interés de los guardias rojos de controlar la estratégica ciudad de Viipuri, lo que les permitiría tener una buena vía de enlace con Petrogrado y el acceso directo al material ruso, pues Lenin les había ofrecido su apoyo. El 27, los guardias blancos atacaron un tren ruso cargado de armas con destino a los comunistas, y al día siguiente, grupos armados blancos desarmaron a las tropas rusas aún desplegadas en Ostrobothnia, en tanto que trabajadores armados rojos subieron a la torre del Salón de los Trabajadores en Helsinki y encendieron una linterna roja como señal del comienzo de la insurrección. La guerra había comenzado.

La Guardia Roja controlaba las regiones meridionales, incluyendo los principales centros industriales y las mayores granjas y haciendas, mientras el Ejército Blanco dominaba la zona norte, con granjas más pequeñas y pobres de campesinos y ganaderos. Aun así, en ambas zonas había pequeños centros fabriles e industriales, que rápidamente se convirtieron en el objetivo inmediato de ambos bandos.

La iniciativa la tomaron los Guardias Rojos apoderándose de Helsinki, la capital finlandesa, en las primeras horas del 28 de enero, pero su carencia de líderes militares hábiles, tanto a nivel estratégico como táctico, impidió que sus triunfos se consolidaran. Casi siempre fueron incapaces de aprovechar sus éxitos, pues sus tropas no eran profesionales, sino únicamente civiles armados, faltos de oficiales experimentados y cuadros intermedios.

La Finlandia Roja, más tarde llamada República Socialista de los Trabajadores de Finlandia, fue gobernada desde Helsinki por el Consejo del Pueblo. El presidente era Kullervo Manner, y contó con el apoyo de la Rusia bolchevique de Lenin, pero en realidad solo los más radicales se mostraban favorables a la reintegración en Rusia. En tanto la Guardia Roja consistía principalmente en voluntarios, trabajadores urbanos y agrícolas, el Ejército Blanco se nutrió principalmente de reclutas, casi todos extraídos del pequeño campesinado de propietarios y burgueses, y en ambos bandos se usó a combatientes muy jóvenes, pues se reforzaron con adolescentes de entre 15 y 17 años.

En la Finlandia Blanca, el Senado se desplazó a la ciudad de Vaasa, en la costa occidental, desde el 29 de enero hasta el 3 de mayo, y buscó la ayuda política y militar del II *Reich*, que estaba ansioso por quitarse de en medio a Rusia y poder concentrar su poder en el frente Occidental antes de que la presencia de tropas de los Estados Unidos desequilibrase la balanza. En consecuencia, solicitó el envío masivo de material de guerra alemán, pero Mannerheim se opuso a la presencia de tropas alemanas, convencido, como así fue, de que su liderazgo militar, su estado mayor —que incluía 84 oficiales voluntarios suecos—, y los antiguos oficiales finlandeses del ejército del zar, inclinarían la balanza a su lado.

Cuando empezó el conflicto, Lenin intentó movilizar al ejército en apoyo de la Finlandia Roja, pero las tropas estaban desmoralizadas y cansadas tras combatir durante años. A pesar de que había más de 60 000 soldados rusos en el país, su apoyó al bando rojo fue insignificante, pues las deserciones eran constantes. A finales de marzo de 1918, la mayor parte había regresado a su patria abandonando sus unidades; se estima que de los 7000 a 10 000 que siguieron en suelo finés, apenas 4000 intervinieron en los combates, y encima sin mucha convicción.

Finalmente, el tratado de Brest-Litovsk restringió de manera efectiva la capacidad bolchevique de apoyo a la Guardia Roja, aunque los rusos sí permanecieron activos en el frente sureste defendiendo un amplio perímetro en torno a Petrogrado, que de repente quedaba al alcance de las baterías finlandesas.

Como en todos los conflictos de la guerra civil rusa, la importancia del control de los ferrocarriles fue esencial. En un país lleno de bosques y lagos el tren era vital para poder transportar suministros, armas, víveres y hombres. La Guardia Roja trató de cortar la línea que se extendía de este a oeste en Tampere, fracasando tras intensos combates en torno a Vippula, y tampoco tuvieron éxito en su intento de acabar con la cabeza de puente blanca al sur del río Vuoksi, en Antrea, en el istmo de Carelia, desde donde los blancos podían cortar la conexión ferroviaria con Rusia.

Soldados del Reichsheer en Helsinki en la primavera de 1918. La intervención alemana supuso el final de la Guerra Civil Finlandesa, pues aseguró la victoria del bando blanco, que ya desde el principio contaba con la ventaja de disponer entre sus fuerzas con 1300 jäger —jääkärit— soldados de élite entrenados en Alemania y endurecidos en el Frente Oriental.

Mannerheim decidió atacar Tampere, la ciudad industrial más importante de Finlandia al suroeste. Lanzó el ataque el 16 de marzo en Längelmäki, 65 kilómetros al noreste de su objetivo, en tanto el grueso del Ejército Blanco comenzaba su avance a lo largo de la línea Vilppula–Kuru–Kyröskoski–Suodenniemi, al norte y al noroeste de la ciudad. Las tropas rojas se desmoronaron, y el Ejército Blanco cortó su retirada por el sur en Lempäälä, alcanzando Tampere el 24 de marzo, y capturándola cuatro días más tarde.

La que se denominó batalla de Tampere, empezó el 28 de marzo. En ella combatieron 16 000 soldados blancos y 14 000 rojos[29]. Fue la primera batalla urbana de Finlandia, pues se luchó en el cementerio de Kalevankangas y casa por casa en la ciudad, que quedó arrasada. Duró hasta el 6 de abril de 1918, y fue el suceso más sangriento de la guerra. La victoria, decisiva, cayó del bando Blanco, que perdió entre 700 y 900 hombres —incluidos 50 *jägers*—, por entre unos 1000 y 1500 soldados muertos y heridos, más unos 12 000 prisioneros de los Guardias Rojos.

Mientras tanto, la Alemania Imperial, deseosa de tener las manos libres en el frente Occidental, decidió implicarse en serio en Finlandia, y acabar con cualquier posibilidad de que los comunistas ganasen la partida. El 5 de marzo, un escuadrón naval germano desembarcó en las islas Åland, en el archipiélago más meridional de Finlandia, y zona de habla sueca, donde ya había tropas suecas desde febrero, una nación neutral, que había enviado soldados para proteger a sus «hermanos étnicos».

El 3 de abril, los 10 000 soldados alemanes de la División del Mar Báltico, al mando dl general Rüdiger von der Goltz, atacaron Hanko, al oeste de Helsinki. El 7 de abril, los 3000 miembros del Destacamento Brandenstein superaron la ciudad de Loviisa en la costa sureste. Las principales formaciones alemanas avanzaron rápidamente al este, desde Hanko, y tomaron Helsinki el 13 de abril. Esa misma fecha, una flotilla formada por dos acorazados alemanes y varias embarcaciones de menor calado entraron en el puerto y bombardearon las posiciones rojas, que incluían el Palacio Presidencial, en tanto, la Brigada Brandenstein atacaba Lahti el 19 de abril, partiendo en dos el territorio rojo.

La División del Mar Báltico avanzó después hacia el norte desde Helsinki. Conquistó Hyvinkää y Riihimäki el 21 y 22 de abril, para después capturar Hämeenlinna el 26. La eficiente actuación de los principales destacamentos alemanes en la guerra civil contrastaba notablemente con la de las desmoralizadas tropas rusas, que no hicieron prácticamente nada.

Muchos miembros de la Diputación Popular de Finlandia huyeron de Helsinki el 8 de abril, y desde Viipuri a Petrogrado el 25 de abril, dejando únicamente una representación en Viipuri, hasta que la ciudad fue tomada por los blancos. La Guerra Civil Finlandesa acabó el 15 de mayo, cuando el último pelotón de tropas rusas se retiró de una batería de artillería costera en el istmo de Carelia. La Finlandia Blanca celebró su victoria en Helsinki, el 16 de mayo de 1918.

---

[29] Es habitual leer que es el mayor combate librado en la historia de Escandinavia, pero sin duda alguna lo fue la feroz batalla de Tali-Ihantala, dada entre junio y julio de 1944, durante la Segunda Guerra Mundial.

El final de la guerra civil en Finlandia no acabó con los conflictos en el norte de Rusia, donde había notables minorías de etnia finesa que, como otros muchos pueblos del desvanecido imperio ruso, vieron la posibilidad de liberarse y obtener la independencia. Más aun, seguros como estaban, de poder contar con el apoyo del nuevo estado finlandés, donde había defensores de las llamadas heimosodat, o «guerras de los pueblos hermanos». Ese apoyo motivó intentos de respaldar a los finlandeses «étnicos» y sus aspiraciones nacionales allá donde se encontrasen.

Entre ellos, estaban los ingrios[30] o *inkeri* que proclamaron una república con capital en Kirjasalo, en el istmo de Carelia, el 23 de enero de 1919, pero tras el tratado de Tartu, firmado el 14 de octubre de 1920, su efímero estado de casi un año de vida, fue anexionado el 5 de diciembre a la Rusia bolchevique. Solo logró un moderado respetó a su autonomía hasta la década de 1930.

Más al este nació otro estado solo reconocido por Finlandia, la República de Uhtua o de Carelia Oriental, proclamada el 21 de marzo de 1919, y que incluía cinco vólost en el uyezd de Kemsky, en la actual República de Carelia. Con capital era Uhtua —actual Kalevala— nació gracias al apoyo militar del Ejército Blanco de Finlandia, que armó a los fineses en Uhtua y Vuokkiniemi para poder enfrentarse a los bolcheviques.

Gobernada en sus primeras semanas por un comité, el 21 de julio se estableció un gobierno provisional, y el 14 de noviembre un gobierno formal, convocándose un Congreso para el 21 de marzo de 1920, aprobándose su bandera ocho días después, aunque el Ejército Rojo no le concedió ni un mes más de vida, y el 18 de mayo ocupó Uhtua, huyendo el gobierno a Vuokkiniemi. El 8 de junio, con las victoriosas tropas comunistas controlando el territorio, se formó una región soviética autónoma que sería base de la futura República Socialista Soviética Autónoma de Carelia[31].

A diferencia de lo sucedido en Ingria, y a pesar del Tratado de Tartu, Finlandia no renunció a sus pretensiones territoriales sobre Carelia, y apoyó con armas y agentes a los nacionalistas fineses, interviniendo en la insurrección del 6 de noviembre de 1921, y provocando una guerra de baja intensidad, en el que las guerrillas carelias y sus aliados de la Guardia Blanca acabarían derrotadas, retirándose a Finlandia los últimos grupos armados a finales de marzo de 1922, lo que condujo a un acuerdo final que trajo la paz a la región hasta 1939.

---

[30] A principios del siglo XX eran más de 125 000, pero hoy apenas llegan en Rusia a los 20 000, con un número parecido en Finlandia, pues en el resto de las naciones bálticas son una ínfima minoría que no se hacerca al millar de habitantes. Son luteranos, y tienen la curiosidad de ser considerados el pueblo más rubio del mundo.

[31] Fundada el 25 de julio de 1923. Hoy en día unas 80 000 personas hablan carelio en Finlandia y Rusia.

3.3 Desórdenes bálticos

El Armisticio de Compiègne del 11 de noviembre de 1918, suscrito entre Alemania y los aliados, había dispuesto que, las fuerzas paramilitares formadas por Alemania en Pskov, en agosto, fuesen empleadas para combatir contra los bolcheviques en los territorios bálticos, pero solamente, hasta que se produjese la esperada intervención de las potencias aliadas. Quedó claramente dispuesto en el artículo 12.º, pero la ofensiva terrestre masiva de las fuerzas bolcheviques a primeros de diciembre, desembocó en una situación muy confusa, que cambió de golpe.

Tropas alemanas en Liepāja —Letonia—, a principios de 1919. Forman parte del Freikorps Plehwe, *que disponía de 3000 hombres. Bien armados y equipados, los integrantes del* Baltische Landeswehr *podían haber sido una fuerza decisiva para frenar a los revolucionarios bolcheviques, pero desde un primer momento sirvieron a los intereses de la minoría alemana y de los «barones negros».*

El 18 de noviembre, Letonia había declarado su independencia, pero en la práctica el territorio seguía bajo la ocupación alemana o rusa, y los propios letones estaban muy divididos, por lo que el gobierno provisional solicitó de August Winnig, representante del gobierno alemán, ayuda para detener la ofensiva soviética, que comenzó el 1 de diciembre, llegándose a un acuerdo el 7, para organizar unas fuerzas defensivas terrestres capaces de detener la avalancha bolchevique. Nació así, el denominado Ejército Territorial del Báltico —*Baltische Landeswehr*—.

El 3 de enero el Ejército Rojo tomó Riga, y el 17 se proclamó la república de obreros y campesinos de Letonia, dirigida por el veterano político de izquierda Pēteris Stučka, un internacionalista miembro del círculo íntimo de Lenin, que creía que los objetivos del comunismo global eran más importantes que la identidad cultural o nacional, siendo su república reconocida el 18 por Rusia. Los bolcheviques controlaban la mayor parte del país, pero el 29 un decreto del gobierno nacionalista declaró que se otorgaría la nacionalidad letona a todo combatiente extranjero que luchase por la libertad del país, y se llegó a un acuerdo con los alemanes, que suministrarían armas, uniformes, munición, equipo, y arneses de caballería, siendo solo la comida responsabilidad del gobierno provisional de Letonia.

A comienzos de febrero el *Baltische Landeswehr* se sostenía solo en el entorno de Liepāja[32] —Libau—, pero ahora estaba bien armado y mandado. Pasó a la ofensiva en cuanto pudo, detuvo los avances del Ejército Rojo y conquistó Ventspils —Windau—. Después, avanzó hacia el sur y el este para retomar la capital, Riga. Poco a poco las tropas alemanas recuperaron territorio. Finalmente, sus mandos acabaron por utilizar el asesinato de tres soldados como pretexto para dar un golpe de estado el 16 de abril de 1919 y proclamar un gobierno títere al servicio de los intereses de los «barones negros» del Báltico, en su mayor parte de origen alemán.

Con el gobierno nacional letón depuesto, el 23 de mayo los alemanes tomaron finalmente Riga, lo que obligó a los nacionalistas letones a pedir ayuda a los estonios, cuyo ejército, el *Eesti Rahvavägi* estaba mejor organizado. Los estonios lanzaron una fuerte ofensiva el 16 contra las tropas bolcheviques rusas, pero comenzaron a atacar también con los alemanes, que al mando del mayor Alfred Fletcher, trataban de consolidar sus posiciones en la región norte de Letonia. El 19 de junio el *Landeswehr* lanzó un ataque para capturar el territorio alrededor de Cēsis —Wenden—, pero fue finalmente derrotado el 21 por la 3.ª división de Estonia, que incluía un regimiento letón.

El 3 de julio se alcanzó un acuerdo de alto el fuego entre Estonia, el gobierno nacional letón, y el gobierno proalemán establecido en Riga. Durante los días siguientes los aliados insistieron nuevamente que los alemanes debían de retirar sus fuerzas en Letonia, por lo que una misión británica al mando del general *sir* Hubert de la Poer Gough[33], llegó al Báltico con la orden de expulsar a los alemanes y organizar los ejércitos de los nuevos estados. A mediados de julio de 1919, cuando el teniente coronel Harold Alexander tomó el control, la *Baltische Landeswehr* fue puesta bajo la autoridad británica. No sirvió para nada, pues los alemanes se organizaron en torno a la *Deutsche Legion* —la Legión Alemana—, formada el 25 de agosto.

---

[32] El día 5 se formó el 1.º batallón letón independiente al mando de Oskars Kalpaks. Fue la primera unidad armada nacionalista letona.
[33] Las fuerzas británicas consistían únicamente en un escuadrón de cruceros de la *Royal Navy*. Entre tener eso y no tener nada había poca diferencia.

3.3.1 El último intento

A los «barones negros», la élite de origen alemán, le interesaba la germanización del territorio de Letonia, o al menos, el mantenimiento del viejo orden. Además, la guerra se estaba convirtiendo en un buen negocio, por lo que las tropas alemanas continuaron con sus combates tras la renuncia en julio de 1919 del príncipe Pávlovich, el último comandante del *Baltische Landeswehr*.

En el centro el general cosaco Pável Bermondt-Aválov, rodeado de oficiales del Ejército de Voluntarios de Rusia Occidental, formado mayoritariamente por alemanes que seguían los intereses de los «barones negros» y que se oponían tanto a los comunistas como a los nacionalistas bálticos.

Aprovechando que los británicos no podían imponer sus deseos por la fuerza, pues no contaban con tropas en la región, el general Rüdiger von der Goltz, unió la *Deutsche Legion*[34] a las unidades armadas del general cosaco Pável Bermondt-Aválov. Juntos formaron una importante fuerza militar que sería conocida como los «berdmondtianos», y que se completó con prisioneros rusos del ejército alemán, liberados para combatir a los comunistas; voluntarios de la minoría alemana de las naciones bálticas y miembros de los *freikorps*. El alemán fue el idioma usado a todos los niveles, pues los rusohablantes estaban en franca minoría.

A finales del verano contaba con una fuerza superior a los 50 000 hombres, de ellos 40 000 alemanes, el equivalente a casi tres divisiones, y Bermondt,

---

[34] Formalmente se disolvería definitivamente el 18 de diciembre de 1919, una vez de vuelta en Alemania.

que era de los pocos generales rusos que hablaba directamente a favor de la monarquía zarista, se encontró con qué en realidad, era una marioneta en manos de grupos de poder alemanes que le usaron solo para sus intereses.

El cuerpo recibió el nombre formal en alemán. Nació así el Ejército de Voluntarios de Rusia Occidental —*Freiwillige Russische Westarmee*—, que en agosto se declaró fiel al almirante Aleksandr Kolchak, pero que en la práctica comenzó a actuar como una fuerza independiente. En octubre, tras la renuncia de Von der Goltz, y ya al mando solo de Bermondt, se olvidó de los bolcheviques, atacó a las recién nacidas fuerzas armadas de Lituania y Letonia, avanzó sobre Riga, y tomó posiciones junto al río Daugava.

Anverso y reverso de la bandera del Freiwillige Russische Westarmee. *Empleaba el diseño y los colores de una de las banderas típicas de la Rusia zarista, pero con la cruz negra que recordaba a los viejos caballeros alemanes de Livonia, una prueba más de que a quienes servía en realidad. Sobre el papel la fuerza de la unidad era impresionante, pues disponía de 100 cañones, 600 ametralladoras, 50 morteros, 120 aviones, y tres trenes blindados. Además, Alemania aportó 200 000 marcos para su financiación.*

Estaba formado por el Cuerpo del conde Keller al mando del coronel Pototski, con 10 000 soldados en Jelgava; el Cuerpo del coronel Virgolitsch con unos 3500 soldados en el norte de Lituania; la División de Hierro del mayor

Bischoff, con 18 000 soldados en Jelgava y, desde agosto, con la Legión Alemana del capitán Sievert, que eran algo más de 9000 efectivos. Se había formado con la unión de varios cuerpos de voluntarios independientes; entre ellos, el *Freikorps Plehwe*, con 3000 soldados en Libau; el *Freikorps Diebitch*, que con 3000 soldados protegía la frontera de Lituania; y el *Freikorps Rossbach*, que disponía de aproximadamente 1000 hombres.

El gobierno letón se salvó gracias a la ayuda prestada por los estonios, que enviaron dos trenes blindados y más fuerzas de apoyo, a cambio de la soberanía de la isla de Ruhnu, y del Reino Unido, pues los británicos mandaron también un buque de guerra a Riga, así como material militar en grandes cantidades.

En noviembre el frente se estabilizó, y quedó claro que el ejército errante de Bermondt era incapaz de imponerse a las tropas bálticas, cada vez mejor organizadas. Su derrota ante el ejército lituano en Radviliškis demostró que no tenían en realidad ninguna posibilidad, por lo que en diciembre comenzaron a retirarse a través de un pasillo abierto a Prusia Oriental, donde los restos de Ejército de Voluntarios de Rusia Occidental, unos 5800 hombres dirigidos por el general Walter von Eberhardt[35], se entregaron a las autoridades alemanas a finales del mes de diciembre de 1919. La aventura alemana en el Báltico había terminado.

3.4 Tierras de hielo

Estados Unidos le declaró la guerra al Imperio Alemán en abril de 1917, y unos días después al Imperio Austro-Húngaro. Uno de los asuntos importantes de la primavera de ese año era saber qué compromiso mantendría el gobierno provisional ruso tras la abdicación del zar en marzo, pues a pesar de que Kerensky aseguró que las tropas rusas se mantendrían en el Frente Oriental contra los Imperios Centrales y que no abandonarían la Entente, pero la ofensiva rusa de junio acabó en un estrepitoso fracaso.

Uno de los objetivos aliados era lograr el apoyo económico de los Estados Unidos para los rusos que pasaban por enormes dificultades. Sin embargo, las deserciones, los motines y el desorden en el que iba cayendo Rusia provoca-

---

[35] Bermondt-Aválov, era por nacimiento un cosaco del Ussuri, y había sido adoptado por un príncipe de Georgia. Emigró a Alemania en 1921, donde publicó sus memorias. Opuesto a los nazis fue encarcelado en 1936 y deportado, viviendo un tiempo en Yugoslavia antes de emigrar a los Estados Unidos, donde falleció en 1974.

LA REVOLUCIÓN DE FEBRERO EN PETROGRADO

- Origen de las protestas
- Enfrentamientos
- Fábricas
- Edificios estratégicos

1. Almirantazgo
2. Ministerio de Guerra
3. Oficina principal de Correos
4. Cuartel General del Distrito Militar de Petrogrado
5. Ayuntamiemnto
6. Banco estatal
7. Sede del Gobierno
8. Central telefónica
9. Central de telégrafos
10. Central eléctrica

DISTRITO DE VYGORD
DISTRITO DE PETROGRADO
DISTRITO DE LA ISLA DE VASILIESKI
PRIMER DISTRITO URBANO
DISTRITO OJTINSKI
SEGUNDO DISTRITO URBANO
DISTRITO ALEJANDRO NEVSKI
DISTRITO MOSCÚ
DISTRITO DE NARVA

En marzo de 1917, febrero en el antiguo calendario juliano, las protestas espontáneas de la población de Petrogrado, nueva denominación de la ciudad de San Petersburgo, derivaron en una insurrección revolucionaria. En muy pocos días la autocracia zarista se derrumbó. Dos poderes contrapuestos: el gobierno provisional liberal burgués y los soviets de obreros y soldados pugnaron por el poder. Mientras la tragedia de la guerra mundial seguía golpeando al pueblo ruso, el país vivió durante seis meses continuas oscilaciones en manos de ese doble poder en el que dos instituciones muy distintas pretendían dirigir una situación caótica marcada por la guerra, la crisis económica y el derrumbamiento de las instituciones políticas.

En Moscú la oposición política al golpe la encabezó el Partido Social Revolucionario, pero la lucha por el poder en la ciudad fue mucho más encarnizada que en Petrogrado. El enfrentamiento fue prolongado y, según Nikolai Bujarin, costó alrededor de 5000 mil víctimas.

El 12 de marzo de 1918, Petrogrado dejó de ser la sede del gobierno. Moscú se convirtió en la capital de la República Socialista Federativa Soviética de Rusia y, cinco años más tarde, de la Unión Soviética.

Idel Ural.
1918

República de Ingria Septentrional

República de Uhtua

LA REVOLUCIÓN DE FEBRERO EN PETROGRADO

Leyenda:
- Origen de las protestas
- Enfrentamientos
- Fábricas
- Edificios estratégicos

1. Almirantazgo
2. Ministerio de Guerra
3. Oficina principal de Correos
4. Cuartel General del Distrito Militar de Petrogrado
5. Ayuntamiemnto
6. Banco estatal
7. Sede del Gobierno
8. Central telefónica
9. Central de telégrafos
10. Central eléctrica

Distritos: Distrito de Vygord, Distrito de Petrogrado, Distrito de la Isla de Vasilieski, Primer Distrito Urbano, Distrito Ojtinski, Segundo Distrito Urbano, Distrito Alejandro Nevski, Distrito Moscú, Distrito de Narva.

En marzo de 1917, febrero en el antiguo calendario juliano, las protestas espontáneas de la población de Petrogrado, nueva denominación de la ciudad de San Petersburgo, derivaron en una insurrección revolucionaria. En muy pocos días la autocracia zarista se derrumbó. Dos poderes contrapuestos: el gobierno provisional liberal burgués y los soviets de obreros y soldados pugnaron por el poder. Mientras la tragedia de la guerra mundial seguía golpeando al pueblo ruso, el país vivió durante seis meses continuas oscilaciones en manos de ese doble poder en el que dos instituciones muy distintas pretendían dirigir una situación caótica marcada por la guerra, la crisis económica y el derrumbamiento de las instituciones políticas.

En Moscú la oposición política al golpe la encabezó el Partido Social Revolucionario, pero la lucha por el poder en la ciudad fue mucho más encarnizada que en Petrogrado. El enfrentamiento fue prolongado y, según Nikolai Bujarin, costó alrededor de 5000 mil víctimas.

El 12 de marzo de 1918, Petrogrado dejó de ser la sede del gobierno. Moscú se convirtió en la capital de la República Socialista Federativa Soviética de Rusia y, cinco años más tarde, de la Unión Soviética.

OCÉANO GLACIAR ÁRTIC
Archipiélago Tierra de Francisco José
Archipiélago Severnaya Zembla
Mar de Barents
Isla Nueva Zembla
Mar de Kara
Mar de Láptev
Dikson
Nenetskiy
TAYMYRSKIY
YAMALIA-NENETSIA
KOMO-PERMYATSKIY
EVENKIYSKIY
KHANTY-MANSISK
RUSIA
Distrito militar de Irkutsk
Tyumén
Distrito militar de Omsk
KRAI DE KRASNOYARSK
OMSK
Tomsk
BURYATS
Kokchetar
Novosibirsk
Tselinogrado
Pavlodar
Kemerovo
Transiberiano
Karaganda
Barnaul
Semipalatinsk
IRKUTSK
TUVINSKAYA
Taldy-Kurgan
MONGOLIA
Alma-Ata

FRANCESES
E INGLESES
Mar Báltico
INGLESES
FINLANDIA
Múrmansk
Kaliningrado
LITUANIA
Talín
ESTONIA
VARSOVIA
POLONIA
Grodno
VILNA
LETONIA
Riga
Belomorsk
Brest
SAN PETERSBURGO
Novgorod
Onega
Arcangel
BIELORUSIA
Minsk
Distrito militar de Vilno
Distrito militar de San Petersburgo
Ternopol
Smolenks
Kalinin
Distrito militar de Kiev
Briansk
MOSCÚ
Vólogda
MOLDAVIA
KIEV
Oriel
Kaluga
Kostroma
ODESA
UCRANIA
Sumy
Tula
Vladimir
Distrito militar de Moscú
Kursk
Lipetsk
Distrito militar de Odesa
Bélgorod
Voronezh
Tambov
MARIYSKAYA
Kirov
Mar Negro
MORDOVSKAYA
Donetsk
Penza
KAZÁN
Crimea
Perm
INGLESES
ROSTOV
Distrito militar de Voisko Oblast
Sarátov
Distrito militar de Kazán
Samara
Sverdlovsk
Stalingrado
Chaelyabinsk
CHECOS
BASHKIRSKAYA
Kurgan
GEORGIA
Distrito militar del Caucaso
Astrakhan
Orenburgo
Tsktimbali
Kustanay
Aktyubinsk
SEVERO KAZAKHSTANSKAYA OBLAST
ARMENIA
TBILISI
Guryev
Mar Caspio
Ereván
KAZAJISTÁN
AZERBAIYÁN
Karakalpakiya
Bakú
Mar Aral
Ozhezkazgan
Tashauz Oblast'
Kzyl-Orda
TURKMENISTÁN
Ozhambul
INGLESES
Distrito militar del Turquestán
UZBEKISTÁN
Mary
Ozhizak
TASKENT
Samarcanda
KIRGUISTÁN
TAYIKISTÁN

Idel Ural.
1918

República de Ingria Septentrional

República de Uhtua

LA FORMACIÓN DE LA URSS 1923-1940

La incorporación de las repúblicas

- En 1922
- En 1925
- En 1929
- En 1936
- En 1940

Khanato de Kiva.
1920

Estado de Karelia Oriental
1920-1922

Emirato del Cáucaso Norte.
1919-1920

RUSIA
GUERRA CIVIL 1918-1921

Leyenda:
- Ejercito Blanco
- Intervenciones extranjeras
- Bajo control Soviético
- Territorios perdidos en Brest-Litovsk
- Tropas extranjeras
- Transiberianao

El Tratado de Brest-Litovsk demostró lo débil que era en realidad el gobierno liderado por los bolcheviques. Lenin había pedido la paz a cualquier precio y los alemanes se la daban, pero bajo unos términos muy severos. Exactamente lo mismo que les ocurrió a ellos con el Tratado de Versalles, en 1919.

A finales de 1917, los bolcheviques solo mantenían el control efectivo de Petrogrado, Moscú y el territorio entre ambas ciudades. Con la caída de Nicolás II muchos territorios del antiguo imperio ruso aprovecharon la oportunidad para declarar su independencia. Finlandia, por ejemplo, lo hizo en marzo de 1918 y cayó también en una guerra civil. Con la ayuda de Alemania, los ejércitos blancos finlandeses hicieron retroceder la frontera entre Finlandia y Rusia, y Petrogrado quedó casi al alcance de la artillería enemiga.

LA FORMACIÓN DE LA URSS 1923-1940
La incorporación de las repúblicas

- En 1922
- En 1925
- En 1929
- En 1936
- En 1940

Khanato de Kiva.
1920

Estado de Karelia Oriental
1920-1922

Emirato del Cáucaso Norte.
1919-1920

LA GUERRA CIVIL EN LA UNIÓN SOVIÉTICA

Dentro de la propia Rusia, los que se opusieron a los bolcheviques se volvieron hacia las potencias occidentales en busca de ayuda. Estas, para su propio beneficio, puesto que querían restablecer un frente oriental en el que tuviera que intervenir el ejército alemán y diluyera los problemas que ellas experimentaban en el frente occidental, enviaron diversas unidades expedicionarias, pero sin mucha convicción.

La Guerra Civil se dio por concluida con la firma del Tratado de Riga el 18 de marzo de 1921. El gobierno comunista dirigido por Lenin estaba ahora seguro en un país que parecía unificado.

Primera bandera nacional bolchevique

Bandera imperial del zar
1858 - 1917

Bandera utilizada por el Ejército Blanco
1917

Estandarte personal del almirante
Alexander Kolchack

Primer regimiento de cosacos
de Orenburg

Primer regimiento de cosacos
de Siberia

Ejército revolucionario de Ucrania insurrecta. En el lema: «Muerte a todos los que se interponen en el camino de la libertad de los trabajadores»

División de Hierro.
Freikorps, 1919

Territorios bajo control soviético
Territorios secesionistas
Territorios perdidos en Brest-Litovsk
Tropas soviéticas
Rusos blancos
Tropas extranjeras
Pevek
CHUKOTSKIY
Mar Oriental de Siberia
Islas de Nueva Siberia
KORYAKSKIY
Isla de Comandor
Golfo de Shélikhov
KAMCHATKA
SAJÁ-YAKUTIA
Magadán
Petropávlovsk-Kamchatki
Península de Kamchatka
Okhotsk
Mar de Okhotsk
Ayán
Isla de Sakhalín
Okhá
Nógliki
Islas Kuriles
KRAY DE JABAROVSK
Poronaisk
AMURSKAYA ÓBLAST
Distrito militar de Cisamur
Korsakov
YEVREYSKAYA
PRIMORIA
Chita
Aginsky District
JAPONESES
CHINA
VLADIVOSTOK
Mar del Japón
ESTADOUNIDENSES

RUSIA
GUERRA CIVIL 1918-1921

Leyenda:
- Ejercito Blanco
- Intervenciones extranjeras
- Bajo control Soviético
- Territorios perdidos en Brest-Litovsk
- Tropas extranjeras
- Transiberianao

URSS — UNIÓN DE REPÚBLICAS SOCIALISTAS SOVIÉTICAS (RUSIA BOLCHEVIQUE)

El Tratado de Brest-Litovsk demostró lo débil que era en realidad el gobierno liderado por los bolcheviques. Lenin había pedido la paz a cualquier precio y los alemanes se la daban, pero bajo unos términos muy severos. Exactamente lo mismo que les ocurrió a ellos con el Tratado de Versalles, en 1919.

A finales de 1917, los bolcheviques solo mantenían el control efectivo de Petrogrado, Moscú y el territorio entre ambas ciudades. Con la caída de Nicolás II muchos territorios del antiguo imperio ruso aprovecharon la oportunidad para declarar su independencia. Finlandia, por ejemplo, lo hizo en marzo de 1918 y cayó también en una guerra civil. Con la ayuda de Alemania, los ejércitos blancos finlandeses hicieron retroceder la frontera entre Finlandia y Rusia, y Petrogrado quedó casi al alcance de la artillería enemiga.

ron que toneladas de material y de suministros se amontonaran en los puertos Arkhangelsk —Arcángel— y Murmansk, en el mar Blanco.

El nerviosismo aliado aumentó, la ineficacia de los ejércitos rusos era evidente y tras la Revolución de Octubre los intentos de Lenin para llegar a un acuerdo entre la recién nacida República Socialista Federativa Soviética de Rusia y los alemanes iban a desembocar, más tarde o más temprano en un alto el fuego que permitiría al Reich enviar centenares de miles de hombres al Frente Occidental, lo que sucedió tras la firma del Tratado de Brest-Litovsk.

Lo ocurrido con la Legión Checoslovaca y el desembarco alemán en Finlandia alarmó al alto mando aliado, que temía que la División del Báltico Oriental de Von der Goltz, cuyo avance parecía imparable, lograse cortar la línea de ferrocarril Murmansk-Petrogrado, e incluso desplazar unidades hacia los dos puertos rusos del ártico. Ante tal amenaza solo cabía una opción: enviar una fuerza expedicionaria al norte de Rusia. Los objetivos eran tres: proteger los depósitos de material bélico y suministros del puerto de Arkhangelsk tanto de los alemanes como de los guardias rojos; rescatar a la Legión Checoslovaca, perdida en la inmensidad de Siberia; y derrotar a los bolcheviques, en la medida de lo posible reclutando tropas locales para nutrir la resistencia blanca.

El problema principal era que ni franceses ni británicos estaban en condiciones de hacer mucho. Agotados por años de brutal carnicería, ambos países habían sufrido pérdidas enormes. Además, en el Frente Occidental se enfrentaban a un renacido ejército alemán que amenazaba con romper sus líneas y presentarse en París tras la ofensiva iniciada el 21 de marzo: la *Kaiserschlacht*, el mayor ataque aislado de toda la guerra, y el comienzo de las «Ofensivas de primavera» —nombre de los ataques masivos alemanes para ganar el conflicto—, tal vez, de las pruebas más duras sufridas en un campo de batalla por la humanidad. En consecuencia, británicos y franceses, pidieron ayuda al presidente de los Estados Unidos, Woodrow Wilson, que en julio, aceptó una aportación limitada de tropas, a pesar de que el Departamento de Guerra se opuso, pues consideró —con buen criterio—, que el esfuerzo de los Estados Unidos debía hacerse en el Frente Occidental, y no desperdigarse en «aventuras extrañas».

Así pues, en cumplimiento de la orden ejecutiva del presidente, el 339.º regimiento de infantería se preparó para ser enviado a la expedición *Polar Bear* —Oso Polar— cuya misión era exclusivamente «custodiar el material militar que posteriormente podrían necesitar las fuerzas rusas, y prestar la ayuda que pudieran necesitar los rusos en la organización de su propia defensa». En total, el *US Army* llegaría a enviar al final 8000 hombres.

Los británicos, que disponían desde principios de año de unidades navales en la región, enviaron al 6.º batallón de los *Royal Marines* formado por una mezcla de reclutas de 18 años y exprisioneros de guerra. Su experiencia en combate era nula, y su fin era supervisar tras la guerra si el norte de Schleswig-Holstein debía ser alemán o devuelto a Dinamarca. A ellos se unieron luego el 45.º y el 46.º batallones de Fusileros Reales británicos, 14 batallones más de tropas canadienses y australianas —los primeros se encontraron en la Rusia ártica como en casa, pero muchos australianos jamás habían visto la nieve—, 2000 soldados de infantería colonial francesa y algunas unidades de ingenieros, y 1000 fusileros polacos y serbios, encuadrados en unidades por los británicos, que debían de fusionarse con los checoslovacos en Siberia y apoyar a las fuerzas blancas del almirante Kolchak. Como soporte, la fuerza expedicionaria contaba con 20 buques entre naves de la *Royal Navy* y transportes, y un grupo de aviones.

Los miembros de la fuerza expedicionaria canadiense en Siberia descargan los suministros para la artillería. Cuatro mil soldados canadienses sirvieron en el norte de Rusia. El gobierno de Ottawa accedió a participar en la misión, en parte por lealtad a Gran Bretaña y, en parte, por miedo a los bolcheviques. Obra del coronel Louis Keene realizada en 1919. Museo Canadiense de la Guerra.

Con estas unidades, los planes iniciales se llevaron a cabo con facilidad, una vez asegurado el puerto de Arkhangelsk, y las líneas de comunicaciones. Los marines británicos no actuaron con mucha eficacia y, a finales de agosto, en Koikori y Ussuna, tuvieron algunas bajas en combates contra unos rivales que retrocedían constantemente y atacaban sin mucha convicción. Formaban parte del 7.º y 8.º Ejércitos Rojos, llamados el «Ejército del Noroeste», estaban muy mal preparados y pobremente equipados, pero los británicos eran aún peores. Un completo desastre. Incluso una compañía de los *Royal Marines* se negó a obedecer las órdenes y se retiró a un pueblo cercano durante los combates. En total, 93 hombres del batallón fueron juzgados, de ellos 13 fueron sentenciados a muerte y el resto condenados a trabajos forzados. A pesar de todo, en septiembre de 1918 los aliados lograron tomar con el apoyo aéreo británico, Obozerskaya, 160 kilómetros al sur de sus posiciones iniciales.

Durante el otoño, los británicos siguieron cosechando pequeños fracasos. También la marina, pues la fuerza naval creada para operar en los ríos Vaga y Dvina, atacada por aviones bolcheviques y navegando en aguas minadas, tuvo serias pérdidas. No obstante, las tropas aliadas, especialmente los estadounidenses y los polacos, pudieron lanzar ataques coordinados con la armada, y consolidar sus posiciones defensivas; pero a pesar de su unión a la guardia blanca, cuatro meses después sus ganancias territoriales se habían reducido a un perímetro a lo largo del Norte del Dvina y el lago Onega de entre 30 y 50 kilómetros. Desde ese momento renunciaron a toda actividad ofensiva y se limitaron a mantener sus posiciones gracias a su artillería y a su inmensa superioridad en armas automáticas.

Tropas de los Estados Unidos en Arkhangelsk, en el otoño de 1918. Su armamento y mejor liderazgo dieron a los Polar Bears la victoria el 11 de noviembre, en una remota aldea llamada Tulgas, en la primera batalla librada por su ejército contra enemigos soviéticos.

A partir de mediados de octubre los asaltos bolcheviques aumentaron en intensidad y fuerza, y la acción constante de los francotiradores convirtió la vida en los puestos avanzados en algo muy peligroso.

El ataque más duro tuvo lugar el 11 de noviembre —el mismo día de la firma del armisticio que puso fin a la Primera Guerra Mundial—, en una aldea siberiana llamada Tulgas. Las fuerzas aliadas que se encontraban en la orilla este del Dvina —del ejército de Estados Unidos, más una batería de artillería de campaña canadiense—, y ocupaban la posición situada más al sur del despliegue de tropas aliadas, sufrieron un repentino ataque bolchevique, pues los rusos quisieron aprovechar la congelación de los ríos de la zona.

Superados en número, pero mejor adiestrados y equipados, los estadounidenses y canadienses, más un refuerzo posterior de una compañía de los

Royal Scots británicos, repelieron tras un duro combate el asalto bolchevique y causaron a los atacantes graves pérdidas. Sin embargo, el mando aliado decidió que el Alto Tulgas era una posición muy expuesta, pues servía para dar protección a francotiradores soviéticos, apoyados por civiles bolcheviques, por lo que era una amenaza a la guarnición principal, y prefirieron evacuar la zona después de incendiar todos los edificios.

Los ejércitos de la Rusia soviética fueron reforzados y reequipados a principios de 1919, especialmente en artillería, por lo que, ante sus constantes asaltos, la línea defensiva del río Vaga fue abandonada por los aliados. Lo mismo ocurrió en Shenkursk, la posición más al sur, objeto de un feroz asalto ruso el 19 de enero, que obligó a los aliados a retirarse de nuevo. Ese mismo día el *Daily Express* mostró claramente el hartazgo de la opinión pública británica, al escribir, parafraseando a Bismarck, que «las llanuras congeladas de Europa del Este no merecen los huesos de un granadero».

A pesar de los esfuerzos de los monitores de la fuerza naval de apoyo, la incapacidad de mantener los flancos, y los motines y deserciones en las filas blancas, hizo que los aliados decidieran marcharse, especialmente después de que varios asesores militares acabaran asesinados por amotinados blancos, que se pasaron a los bolcheviques. En Estados Unidos y el Reino Unido, nadie quería ya ni más guerra, ni más muertos.

Los combates continuaron durante las semanas siguientes, pues para mantener abierta la línea de repliegue aliado ante los asaltos del 7.º Ejército Rojo, los estadounidenses, que disponían de un tren blindado, y los aliados y tropas blancas leales, tuvieron que librar duros combates defensivos.

La última batalla de la campaña se libró entre el 31 de marzo y el 4 de abril de 1919, cuando una fuerza de tropas británicas, estadounidenses, polacas, y rusas blancas, fue atacada por varios regimientos partisanos del ejército rojo en la aldea de Bolshie Ozerki. Tras feroces combates, los aliados, superados abrumadoramente en número, lograron repeler los intentos de flanqueo soviéticos, pero se vieron obligados a retirarse[36].

El 17 de abril, el general de brigada Wilds P. Richardson llegó a Arkhangelsk enviado por el presidente Wilson para encargarse de la evacuación de las fuerzas estadounidenses del norte de Rusia y, lentamente, las tropas aliadas abandonaron la región en primavera. El mando en Arkhangelsk se le entregó al Ejército Blanco dirigido por el general Yevgeny-Ludvug Karlovich Miller.

---

[36] Esta batalla tiene muchas similitudes con las libradas décadas después en Corea o Vietnam. Masas de atacantes comunistas lanzándose contra las líneas de los bien equipados soldados occidentales. Los aliados tras horas repeliendo los asaltos rusos tuvieron 75 muertos. Las bajas soviéticos llegaron a unas 2000.

Solo y abandonado por los aliados, Miller, un miembro de la vieja aristocracia alemana del Báltico, se mantuvo aislado hasta febrero de 1920, cuando con 800 refugiados zarpó de Archangelsk con dirección a Noruega. Posteriormente, se trasladó a Francia donde continuó su activismo anticomunista, y presidió una organización de exoficiales del Ejército Blanco y soldados exiliados que se oponían a la Unión Soviética. La NKVD, sucesora de la OGPU le secuestró en 1937, y logró llevarlo a Moscú. Fue encarcelado, torturado y ejecutado el 11 de mayo de 1939.

3.5 El Movimiento Blanco

A pesar de lo que durante años dijo la propaganda soviética, en la práctica jamás hubo un «Ejército Blanco». Al menos en el sentido que se le da habitualmente, ya que jamás hubo un mando unificado y, por supuesto, tampoco un gobierno. Lo que llamamos hoy en día el «Movimiento Blanco», fue exactamente eso, un movimiento, un ideal más o menos organizado, dividido en múltiples grupos organizados más o menos cohesionados y desde luego poco y mal coordinados, que se unían solo por su animadversión a los bolcheviques. Poco más.

Los bolcheviques formaron su núcleo, desde el primer momento, en torno a un partido único, disciplinado y duro, en el que toda oposición —si existía—, fue aniquilada sin piedad. Apoyado en la propaganda logró un amplio éxito, pues suponía algo novedoso, original e incluso esperanzador[37]. Frente a algo así, la oposición «blanca», era una mezcla de socialistas moderados y mencheviques, liberales, conservadores, monárquicos y reaccionarios ultra religiosos, defensores de las tradiciones de la «Rusia eterna», que tenían poco o nada en común, y que desde el momento en que la figura del zar y su familia habían desaparecido, ni siquiera tenían un representante común al que seguir. No es de extrañar, como veremos, que esa ausencia hiciera que en gran parte de las enormes extensiones del imperio ruso —no olvidemos que era el estado más grande de la Tierra—, apareciesen pronto jefes y líderes locales que actuaron como señores de la guerra medievales, o como brutales caudillos bárbaros.

Respecto a los aliados occidentales, hay que ser justo. Embarcados como estaban en una guerra mortal contra los Imperios Centrales, el hundimiento de Rusia fue percibido más como un grave problema estratégico —la pérdida de un aliado esencial—, que como una serie de sucesos encadenados destinados

---

[37] El comunismo tuvo un éxito propagandístico asombroso en el mundo Occidental. Incluso después de conocerse la brutalidad y salvajismo del régimen comunista soviético, tercamente, hay quien ha seguido defendiéndolo.

a cambiar el mundo y, sinceramente, tenían algo de razón[38]. Cuando se dieron cuenta de que el comunismo asentado en Rusia era un peligro para su propia existencia futura como naciones libres, era demasiado tarde. Pese a ello, el apoyo a los blancos fue siempre mucho más débil de lo que hubiese sido lógico, algo fácil de decir en el 2017, pero no en 1917.

Tropas del Regimiento Kornilov en campaña. Colaboró junto con Alexéiev y Denikin en la formación del contrarrevolucionario «Ejército de Voluntarios», que llegó a dirigir. Superado en número, hubo de abandonar Rostov y avanzar hacia Ekaterinodar, donde murió el 13 de abril de 1918, cuando se disponía a asaltarla debido a un proyectil de la artillería soviética. Duro y eficaz, su pérdida, junto con la muerte poco después de Alexéiev, supuso un duro golpe para la causa blanca.

Así pues, la ayuda aliada se destinó a enviar dinero, asesores militares, equipo y suministros, uniformes, munición, trenes blindados, artillería y toneladas de municiones, pero el cuerpo expedicionario aliado, que llegó entre marzo y abril de 1918, fue pequeño, enviado en el peor momento —coincidió con las ofensivas masivas alemanes de primavera—, y sin tener jamás, un objetivo o una misión clara. Así era imposible que pudiesen llevar adelante cualquier operación militar. Además, el apoyo a estos contingentes cayó poco a poco, y era lógico. Francia o el Reino Unido, habían sufrido una verdadera carnicería. Si a eso se une el progresivo aislacionismo de los Estados Unidos por la presión de una opinión pública harta de guerra —normal, pues en solo 6 meses de combates tuvieron 120 000 bajas—, es fácil entender que el apoyo a la oposición antibolchevique fuera más débil de lo que exigían las circunstancias. Había, a primera vista, mucho que perder, y poco que ganar.

---

[38] La obsesión de franceses y británicos era evitar a toda costa que Rusia abandonase la lucha contra Alemania, pues eso supondría, como ocurrió en la primavera de 1918, el envío de millones de hombres contra el Frente Occidental. Hoy se puede afirmar con seguridad que, si Rusia hubiese abandonado la guerra en febrero o marzo de 1917, nada ni nadie habría impedido a las tropas del *Reich* llegar a París.

La única potencia que, al contrario, tenía a primera vista mucho que ganar con el hundimiento de Rusia, era Japón. Se le presentaba la oportunidad de obtener las riquezas naturales de Siberia; pero no era la nación expansionista y soberbia de la década de los treinta. En los años de la Revolución, ni supieron ni quisieron ayudar a los blancos hasta sus últimas consecuencias, algo que acabarían por lamentar más adelante.

Un beso blanco. *El concepto de Ejército Blanco apareció en Francia durante la Revolución de 1789. Bajo ese título se formó una fuerza dirigida por aristócratas y realistas para luchar contra el terror jacobino de los campesinos franceses. Los rebeldes pretendían restaurar la monarquía. Su bandera era blanca con la inscripción «Dios y Rey».* Obra de Dmitri Shmarin realizada en 1990.

Desde el punto de vista ideológico tampoco existió un Movimiento Blanco unificado. En el sur, y el oeste, los generales Kornílov y Denikin, conservadores, monárquicos y reaccionarios, intentaron recrear una Rusia mítica y religiosa que existía solo en su imaginación. Ni siquiera Kolchak fue capaz jamás de superar el estado de dictadura conservadora y militar y, los señores de la guerra asiáticos, desde Semiónov al barón Von Ungern, que solo formalmente estaban a sus órdenes, no fueron más que salvajes asiáticos que podían realizar operaciones con armas, trenes y tecnología moderna. Solo Wrangel, en Crimea, intentó crear un estado moderno, libre y honesto, pero ni tuvo medios para ello, ni tiempo, pues su predilección por cargos procedentes del antiguo régimen zarista hizo que el pueblo jamás creyese en sus palabras.

Desde el punto de vista político, nadie en el Movimiento Blanco fue capaz de entender que el reparto de tierras y la reforma agraria era un elemento esencial si se quería contar con el apoyo masivo del campesinado. Lo poco que se hizo en ese sentido, muy tímidamente, no otorgó ninguna ventaja apreciable para el pueblo. Más aún cuando se vio que en las zonas reconquistadas se pretendía devolver a los terratenientes una parte importante de las tierras ocupadas, o que no se tenía ninguna consideración a las cooperativas —que en muchas zonas ayudaron a las fuerzas opuestas a los bolcheviques—, lo que hacía pensar a muchos que no pretendía otra cosa que restablecer el antiguo sistema señorial del zarismo. No es de extrañar que, frente a esa situación, y ante las dudas, millones de campesinos, muchos de los cuales no tenían nada que perder, prefirieran a los comunistas. Era cómo elegir susto o muerte.

Más curioso es el asunto militar. A pesar de su inferioridad numérica, los ejércitos blancos contaron con mejores oficiales y cuadros, peros sus mandos no eran ni populares ni bien vistos por la tropa, y el abismo social que los separaba de sus soldados acabó convirtiéndose en una barrera infranqueable. Venían de mundos distintos, vivían en mundos distintos, y jamás se consideraron iguales. Todos, sin excepción, venían de un sistema educativo atrasado y primario, donde aprendían a rechazar la cultura y la educación —vistas ambas como una debilidad—, y a mantenerse aislados del mundo exterior —para ellos su enemigo—.

Políticamente torpes, de ideología conservadora, reaccionaria y cerrada a cualquier cambio, estaban obsesionados con evitar discusiones entre ellos, que sabían que serían mortales para su causa. El problema era que ni siquiera estaban de acuerdo en lo fundamental[12] y, a pesar del origen humilde de muchos de sus mandos, como Denikin, jamás supieron usar algo así para oponerse a la propaganda roja, que acusaba al Movimiento Blanco de apoyar solo a los «ricos».

Gracias a la debilidad inicial del gobierno de Lenin, los opositores, a pesar de su desunión, lograron crear más que un Ejército Blanco, varias agrupaciones, algunas de entidad, al menos sobre el papel, notable, a las que convencionalmente se han denominado «ejércitos», pero que no siempre se comportaron como tales. Fueron los siguientes:

- «El Ejército de Voluntarios», en 1919 denominado «Fuerzas Armadas del Sur de Rusia», en el este de Ucrania, el bajo Don y de Kubán. Lo crearon Mijaíl Alekséyev y Lavr Kornílov, jefes del Estado Mayor del Ejército Imperial ruso, entre noviembre y diciembre de 1917, con la ayuda del general y atamán de los cosacos del Don, Alekséi Kaledin para oponerse al Gobierno bolchevique surgido de la Revolución de Octubre.

- «La Administración Suprema de la Región Norte», con sede en el puerto ártico de Arjángelsk, formada el 2 de agosto de 1918 tras el golpe de Estado del capitán Georgi Chaplin en coordinación con el general británico Fredereick Poole, que desembarcó en la ciudad ese mismo día. En octubre de 1918 dio paso a un nuevo Gobierno más conservador y del gusto de los Aliados, el «Gobierno Provisional de la Región Septentrional»., que en febrero de 1920 fue derrotado por las tropas soviéticas.

- El Ejército del Noroeste, que operó entre Estonia y Petrogrado, que trató de tomar sin éxito en el otoño de 1919. Quedó disuelto a finales de año. Su comandante fue el general Nikolái Yudénich.

- El «Ejército Ruso» del almirante Kolchak, que controló gran parte de Siberia, y trató, infructuosamente de que su gobierno fuese reconocido por las potencias occidentales.

Aparte de estas grandes unidades, hubo pequeños ejércitos locales, como los formados por los cosacos de diversas partes del Imperio, o el formado por los alemanes en los estados bálticos, todos ellos sin contar los formados por naciones que se independizaron efímeramente de Rusia, en la mayor parte de las ocasiones, y que colaboraron a menudo con el Movimiento Blanco, desde Ucrania a Idel-Ural, u otros que tuvieron éxito, como Letonia, Lituania, Estonia o Finlandia.

Finalmente, conviene no olvidar que entre los blancos había de todo, monárquicos autocráticos, monárquicos parlamentarios, republicanos moderados, liberales e incluso revolucionarios que no simpatizaban con los bolcheviques por las razones más variadas, que iban desde el nacionalismo a la religión, pues la mayoría de los defensores del Movimiento Blanco era fervorosos nacionalistas rusos e incluso paneslavos, lo que hizo muy complejo el entendimiento con los infinitos pueblos del imperio, ya fuesen fineses, ugrios, turcómanos, iranios o caucásicos, que no aceptaban a los bolcheviques, pero que no encontraban una solución en la vuelta al opresor orden de los zares. Lo mismo pasaba con las importantes minorías musulmanas, cristianas no ortodoxas —católicos, uniatos, luteranos o armenios—, e incluso con los budistas, que encontraban en los rusos una fuente de opresión.

Por último, es destacable la herencia del acentuado antisemitismo de la administración zarista, muy presente en el ejército, que se convirtió en una obsesión durante la guerra. Se acusaba a los judíos de bolcheviques y se les consideraba culpables de todos los males habidos y por haber, lo que produjo matanzas constantes. Comenzaron en Odesa durante los sucesos de 1905 y se prolongaron —en este periodo que tratamos—, hasta 1922. Es posible que entre 100 000 y 150 000 judíos fuesen asesinados durante todo el conflicto, principalmente en Ucrania y Crimea. No es de extrañar que apoyasen en masa a los bolcheviques.

Con estos mimbres, hoy en día parece hasta un milagro que los blancos resistiesen en algunas regiones hasta 1922, pero la verdad es que, tras el fracaso de las ofensivas que protagonizaron en la primavera de 1919, la resistencia blanca se concentró en la periferia —Ucrania, Crimea, Siberia y Lejano Oriente— sin ser capaz en ningún momento de amenazar el núcleo central de Rusia ni su entramado industrial. En realidad, desde mediados de 1920 era evidente, para quien quisiera verlo, que la Rusia Blanca no era más que una gran ilusión.

3.6 El almirante

Aleksandr Vasílievich Kolchak, destinado a ser el líder del movimiento antibolchevique durante la guerra civil rusa, nació en 1874, en una familia que procedía de la pequeña nobleza ucraniana. Su padre, que llegó a ser general de la artillería de marina, le inculcó sus ideas conservadoras, con el amor a la patria y le honor como principales valores en la vida. En 1894 se graduó segundo de su promoción en la Academia Naval de San Petersburgo11 en 1894, y fue destinado al 7.º Batallón Naval de la ciudad, logrando al poco tiempo un buscado nombramiento en una nave de guerra, el crucero acorazado Riúrik, destinado en la Escuadra de Lejano Oriente con base en Vladivostok.

El joven Kolchak era un buen estudiante. Aficionado a la oceanografía realizó en los años finales del siglo XIX y primeros del XX diversos viajes de exploración por el Pacífico y el Ártico, incluida la expedición polar del barón Toll, en 1900. Demostró su valor e iniciativa[39] y, durante la desastrosa Guerra Ruso-Japonesa, combatió en mar y tierra hasta ser finalmente hecho prisionero cuando se rindió Port Arthur en diciembre de 1904[40].

En 1906, se dedicó al estudio de lo logrado en sus expediciones al Ártico en la Academia de Ciencias. En reconocimiento a sus esfuerzos y exploraciones, la Sociedad Geográfica Imperial le admitió y otorgó la Medalla Constantino, dando su su nombre a una isla del mar de Kara[41].

Su carrera militar progresó y, en 1906, pasó a ser miembro del Estado Mayor de la Armada, siendo uno de los propulsores del rearme naval ruso, y ante su fracaso dimitió en 1909, dedicándose de nuevo a la exploración ártica, hasta que la posibilidad de una guerra con Alemania hizo que volviese al Estado Mayor, y al comenzar en 1914, mandaba el Rúrik, buque insignia de la Flota del Báltico, donde combatió con su habitual decisión y valor. Por la defensa

---

[39] Toll decidió seguir la expedición a pie con tres hombre al no poder navegar por causa del hielo. Ordenó el regreso del resto, pero desapareció. Kolchak dirigió una expedición de rescate que pasó dieciocho meses en el Ártico tratando de encontrar a los miembros de la expedición y recorrió en bote más de 400 kilómetros descubriendo indicios de la muerte de todo el grupo en la primavera de 1903.
[40] En la guerra ganó la Espada de la Orden de San Jorge por desplegar el campo de minas que hundió al crucero japonés Takasago.
[41] El régimen soviético denominó a la isla de Kolchak, Rastorgúyev desde 1937, pero en 2005 recuperó su denominación original.

de Riga, recibió la más alta condecoración militar rusa, la Orden de San Jorge y ascendido a vicealmirante en junio de 1916 —fue el más joven en obtener tal rango— y se le dio el mando de la Flota del Mar Negro, donde logró una superioridad total frente al enemigo turco.

El almirante Aleksandr *Kolchak, a la izquierda, con el general Horvath, comandante de las tropas rusas del transmanchuriano, y Popov, cónsul ruso en Harbin —Manchuria—. Su enfrentamiento con los líderes cosacos y con los japoneses, hicieron imposible cualquier acuerdo. Pese a sus éxitos militares iniciales, mal apoyado por sus aliados, con un mando militar peor coordinado y en ocasiones insubordinado, una administración ineficaz, corrupta y reaccionaria, perdió el apoyo de la población local y de parte de sus propias tropas durante la durísima evacuación del invierno de 1919 a través de Siberia.*

A comienzos de 1917, al recibir un telegrama con las primeras noticias de la revolución marchó a Sebastopol, y a su llegada ya se había producido la abdicación del zar Nicolás, pero la reputación de Kolchak y el respeto que inspiraba evitó la insurrección de las tripulaciones.

Kolchak, un conservador paneslavo convencido, defensor del militarismo y del nacionalismo ruso, que amaba y defendía la guerra, creyó que el nuevo gobierno ayudaría a la victoria militar de Rusia contra los turcos, alemanes y austro-húngaros, pero su colaboración con los sóviets de la Armada, pronto le convenció que la propaganda revolucionaria en realidad más que cohesionar minaba la resistencia del ejército, y aunque se le confirmó en mayo el mando de la Flota del Mar Negro, se enfrentó a los bolcheviques y Kerenski, convencido de que era un peligro para su gobierno, le ordenó marchar al Reino Unido y a Estados Unidos como «asesor» para una posible acción militar contra Estambul.

El Gobierno de Washington, que no había solicitado el viaje de Kolchak, no entendía nada. Cuando Kolchak se dio cuenta, decidió regresar a Rusia por el Pacífico, dirigiéndose a Vladivostok, viaje que se produjo justo cuando comenzó la Revolución de Octubre, que lo cambiaría todo.

En principio, lo primordial para Kolchak era el esfuerzo de guerra: se ofreció a los británicos para combatir a los alemanes y se opuso al Tratado de Brest-Litovsk. El gobierno británico decidió que podía ser un buen aliado en la lucha contra los bolcheviques, por lo que finalmente aceptó ir a Asia para reclutar tropas rusas, chinas y mongolas que estaban asentadas a lo largo del ferrocarril transmanchuriano. Llegó a acuerdos de colaboración, pero poco prácticos, con Semiónov y Kalmykov, los líderes cosacos del Oriente. Nunca pudo pactar con Horvat, cabeza del inestable gobierno provisional blanco en China. Por si fuera poco, su pequeña unidad militar fracasó por la falta de apoyo de sus «aliados» cosacos y su falta de entendimiento con los japoneses.

De nuevo en Japón se hizo amigo del general Alfred Knox, antiguo agregado militar británico en Rusia y jefe de la misión militar británica, que se encontraba en el país camino de Siberia. Regresó con él y llegó a Vladivostok, el 18 de septiembre de 1918.

Desde allí tomó el tren en ruta a Crimea donde residía su familia y donde pensaba unirse a la lucha contra el gobierno soviético, pero en Omsk recibió la noticia de que el Directorio, formado por acuerdo del Gobierno Provisional Siberiano, opuesto a los bolcheviques, le había nombrado ministro de Defensa, cargo que aceptó el 4 de noviembre. Era, sin duda, el hombre con más prestigio del gabinete, en un entorno corrupto, desunido, y poco eficaz, formado por una extraña mezcla de liberales, conservadoras y socialdemócratas —socialrevolucionarios y mencheviques—.

Unos días después, los aliados, que mantenían una pequeña fuerza en la zona vinculada a Knox apoyaron un golpe de fuerza, que nombró a Kolchak, —tras descartar al general Vasili Bóldyrev, comandante de las fuerzas del Directorio—, *Verjovny Pravítel*, es decir «gobernante supremo», una forma como otra cualquiera de decir que era un dictador, y el consejo de ministros le ascendió al rango de almirante.

No tardaron en comenzar las purgas, y los dirigentes socialrevolucionarios detenidos durante el golpe fueron deportados, con la condición de que abandonasen la actividad política. Mientras, se ascendió a los principales militares que habían participado en el golpe. Fue por entonces cuando Kolchak hizo público su manifiesto:

> El Gobierno Provisional ruso ha llegado a su fin. El Consejo de Ministros, teniendo todo el poder en sus manos, me ha investido a mí, el almirante Aleksandr Kolchak, con este poder. He aceptado esta responsabilidad en las circunstancias excepcionalmente difíciles de la guerra civil y la completa desorganización del país, y ahora hago saber que no voy a seguir ni el camino reaccionario ni el camino mortal de la lucha partidista. Mis principales objetivos son la organización de una fuerza

de combate, el derrocamiento del bolchevismo, y el establecimiento de la ley y el orden, de manera que el pueblo ruso pueda ser capaz de elegir una forma de gobierno de conformidad con sus deseos y alcance los altos ideales de libertad e independencia. Hago un llamamiento a ustedes, los ciudadanos, para unirse y sacrificarlo todo, si es necesario, en la lucha contra el bolchevismo.

Curiosamente, a pesar de sus ideas conservadoras, las primeras medidas de Kolchak fueron netamente liberales, como la privatización de parte del comercio, nacionalizado por los bolcheviques. Eso fue una enorme satisfacción para las cámaras de Comercio e Industria, y significó el apoyo a su régimen de la práctica totalidad de comerciantes e industriales, pero la total indiferencia del campesinado y la hostilidad de los obreros y trabajadores asalariados, que no creían en las declaraciones del almirante a favor de la democracia —pues pensaban, con cierta razón, que era propaganda para atraer a los aliados, y no una verdadera intención—, le hicieron estar muy alejado del pueblo.

Entre los aliados tampoco había una posición monolítica. Los británicos, su mejor apoyo, le dieron armas y dinero, pues se comprometió a pagar la inmensa deuda rusa; pero los estadounidenses, que tenían a unos 9000 hombres en Rusia, recibieron órdenes de no intervenir en los «asuntos internos» rusos[12] y los franceses, que eran muy pocos, evitaban a toda costa entrar en los combates. Tras el armisticio de 1918, acabada la guerra, los enviados de Kolchak, dirigidos por el príncipe Georgi Lvov, intentó obtener el reconocimiento internacional pero fracasaron, lo que no impidió que le enviaran un millón de fusiles, quince mil ametralladoras, setecientos cañones, ochocientos millones de cartuchos y ropa y equipo militar para medio millón de soldados. Aunque finalmente no todo el material llegó, lo que recibió fue más que notable.

En la práctica, como muchos sospechaban, el gobierno de Kolchak resultó ser una dictadura militar[42] en la que el poder del ejército fue total, y poco a poco intentó tomar el control de la Administración y de todos los resortes del poder, algo que no logró por razones muy diversas, desunión de los diferentes grupos; incompetencia de los líderes locales; deseos de venganza irracionales, y actos constantes de brutalidad de los soldados y sus oficiales; tensiones nacionalistas; y, por último, el evidente hecho de que en muchas regiones de Oriente, los señores de la guerra que apoyaban a los blancos se comportaban como lo que eran, auténticos bandidos.

---

[42] El comandante de las tropas de Estados Unidos, el general William S. Graves, tenía muy mala opinión de Kolchak, que para él era un autócrata reaccionario ruso más, y el presidente Wilson opinaba lo mismo. De hecho, Estados Unidos jamás reconoció a su gobierno.

A todo esto tampoco ayudó mucho el hecho de que la camarilla que rodeaba al almirante fuera convirtiendo al Consejo de Ministros en un elemento decorativo, ni que el mal desarrollo que llevaba la guerra le llevara a mostrar lo peor del nacionalismo ruso de la época zarista, xenofóbico, antiliberal, fanático y antijudío. En cuanto a las prometidas elecciones, por supuesto no se celebraron.

Cosaco ante una yurta, una vivienda de origen mongol utilizada por los nómadas en las estepas de Asia Central El principal apoyo de Kolchack eran los sectores más reaccionarios de las inmensas regiones del este ruso.

Incapaz la dictadura de imponer el control en el campo, se decidió no celebrar las elecciones a los zemstvos rurales y prorrogar su composición de 1917, eso sí, tras purgar brutalmente del ejército los miembros enemigos del gobierno. Sin auténtica autoridad real, los órganos de gobierno local fueron completamente ineficaces, y el poco control administrativo del campo quedó en manos del Ministerio del Interior. Los gobiernos municipales celebraron elecciones pero la represión del régimen contra toda oposición y el riesgo físico de oponerse hicieron que la abstención fuese brutal, a lo que se unió una malísima incapacidad de la administración para exponer de forma clara que querían hacer en lo que respectaba a la propiedad de la tierra —se temía la devolución de parte de las tierras a los terratenientes y la expropiación por el Estado de las tierras ocupadas por los campesinos—, agravado con las levas forzadas de hombres y el cobro implacable de impuestos al peor estilo de la Rusia zarista de tiempos pasados.

El gobierno mostró siempre una clara preferencia por la empresa privada —pero ineficaz, en manos de especuladores— frente a las fuertes cooperativas de la región, y de la buena implantación de una economía social moderada, cuyos líderes habían apoyado a Kolchak y ahora se veían apartados de las decisiones principales, pues se las asociaba a los bolcheviques, a pesar de que aportaron cien veces más al esfuerzo de guerra que las compañías privadas.

La distribución, especialmente de alimentos, fue penosa. Los trenes se usaban casi solo y exclusivamente para transportar al ejército y la calidad y cantidad de la comida disminuyó hasta el extremo de poner en peligro la salud de la población, aumentando las enfermedades. Por si fuera poco, la llegada de centenares de miles de refugiados agravó una situación que ya era extraordinariamente deficiente. Faltaba todo, desde alojamientos adecuados a trabajo, y desde agua potable a combustible.

La actual tendencia a la idealización de las tropas rusas blancas no puede ocultar que, en líneas generales, los defectos de liderazgo y cohesión del Ejército Blanco provocaron que la victoria soviética fuese más rápida de lo esperado.

La banda —en realidad es imposible definirla de otra forma—, de auténticos aventureros y militares reaccionarios e incompetentes que rodeaban a Kolchak y que usaban el poder para su propio beneficio, no le ayudo demasiado. Su dictadura sufrió graves problemas monetarios y una enorme inflación, que no hizo sino aumentar el descontento social. Las leyes aprobadas también fueron incompletas, en ocasiones contradictorias, y siempre con un carácter provisional.

Por si fuera poco, el Ministerio de Trabajo, en manos de un antiguo menchevique, no fue capaz de impedir la brutalidad de los militares, que querían la prohibición de los sindicatos, que se mantenían solo para no romper con los aliados. Aun así, el derecho de huelga fue prohibido, lo que aumentó el rechazo creciente de la población al gobierno, que se comportaba como lo que era, una dictadura militar corrupta y mal gestionada.

3.6.1 En la línea del frente

Kolchak era un hombre valiente, preparado y un buen militar, que pasó la mayor parte de su gobierno en el frente, intentando dirigir personalmente la lucha, pero carecía de carisma para atraer a las masas, a las que nunca acabó de convencer. Tampoco tenía astucia política, y era fácilmente influenciable, pues carecía de un criterio político sólido. Aun así, el principal problema del Ejército Blanco fue siempre que, a la hora de la verdad, resultaba muy complicado, al partir de la despoblada y poco industrializada Siberia[43], derrotar a la maquinaria industrial rusa, en su mayor parte al servicio de los bolcheviques, que además contaban con una cohesión mucho mayor y vastos recursos humanos a su disposición.

A principios de 1919 el Ejército Blanco tuvo su gran oportunidad, pero una mezcla de falta de músculo industrial, capacidad de sus tropas, e incluso fe en la victoria, hizo imposible que al final lograse imponerse a las fanatizadas y motivadas tropas rojas. En la imagen, guerrilleros blancos al servicio del krai de Primorie. Fue la última zona de Rusia bajo el control de la oposición a los bolcheviques.

No obstante, al menos la creación de un mando al menos teóricamente unificado en la persona de Kolchak, hizo que el esfuerzo del Ejército Blanco lograse de inmediato éxitos locales ante las tropas bolcheviques, que no pasaban por su mejor momento. El coronel Dmitri Lébedev, un general de infantería,

---

[43] En 1914 Siberia tenía solo el 10,5 % de las fábricas del país, el 2,2 % de la producción industrial y el 4,3 % de los obreros; de hecho, trabajaban casi todos en los ferrocarriles transiberiano y transmanchuriano.

con poca experiencia en el mando de grandes unidades —en realidad ninguna— se encargó de llevar adelante las operaciones militares, pues conviene no olvidar que Kolchak era un marino, pero el obstáculo más serio, que se unía al de la dependencia del material y los suministros aliados; a su dinero, y a sus envíos de armas cada vez más espaciados.

En general, y no por casualidad, los jefes del Ejército Blanco, se dieron cuenta de que tal vez tenían al enemigo en casa, algo lógico, pues la desconfianza que existía sobre los soldados veteranos de la guerra, a los que se consideraba ideológicamente muy influidos por la izquierda comunista, hizo que se tuviese que contar con reclutas jóvenes, sin experiencia militar, fruto en su mayor parte de levas forzosas al mando de oficiales conservadores y a menudo aristocráticos que los despreciaban. Si había grupos también jóvenes de cadetes y unidades formadas por verdaderos convencidos de las bondades del zarismo, casi todos vinculados a grupos religiosos ortodoxos que combatieron con enorme decisión y valentía.

Las últimas semanas de 1918 fueron bien para los cada vez más fuertes ejércitos blancos, y la ofensiva en el norte hundió el frente bolchevique, avanzando 200 kilómetros en menos de 30 días, librando feroces combates a más de 30° bajo cero, y tomando el depósito rojo de Perm, en los Urales, lo que les permitió lograr un gran botín en armas y vehículos, y capturar el importante complejo industrial de la región.

Sin embargo, la desunión de las fuerzas blancas y el hecho de que los señores de la guerra locales tuvieran objetivos propios, que no tenían por qué coincidir con el plan estratégico general, permitió cierta recuperación a las tropas de los frentes rojos, que tomaron Ufá y alcanzaron de nuevo la línea de los Urales. A finales de enero cayeron Uralsk y Oremburgo y se cortó la línea entre Samara y Taskent, ante los cosacos del Ural, que no fueron capaces de detener el asalto bolchevique[44].

Para la primavera, Kolchak tuvo tiempo de preparar una ofensiva coordinada entre los ejércitos blancos de Siberia, con 60 000 hombres; Occidental, con 35 000 y Meridional. Los cosacos del Ural y del Don, debían de cortar las comunicaciones entre las tropas soviéticas rusas que combatían en el Turquestán y enlazar con las fuerzas blancas de Denikin, en el sur. En total disponía de 112 000 soldados que superaban ligeramente en número a los ejércitos rojos que tenía enfrente.

---

[44] Los musulmanes de los Urales, bashkires tártaros y chuvasios, habían proclamado la independencia de la República de Idel-Ural en diciembre de 1917, estado que fue barrido por los bolcheviques entre febrero y marzo de 1918, naciendo las repúblicas soviéticas Tartaria y Baskiria, y más adelante Chuvasia. La mayor parte de las unidades bashkires blancas desertaron y se unieron a los soviéticos.

La ofensiva blanca comenzó el 4 de marzo de 1919 y tras duros combates, las unidades de Kolchak avanzaron unos 150 kilómetros a lo largo del ferrocarril Perm-Viatka, empujando al norte al 2.º Ejército Rojo que perdió Ojansk el 7 de marzo, Osa el 8 y Sarápul el 10 de abril. En el frente central, el Ejército Occidental rechazó al 5.º Ejército Rojo y tomó Birks el 10 de marzo y la estratégica Ufa el 14, Belebéi el 7 de abril y Bugulmá el 10 de abril, por lo que llegó mucho más allá de su objetivo inicial de alcanzar el río Ik. Por su parte, los cosacos de Oremburgo tomaron mientras Aktiúbinsk el 11 de abril, cortando la línea férrea Oremburgo-Taskent y aislando, como debían, a las fuerzas soviéticas de Asia Central.

Cartel de propaganda del Moviemiento Blanco realizado en 1917 y reeditado en 1932, en plena época de Stalin. El Movimiento Blanco, identificado como un héroe, rompe las cadenas de la Madre Rusia, esclavizada por el comunismo bolchevique.

Parecía que la resistencia bolchevique era menor de lo esperado, y avanzando sobre las líneas férreas, alcanzó Chístopol, en el río Kama, lo que parecía prometer la toma de la importante ciudad de Kazán. En total los frentes blancos habían avanzado unos 300 kilómetros al oeste y estaban a menos de 100 kilómetros de Kazán, Samara o Simbirsk.

Sus ejércitos habían logrado separar en dos al Grupo de Ejércitos Oriental soviético y las unidades del recién formado Ejército Rojo demostraban poca combatividad, por lo que el Comité Ejecutivo Central de los bolcheviques hizo de la lucha contra Kolchak su primera prioridad, pues el estado del almirante contaba ya con unos 7 millones de habitantes y era peligroso, aunque las tropas rojas, tras un masivo refuerzo, le superaban a pesar de las pérdidas, en más de 30 000 soldados, solo en el frente central.

A base de medidas de fuerza, en ocasiones brutales, el Ejército Rojo, que dominaba la fuerza industrial de Rusia , inició un ambicioso proceso de equipamiento de sus tropas que se fueron ampliando a un ritmo imposible de igualar por sus adversarios, triplicando sus efectivos, que en mayo contaban con más de 300 mil soldados.

El 28 de abril comenzó la ofensiva soviética, que en solo un mes recuperó el terreeno perdido. El 15 de mayo caía Belebei y el 7 de junio la 26ª División del 5.º Ejército atravesó el río Bélaya en persecución del Ejército Occidental, que abandonó Ufá, a pesar de una heroica carga a la bayoneta contra las posiciones rojas perdiendo 3000 hombres. En el verano los Urales estaban ya controlados por los soviéticos y sus éxitos anularon los triunfos del Ejército del Norte, que jamás logró enlazar con los británicos en Arjánguelsk.

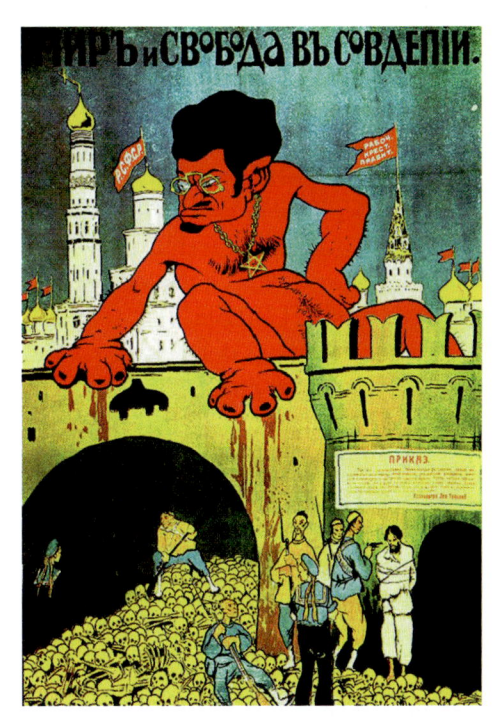

Cartel de propaganda del Ejército Blanco realizado en 1919 que representa a Trotsky como un Satanás judío con la piel roja y brillante. Junto a él, sus seguidores chinos, de los que hubo un gran número en el Ejército Rojo, están retratados como asesinos en masa. lleva-retratar los seguidores chinos bolcheviques como los asesinos en masa. En el texto principal se lee: «Paz y Libertad en Sovdepiya»; y en el de la pared de la Torre Kutafya del Kremlin: «Gobierno obrero y campesino».

En el sur, unidades cosacas habían logrado atravesar las líneas del 4º Ejército soviético avanzando hacia Nikoláyevsk, acercándose a las unidades blancas de Piotr Wrangel, y a finales de junio, las fuerzas de Kolchak se hallaban aproximadamente donde habían comenzado la ofensiva de primavera.

El Comité central bolchevique, a pesar de la oposición de Trotski, decidió a finales de junio y comienzos de julio continuar el avance más allá de los Urales, y Perm cayó finalmente en manos del Ejército Rojo. Ekaterimburgo fue ocupada el 14 de julio, y los soviéticos descubrieron que los blancos habían asesinado a 2000 judíos antes de retirarse. En dos meses y medio el Ejército Rojo avanzó 500 kilómetros hacia el este, lo que privó a las fuerzas de Kolchak de la única base industrial con la que contaban, haciendo además que el reconocimiento internacional de su precario estado fuese inviable.

Las deserciones para atender los campos y el gran número de bajas entre los soldados inexpertos redujeron enormemente el tamaño de las fuerzas de Kolchak, que apenas alcanzaban los 30 000 hombres, fracasando todos los intentos de reclutar más tropas .

Con el ejército en retirada se creyó conveniente reorganizarlo, lo que llevó semanas de discusiones entre los mandos del frente y el estado mayor. Hasta que se decidió lanzar un potente ataque en el sector de Cheliábinsk con el objetivo principal de que Kolchak pudiera impresionar a los representantes aliados. El plan consistía en abandonar Cheliábinsk a los soviéticos para, a continuación, rodearlos mediante un movimiento de pinza. La maniobra debía acabar con el aprisionamiento del 5.º Ejército soviético en una bolsa centrada en la ciudad.

El fracaso fue total. El 12 de agosto, los soviéticos tomaron la ciudad, centro agrícola de la ladera oriental de los Urales, y capturaron miles de prisioneros, y los Aliados desecharon reconocer a Kolchak como gobierno oficial de Rusia, a pesar de los éxitos locales de las tropas de Yudénich y Denikin en los frentes del sur y Ucrania.

Los desmanes del ejército en el campo y la crisis económica habían favorecido el descontento del campesinado y la aparición de crecientes bandas de armadas, y los intentos de reformar el régimen y formar un órgano de control de la dictadura, fracasaron, pues Kolchak se negó a cualquier tipo de reforma.

Tras su victoria en Cheliábinsk a comienzos de agosto, el Ejército Rojo continuó su avance. El 1º y 4º ejércitos, agrupados en el frente del Turquestán al mando de Mijaíl Frunze, empujaron al Ejército Meridional formado por los cosacos de Oremburgo y del Ural hacia Persia y el Sinkiang chino, mientras que el 3º y el 5º avanzaban a lo largo de las líneas férreas Ekaterimburgo-Tiumén-Ishim y Cheliábinsk-Kurgán-Petropávlovsk, respectivamente.

Eso sí, el general Dieterichs reaccionario y ultra religioso, uno de los oficiales más capaces del ejército de Kolchak, detuvo en Ishim-Tobol en octubre el avance soviético, pero los soviéticos consiguieron reforzar sus unidades con varias decenas de miles de hombres entre el 1 y el 13 de octubre de 1919 y alcanzaron una ventaja de tres a uno a mediados de mes. El 14 de octubre recibían la orden de contraatacar y el 18 habían logrado cruzar el Tobol. Las deserciones blancas eran masivas, los cosacos no colaboraban en la medida esperada y el espíritu combativo se había perdido. El ejército de Kolchak se deshacía.

3.6.2 El Frente Sur

El general Antón Ivánovich Denikin, un hombre de familia humilde, honesto y valiente, tomó en febrero de 1919 el mando de las fuerzas antibolcheviques en el sur de Rusia, al renunciar Krasnov a su puesto de atamán de los cosacos del Don. El marzo el frente norte, defendido por 40 000, cubría 750 kilómetros de frente hasta Mariupol. Combatía con una inferioridad numérica de 3 a 1, pero la superioridad de sus oficiales y de su caballería, junto con la llegada masiva de armas y suministros de los Aliados, le permitió hacer frente a la abrumadora superioridad numérica soviética. En abril, aplastó en Crimea la insurrección promovida por los bolcheviques con el apoyo de la artillería de los navíos aliados.

En May-Mayevski detuvo el avance en el frente de Donbás del 13.º Ejército Rojo, gracias al deshielo que dificultó que los soviéticos aprovecharan la excelente red de ferrocarriles de la región, y en mayo su Ejército de Voluntarios ahora oficialmente «Fuerzas Armadas del Sur de Rusia» para indicar la inclusión bajo el mando de Denikin del Ejército de los Cosacos del Don del general Sidorin y el Ejército del Cáucaso de Wrangel, comenzó la gran ofensiva de la primavera. El ataque quedó favorecido por una revuelta cosaca en el alto Don y por el simultáneo avance de las unidades de Kolchak en Siberia.

El 16 de junio, tras durísimos combates, sus unidades, al mando de Wrangel, capturaron Tsaritsyn, pero las tropas de Denikin mantenían un frente demasiado amplio, con escasas fuerzas y reservas, y ante la duda de consolidar el territorio ganado o aprovechar las recientes victorias y la desorganización de las fuerzas soviéticas para lograr la victoria definitiva, Denikin optó por avanzar hacia Moscú, por el camino más corto.

Tras un rápido avance, pero debilitado cada vez más por un frente demasiado amplio, el saqueo de sus tropas de la población civil y el reclutamiento apresurado de nuevos soldados en las zonas conquistadas, fue definitivamente derrotado en Orel, a 400 kilómetros de Moscú en octubre, después de durísimos combates en los que la caballería roja de Semión Budionni, logró cortar su frente al tiempo que las revueltas de Néstor Mainó le obligaban a proteger su retaguardia, y le forzaron a retirarse.

Tras lograr detener el avance soviético en el Kubán en febrero de 1920, la desunión habitual entre sus tropas y mandos, y el desorden de la retirada, en la que el caos entre la población civil y las atrocidades contra la comunidad judía fueron la tónica habitual, le hicieron perder autoridad ante sus hombres y oficiales. Denikin presentó su dimisión y cedió el mando al arrogante general Piotr Wrangel, que le despreciaba por sus humildes orígenes.

Embarcó en abril con dirección a Estambul, junto al único liberal de su estado mayor, el general Romanovski, que acabó asesinado en la capital turca.

Tras un largo periplo como refugiado político, Denikin acabó en Estados Unidos, donde falleció en 1947.

Al mando del Ejército Blanco del Sur, el barón Wrangel , descendiente de una aristocrática familia alemana del Báltico, disponía a finales de abril de apenas 35 000 soldados, y tenía enfrente al El Ejército Negro —Ejército Revolucionario Insurreccional de Ucrania— o Revolyutsiyna Povstans'ka Armiya Ukrayiny, grupo armado de anarquistas con base mayormente ucraniana , que no era grande, pero sí muy respetado debido a su ferocidad en el combate y la rapidez de sus movimientos, y que aun siendo básicamente infantería, era capaz de recorrer largas distancias y actuar con gran flexibilidad. Además, tenía con un amplio apoyo social, y no requería importantes gastos en infraestructuras ni disponer una administración compleja.

Piotr Wrangel, líder del Movimiento Blanco en el exilio, donde creó la ROVS o Unión Militar Rusa. Graduado en el Instituto de Ingeniería de Minas de San Petersburgo en 1901, se presentó voluntario para la brigada de caballería de la Guardia Imperial; combatió a los japoneses e ingresó en el estado mayor del zar en 1910. Durante la Primera Guerra Mundial estuvo al mando de una unidad de caballería. Falleció en Bruselas en 1928 a los 49 años; su familia sostuvo que fue envenenado por el hermano de su mayordomo, un supuesto agente bolchevique.

Sin embargo, Wrangel disponía de magnífico armamento, vehículos y trenes blindados, y barrió en unas semanas a las tropas del Ejército Negro, afectadas por el tifus y expulsó a los bolcheviques de Ekaterinoslav. Aun así, los anarquistas ucranianos no fueron del todo vencidos, y las tropas de Néstor Majnó, su líder, comenzaron a recuperar territorio. Esto y el acuerdo de Polonia con los bolcheviques, representó el final del Movimiento Blanco en Crimea, región en la que, a diferencia de lo sucedido en Siberia, los blancos habían logrado una eficaz administración y una aceptable prosperidad.

Debiendo combatir a fuerzas muy superiores, las tropas de Wrangel, que combatían en una inferioridad numérica de 1 a 5, perdió la mitad de su ejército y fue obligado a retirarse a la península de Crimea, donde organizó la evacuación hacia Estambul, y entre el 8 y el 16 de noviembre de 1920, logró que los Aliados evacuasen 150 000 personas en sus barcos antes de la caída de Crimea en manos de los soviéticos. Otros 60 000 no lo lograron .

«¿Por qué no estás en el ejército?». Cartel de reclutamiento del Ejército de Voluntarios durante la guerra civil rusa. Fue una de las primeras unidades del Movimiento Blanco, sin duda la principal de ellas, la de mayor duración, mejor mandada y dirigida y mejor administrada.

3.6.3 Hacia el amargo final

En Siberia, el 22 de octubre de 1919, el 1º Ejército había abandonado Tobolsk a los soviéticos, mientras el 2º y 3º retrocedían hacia Ishim y Petropávlovsk. A pesar de la importancia estratégica de esta última, se abandonó el 31 de octubre, al igual que la primera, que se evacuó con los puentes sobre el río intactos el 4 de noviembre.

Dieterichs, desesperado, ordenó la evacuación de la capital, Omsk, pero Kolchak, decidió defenderla, aún a pesar de que ya parte de las unidades habían marchado el este. Ante su desautorización dimitió, siendo reemplazado por el general Sájarov, que no logró convencer a los diplomáticos de los Aliados, que, junto con el Consejo de Ministros, abandonaron la ciudad el 7. Kolchak fue de los últimos en abandonar la ciudad, lo hizo la noche del 13 de noviembre en cinco trenes blindados que contenían los restos de la reserva de oro del Imperio de los zares, eso sí, después de que en medio del caos 400 prisioneros fuesen ejecutados en las prisiones de la ciudad. En la madrugada del día siguiente, unidades del 5º Ejército soviético al mando de Tujachevski entraban en la ciudad, haciendo decenas de miles de prisioneros.

Kolchak recibió en su tren camino de Irkutsk la noticia de la decisión de los mandos de la Legión Checoslovaca de comenzar de inmediato su retirada y abandonar sus actividades a favor de su gobierno y del levantamiento social revolucionario contra su régimen en Vladivostok, que fracasó, pues los 8000 legionarios checoslovacos de la ciudad se declararon neutrales, y las unidades militares japonesas, con la excusa de «limitar los combates», aislaron el centro de la insurrección, la estación de ferrocarril, de la ciudad, quedando las alzadas sitiadas por los cosacos de Kalmykov y por la marina, leal a Kolchak.

Soldados del Ejército de Voluntarios ante una de sus unidades blindadas, el General Drozdowski. *Es un modelo Mark V de los que se utilizaron durante la Gran Guerrra, cedido por los británicos.*

Los checoslovacos se habían hecho con el control total del Transiberiano, sustituyendo a los jefes de estación e impuesto a los rusos su orden de evacuación, en el que las unidades de Kolchak iban a ocupar el último lugar, tras las unidades extranjeras. Luego prohibieron el traslado de los convoyes rusos al este de Novonikoláevsk antes de su retirada y dejaron más de 120 trenes de refugiados atascados en la línea. Todos fueron capturados por los soviéticos a un ritmo de unos 10 a 20 al día.

Tras largas conversaciones Kolchak consiguió abandonar Irkutsk poco antes de caer en manos de los rebeldes social revolucionarios del «Centro Político». El 27 de diciembre de 1919, el 5.º Ejército Rojo capturó Novonikoláevsk, donde los atascos en el ferrocarril, que habían dejado al 2.º y 3.º ejército bloqueados, superaban los 100 kilómetros de trenes con refugiados. La Rusia blanca se desmoronaba.

El sucesor de Sájarov al frente de los restos del ejército, el general Kappel, trató en vano de detener el avance soviético en Krasnoiarsk, pero los alzamientos favorecidos por los social revolucionarios y los amotinamientos de tropas frustraron sus esfuerzos. La multitud de refugiados, el desorden de sus tropas y el control del ferrocarril por los checoslovacos, que dieron total prioridad a la evacuación de sus unidades, impidieron cualquier intento de resistencia. La retirada del ejército, entremezclada con la de los numerosos refugiados, fue durísima en medio del invierno siberiano en el recorrido de 1500 kilómetros entre Omsk y Krasnoiarsk.

Con el hundimiento de la administración blanca, bandas de partisanos y trabajadores presentes en la línea, la retirada se convirtió en un caos. Detenido en su vagón por los rebeldes, Kolchak fue encarcelado junto a su amante y algunos de sus ministros. El «Centro Político», en cuyo poder se encontraba Kolchak, contaba, sin embargo, con escaso respaldo popular y sobrevivía gracias al apoyo armado checoslovaco, siendo evidente su incapacidad para detener el avance soviético o evitar la toma del poder en las ciudades en las que se había sublevado por parte de los bolcheviques locales.

Una delegación social revolucionaria trató de interrumpir el avance de los soviéticos en conversaciones, aprobadas por Lenin en Tomsk. El acuerdo con el comandante soviético para la creación de un Estado entre los soviéticos y los japoneses, sin embargo, quedó invalidado por la pérdida del poder de los social revolucionarios en Irkutsk el 21 de enero, que lo entregaron voluntariamente a un comité revolucionario bolchevique antes de disolverse.

El 20 de enero, Kappel derrotó a las fuerzas del Centro Político y los partisanos en Uk y al día siguiente retomó Nizhneúdinsk, donde las unidades supervivientes de Voitsejovski se reunieron con él. Comenzaron entonces las operaciones para capturar Irkutsk, liberar a Kolchak y sus compañeros, recuperar la reserva de oro y formar un nuevo frente al oeste de la ciudad.

Los intentos de negociación entre la nueva administración bolchevique de la ciudad para evitar el asalto y Voitsejovski —que acababa de suceder a Kappel como comandante en jefe tras la muerte de este— fracasaron, y ante la imposibilidad de defender Irkutsk de Voitsejovski el comité de la ciudad decidió ejecutarlo. El 4 de febrero de 1920 las primeras unidades blancas habían alcanzado los suburbios de la ciudad

El presidente del comité militar revolucionario del 5.º Ejército, Smirnov, a pesar de las instrucciones de Lenin de capturar vivo a Kolchak para ser juzgado en Moscú, dio permiso para las ejecuciones en caso de peligro de liberación por parte de Voitsejovski.

El 7 de febrero de 1920, el jefe local de la Cheka comunicó la decisión a Kolchak y Pepeliáev que fueron fusilados. Luego lanzaron sus cuerpos al río Ushakovka a través de un agujero en el hielo. Ese mismo día se conoció el acuerdo entre soviéticos y checoslovacos que puso fin a los combates entre sus fuerzas y facilitaba la evacuación de los segundos a cambio de su estricta neutralidad.

Feliz Año Nuevo. *Cartel de proaganda del Ejército Rojo en el que se señalan todos los éxitos obtenidos tras conseguir la victoria sobre el Movimiento Blanco.*

Los checoslovacos ordenaron a Voitsejovski abandonar el asalto de Irkutsk para garantizar la neutralidad en el ferrocarril y aquel se vio obligado a retirar sus unidades, continuar su retirada al este. A finales de febrero unos doce mil harapientos supervivientes de las fuerzas de Kolchak alcanzaron Chitá, los únicos restos de su ejército y el 1 de marzo de 1920, las últimas unidades checoslovacas evacuaron Irkutsk y una semana más tarde las primeras unidades del 5º Ejército soviético entraban en la ciudad. El mismo mes la reserva de oro rusa partía de vuelta a Kazán en un tren con una pancarta: «Al querido Vladímir Ilich, la ciudad de Irkutsk».

Tras regresar a Gran Bretaña, el general Knox envió un informe al Ministerio de Defensa que se considera un resumen ecuánime de Kolchak y su dictadura. Dice entre otras cosas:

> El almirante Kolchak era sin duda honesto y profundamente patriótico. Sabía mandar y se había ganado la reputación de caudillo al mando de la Flota del Mar Negro. En política sus ideas eran progresistas y estaba verdaderamente preocupado por mejorar las condiciones de

vida de los campesinos, que creía acabarían por ser la clase dominante en Rusia. Todos los ingleses que le trataron quedaron impresionados por su sinceridad y decisión; sintieron que era el mejor hombre de Siberia y que merecía su apoyo […] La dictadura de Kolchak era solo un símbolo que ocultaba las dictaduras de los dictadorzuelos de los uyezd, gubernias y óblasts, henchidos de amor por su propio poder, aunque vistiesen charreteras por primera vez y no mandasen a menudo más que unas docenas de hombres. Lo único que estos dictadores tenían en común era su convencimiento de que la salvación de Rusia residía en el látigo: el látigo en los cuarteles, en las aldeas, contra los campesinos y, en especial, contra los trabajadores, que todos consideraban como alborotadores bolcheviques.

3.7 Los señores de la estepa

En la lejana región del Baikal, los poderosos soviet locales se hicieron sin problemas con el poder en noviembre de 1917, y las ciudades principales, Chitá y Verjneúdinsk, quedaron sometidas a autoridades leales al gobierno provisional ruso. Sin embargo, los problemas comenzaron pronto, pues el 2 de diciembre el atamán de los cosacos del Baikal, Grigori Mijáilovich Semiónov[10], que contaba con apoyo de los buriatos, los indígenas de la zona[11], se alzó en armas, con unos 600 hombres, y aunque fue vencido y expulsado a Manchuria, dejó claro que habría oposición armada a los bolcheviques.

En Manchuria, Semiónov logró apoyo del general blanco Dmitri Leonídovich Horvat, lo que le permitió reconstruir sus fuerzas y abrir una campaña de reclutamiento, logramdo mantenerse en Hailar y Manchuli, pero amenazado por las tropas chinas desde el sur, y por los bolcheviques en el norte, lo más probable es que hubiese fracasado desde el principio si no hubiera sido porque los Aliados —ingleses y franceses primero, y japoneses luego— vieron en Semiónov, al que consideraban corrupto, inestable y peligroso, la única posibilidad de detener a los comunistas.

En Shanghái, Semiónov logró dinero aliado, más de 10 mil libras al mes, armas y material de todo tipo, y a principios de abril sus tropas sumaban 2000 hombres, más de la mitad de caballería, bien armados, organizados en varios regimientos de infantería y artillería, y 4 trenes blindados, con los que intentó cortar el ferrocarril transmanchuriano.

El problema de Semiónov, además de incontrolable, era ser un auténtico salvaje que se comportaba como un caudillo mongol de la Edad Media. Con sus soldados, en realidad auténticas bandas de salteadores, sometió a los civiles a todo tipo de brutalidades. Dictó ejecuciones sumarias, saqueó y robó, por lo que rápidamente perdió el escaso apoyo que tenía y, con la llegada de refuerzos enviados por el gobierno ruso desde el oeste, rápidamente fue empujado de nuevo a las fronteras de Manchuria. Le salvó un hecho que indirectamente le benefició: la revuelta de la Legión Checoslovaca.

Nacionalistas checos y eslovacos residentes en Rusia, pidieron al zar Nicolás en 1915 que les permitiese crear una unidad militar propia. Creció con la incorporación de prisioneros eslavos del Ejército Austro-Húngaro y, en 1916, se convirtió en el Regimiento de Fusileros Checoslovacos, que en mayo era ya una brigada con más de 7000 hombres. Los líderes checoslovacos Milan Rastislav Štefánik y Tomás Masaryk, viajaron a Rusia para organizar el germen del futuro ejército checoslovaco. En septiembre de 1917 se formó la división de fusileros husitas y, a finales de ese mismo año se convirtió en el Cuerpo Checoslovaco en Rusia, con casi 65 000 soldados. Fue conocido habitualmente como la Legión Checoslovaca.

Soldados de la Legión Checoslovaca en Siberia. Diversas partes de la legión se encontraban dispersas a lo largo de la línea ferroviaria del Transiberiano, y tuvieron que combatir para reagruparse y llegar a Vladivostok, pero al ser la única fuerza organizada capaz de luchar contra el Ejército Rojo los gobiernos aliados acordaron que los checos podrían ser útiles como apoyo a los ejércitos blancos.

Tras la firma el Tratado de Brest-Litovsk, con el abandono ruso de la guerra, el gobierno ruso había prometido que la legión sería enviada a los Aliados, pero la única forma de hacerlo era vía Vladivostok hacia Estados Unidos, por lo que partió hacia la base rusa del Pacífico en el Transiberiano, y ya de viaje, el gobierno bolchevique, incumpliendo su promesa, ordenó detener a los desertores checoslovacos del ejército austríaco para ser repatriados a Austria, donde les esperaba, sin duda, la muerte. Pero Trotsky no dudo y ordenó personalmente su desarme. Ante la situación, en mayo de 1918 la Legión Checoslovaca se apoderó de la estación y la ciudad de Cheliábinsk, con la intención de presionar a las autoridades bolcheviques para que cumplieran el compromiso de repatriación, pero la guerra civil y el desorden general, hacía complicada cualquier solución.

Los checoslovacos tenían como baza una buena jugada, y es que se habían apoderado de ocho vagones cargados de oro del tesoro imperial ruso con lo que podían negociar, y gracias a lo cual, en 1920, lograron su repatriación a la recién nacida Checoslovaquia, de la que convertirían en el núcleo de su ejército , en tanto que algunas unidades se sumaron a las tropas blancas del almirante Kolchak.

La insurrección y posterior odisea de la Legión Checoslovaca, permitió recuperarse a Semiónov, que había roto con Horvat, y ocupar algunas localidades fronterizas, pero su mayor éxito se produjo el 6 de septiembre tomar Chitá, con lo que cortaba el ferrocarril de Manchuria y sé hizo el dueño de la ruta que iba del puerto de Vladivostok a Omsk, lo que le proporcionó ingentes cantidades de armas, y suministros de todo tipo,con los que se dedicó a negociar con contrabandistas y a vender al mejor postor todo lo que conseguía con el robo y el saqueo. Tras instalarse en un poderoso tren blindado, «el terrible», y dando rienda suelta a sus fantasías de poder y a sus planes de dirigir un gran ejército mongol contra los bolcheviques, se comparaba con Napoleón y Gengis Kan, pero no volvió a dirigir sus tropas, negándose además a enviarlas al frente de los Urales y limitándose a utilizarlas en la región bajo su control.

Kolchak, a pesar de que Semiónov jamás enviaba apoyo, le nombró en mayo de 1919, jefe del distrito militar de Chitá, pero ni así logró la colaboración leal de los 3000 hombres armados del cosaco, que a finales del verano contaba ya con unos 4000. Tras la captura de Kolchak, obtuvo el mando de las tropas blancas en el oriente de Siberia, pero fracasó ante Irkutsk, donde fue vencido por las tropas soviéticas, y vio cómo su subordinado, el barón Ungern von Sternberg, se separó de sus fuerzas y comenzó a operar por su cuenta.

Los restos del Ejército Blanco, al mando de Vladímir Kápel, intentaron huir hacia el este siguiendo la ruta del Transiberiano, escapando en dirección a Manchuria a través del lago Baikal, que estaba congelado. En total, unos 30 000 soldado blancos y sus familias, cargados con todo lo que tenían y parte del tesoro imperial ruso, afrontaron temperaturas de más de 40 grados bajo cero y vientos árticos, falleciendo por miles, quedando sus cuerpos dispersos a lo largo del hielo y hundiéndose al deshelarse en la primavera.

Librando feroces combates contra sus perseguidores del Ejército Rojo en Yakovlevka, Birulka, Gruznovskaya y Barguzin, los supervivientes de la llamada «Gran marcha helada siberiana», alcanzaron la frontera con China y consiguieron llegar a Harbin, donde se les unirían en los años siguientes miles de compatriotas que crearían en Manchuria una pujante y vigorosa comunidad rusa. Entre ellos no estaba el general Kápel, que afectado de congelación y neumonía, murió en el camino.

En abril Semiónov aún logró defender con éxito Chitá del asalto del 5º Ejército soviético del general Génrij Eije, pero en mayo fue obligado a combatir a la defensiva, debiendo retirarse hacia el este. Desesperado al ver la retirada de los japoneses, que eran sus únicos aliados, no pudo impedir la caída de Chitá en manos de los bolcheviques —el 22 de octubre—, pero pudo aún mantenerse en la provincia de Lejano Oriente durante casi un año más. En mayo de 1921 apoyo un golpe de estado contra las autoridades de la República de Lejano Oriente, proclamándose gobernante del krai de Primorie hasta septiembre, cuando viendo la derrota inevitable, abandonó Rusia .

3.7.1 Mongolia, Tuvá y el «barón loco»

En todas las guerras, y especialmente en conflictos tan complejos como los que nacieron con la Revolución Rusa hay personajes extraños, curiosos y originales, pero sin duda el barón Robert Nickolaus Maximilian von Ungern-Sternberg apodado el «barón sanguinario», o el «barón loco», merece un puesto de honor entre ellos.

Son muchas las razones por las que el barón Von Ungern se ha convertido en un mito, una de ellas, el oro y los tesoros de su División de Caballería Asiática. Según Ossendowski, 1800 kilos de oro, plata y piedras preciosas, enterradas en las estepas del este de Mongolia por sus hombres, acosados por los bolcheviques. Nunca lo ha encontrado nadie. Su sola existencia se ha convertido en leyenda.

Miembro de una aristocrática familia de origen alemán del Báltico, durante la Primera Guerra Mundial combatió en Galitzia, en el frente contra el Ejército Austro-Húngaro, comportándose como un oficial valiente, pero temerario e inestable. Tras la Revolución de febrero fue enviado por el Gobierno provisional ruso al Extremo Oriente como subordinado del general Semiónov para establecer una presencia militar leal en aquella región, actuando desde el principio con extrema crueldad.

Separado de Semiónov a primeros de 1920, creo su propio ejército «privado» a partir de su «División de Caballería Asiática», formada por rusos, buriatos y cosacos, pero también por chinos y mongoles, con los que atacó a blancos y a rojos.

En su tren blindado, a través de las estepas como un señor de la guerra medieval, consolidó su poder, y en octubre de 1920, cruzó el Onon e intentó apoderarse de la capital de Mongolia, Urga, que atacó a principios de 1921. Logró tomarla unos meses después.

El caso de Mongolia es curioso, porque en la práctica fue la nación externa al Imperio Ruso que más afectada se vio por la Revolución, en el sentido que fue la única cuyo futuro inmediato acabó totalmente alterado por los sucesos de Rusia. La situación suya era complicada, pues una parte de Mongolia, aprovechó el hundimiento de la monarquía china —la Revolución de 1911— que derrocó a la dinastía manchú, los Qing, y convirtió al país en una república inestable, que abrió un convulso periodo de guerras civiles y desórdenes aprovechados por algunos grupos de la periferia del imperio, como los mongoles o los tibetanos, para evadirse del control de los chinos.

En 1913, Jebtsundamba Kutuktu VIII, fue proclamado *tulku* —«buda viviente»—, y Kan de los mongoles. Tras aliarse con los tibetanos, intentó unificar las dos Mongolias, la exterior y la interior, pero los chinos, que eran mayoría en Mongolia interior lo impidieron, aunque en 1915 acabaron por otorgarle cierta autonomía a la región.

Por su parte los rusos, que hubiesen apoyado a los nacionalistas mongoles, muy debilitados en la zona tras su derrota ante los japoneses en 1905, no tuvieron capacidad de influir en los sucesos que ocurrían en la frontera chino-mongola y, cuando se produjo la Revolución de Octubre y los desórdenes en Siberia comenzaron, nadie fue capaz de apoyar a los mongoles en el momento en que el gobierno de Pekín tomó la decisión de intervenir militarmente, ocupar Mongolia, derrocar al Kan y establecer un estado títere en 1919.

Tras la invasión de Mongolia por las tropas de Von Ungern, en marzo de 1921, el barón situó de nuevo en el trono al kan y, tras autotitularse Hoshoi Chin Van, avanzó sobre las tropas chinas refugiadas en Hiagt, cerca de Choir al mando de Xu Shuzheng, y las derrotó completamente. Von Ungern actuó como cogobernante formal, pero en la práctica era dueño y señor del país, e intentó aprovechar el odio mongol contra los chinos para intentar reconstruir el impero de Gengis Kan, el mismo sueño que tenía Semiónov, pero con mejores y más sólidos fundamentos.

La región de Tuvá parte de los dominios de los chinos de la dinastía manchú Qing como el resto de Mongolia, aprovechó la Revolución de en 1911 para proclamarse independiente con el apoyo del ejército zarista ruso, bajo el nombre de República Urjanchai, y poco después se convirtió en un protectorado ruso —krai— en abril de 1914, poco antes del comienzo de la guerra. Para asegurar su dominio, tropas cosacas la ocuparon en julio de 1916, pero se retiraron a finales del año siguiente ante el colapso del imperio.

Los bolcheviques se apoderaron de la región en marzo de 1918 pero en julio fueron expulsados por los blancos, si bien su dominio duró poco, pues a finales del verano, tropas chinas, mongolas y tuvanas expulsaron a los rojos y se dividieron el territorio en zonas de influencia. El suroeste fue ocupado por los mongoles y el sur por los chinos, pero los blancos consiguieron mantenerse en el resto del territorio hasta julio de 1919, cuando los soviéticos conquistaron finalmente el país, hasta que en febrero de 1920 se produjo una gran ofensiva china.

A inicios de 1921 el barón Von Sternberg invadió el territorio y la región entró en el caos. Los comunistas, tras una rápida campaña en junio de 1921 conquistaron todo el territorio, y proclamaron la República Popular de Tannu-Tuvá un mes después, declarándola independiente de China en diciembre .

La intrusión de Von Ungern en Mongolia alertó al gobierno de Moscú, que se decidió enviar tropas a Mongolia y financió la creación de un partido comunista mongol, que fue fácil de organizar, pues el terror causado por las correrías del barón y sus guerreros salvajes nutrió de voluntarios las filas bolcheviques. El avance del Ejército Rojo se produjo por dos columnas que pasaron a la ofensiva el 28 de junio de 1921. Tras tomar Hüree, ocuparon Mongolia central, mientras, las últimas tropas chinas en el país eran forzadas a retirarse a sus fronteras.

La capital cayó el 6 de julio, forzando al barón Von Ungern a replegarse hasta la frontera septentrional ruso-mongola, donde siguió combatiendo hasta que lo entregaron sus propias tropas en agosto de 1921 en Novonikolaevsk, siendo ejecutado sumariamente en septiembre. Una cierta corriente ha edulcorado o dado una visión romántica de Von Ungern, especialmente por su contacto con el escritor, explorador y aventurero polaco Ferdynand Ossendowski, pero en la práctica no dejó de ser nunca otra cosa un guerrero bárbaro fuera de su tiempo.

La represión de las victoriosas tropas rojas fue brutal, y los comunistas se comportaron igual que Von Ungern y sus tropas asiáticas. En julio se produjo una matanza de exiliados rusos en Uliastai y los restos de cualquier oposición anti bolchevique fueron barridos, y en enero de 1922, cualquier fuerza armada organizada había sido liquidada. Al Kan, se le permitió reinar en una monarquía constitucional dirigida por los primeros ministros salidos del Partido Revolucionario del Pueblo Mongol —PRPM—, formado por nacionalistas y socialistas unidos por el odio al barón Von Ungern. Muerto el kan en 1924 los comunistas declararon que no habría una nueva reencarnación de Buda y proclamaron la República Popular de Mongolia.La capital del país fue rebautizada como Ulán Bator, en honor a Damdin Sükhbaatar, héroe y dirigente del PRPM durante la lucha contra el barón y los chinos. Mongolia se convirtió de esta forma en el primer estado satélite de la Unión Soviética, pues nunca fue integrado y se le permitió mantener su independencia, teniendo un destacado papel geoestratégico en las décadas siguientes, al servir al Ejército Rojo como base de operaciones contra la amenaza japonesa en Manchuria.

3.7.2 Fronteras del Ussuri

Como en casi todas las zonas donde había sólidas comunidades cosacas sus grupos armados, dirigidos por líderes decididos a ser los dueños de su destino, tomaron el control de los puntos claves de sus regiones sin dudar, ocupando nudos de comunicaciones, vías férreas, arsenales imperiales y, si era posible, fortalezas o puestos fortificados. Uno de esos lugares fue el Ussuri cuya cuenca quedó en manos del atamán Iván Pavlovich Kalmykov que en enero de 1918 empezó a reunir sus fuerzas para levantarse en armas contra el gobierno central, pues desde el primer momento sospechó que algo no iba bien, o al menos, que todo parecía lo que en realidad era, un golpe de estado.

En abierta rebelión desde marzo, los cosacos del Ussuri sabían que su única posibilidad de mantener una posición de fuerza era apoderarse —como sucedió en toda Rusia, desde Ucrania a Siberia—, de las vitales líneas ferroviarias, pero su único apoyo eran los japoneses, que, con razón, no le gustaban demasiado, pero con su ayuda en armas y dinero, el 4 de julio tomó la estación central de Grodekovo y una vez logró un acuerdo con los checoslovacos. logró conquistar Jabárovsk el 7 de septiembre, lo que le permitió ser el dueño efectivo de la frontera oriental con China, pero como le sucedía a los caudillos cosacos, su capacidad militar, en armas, municiones, material de guerra y suministros, dependía de la ayuda exterior, y no poseían ni capacidad industrial, ni medios financieros ni los conocimientos y las capacidades que exige mantener un ejército moderno, por lo que comienzos de 1919 se sometió a la autoridad de Kolchak pero, al igual que otros cosacos como Semiónov y Von Ungern, nunca le prestó ayuda ni apoyo militar, y como ellos, al final no sirvió ni para apoyar al bando blanco ni para combatir con eficacia al rojo.

Presionado por las tropas soviéticas e incapaz de tener una idea global mínimamente sensata del problema en el que estaba metido, sus cosacos acabaron amenazando y extorsionando a las ciudades del krai de Primorie, lo que provocó que las tropas blancas de la región no pudiesen actuar con eficacia contra los bolcheviques, y en febrero de 1920 pasó a China, cuyas tropas le detuvieron el 5 de marzo con sus últimos 800 hombres, hartos de su violencia contra los civiles de la zona. En septiembre se decidió su extradición a Vladivostok, pero lo supo, intento escapar, y fue abatido por los chinos.

3.7.3 Enemigos del futuro

Aunque Francia había pedido a los japoneses ayuda para intervenir en Rusia en diciembre de 1917, la solicitud se había rechazado, ya que Rusia, a pesar de haber sido el gran enemigo de Japón en la décadas anteriores se había convertido durante los primeros años de la guerra mundial, no solo en aliado circunstancial, sino en su tercer cliente comercial y uno de los mejores compradores de productos nipones.

Tropas japonesas en Vladivostok. El gobierno japonés tuvo muchas dudas acerca de los límites de su intervención en la guerra civil rusa, y actuó de forma tímida y dubitativa, sin tener claros del todo sus objeticos estratégicos a largo plazo. Todo cambiaría una década más tarde, cuando la agresividad imperial nipona diese de nuevo alas al ejército en sus planes de apoderarse de Siberia, pero eso es otra historia.

Sin embargo, el ejército vio en el progresivo caos ruso una posibilidad estratégica muy interesante, la creación de algún tipo de estado tapón que protegiese Corea y los puertos arrebatados a los rusos en la guerra de 1904-1905, ya que no había sentado muy bien que el Gobierno Provisional Ruso denunciase los acuerdos fronterizos con Japón, incluyendo el firmado en 1916, que resolvía el problema de las fronteras, por lo que con el pretexto de «proteger a sus ciudadanos» en enero de 1918 varias unidades de la armada se dirigieron a Vladivostok junto con un pequeño continente de los Royal Marines británicos.

Entre sus misiones había una no declarada, pero que fue evidente desde el primer momento, proteger a los cosacos y los partidarios del viejo orden zarista y eliminar a los bolcheviques y a cualquier revolucionario, aunque fuese moderado. Eso sí, para tranquilizar los Estados Unidos, Tokio declaró que su intervención de limitaría a la cuenca del Amur, evitando los intentos de la Entente franco-británica de involucrar a los japoneses más al oeste.

En abril, ante el rechazo de la mayor parte de la población rusa, y una vez consolidado y armado un cuerpo de tropas blancas capaces de actuar contra los bolcheviques, las tropas japonesas, sin importarles la opinión de los aliados, ocuparon las posiciones clave del puerto y la ciudadela y se hicieron con el control de Vladivostok, La idea oculta era garantizar un total control japonés de la región de Transbaikalia, y empresarios japoneses se hicieron con el control de empresas de pesca, maderera, ferrocarriles, minas y toda la red comercial desde el Amur al norte de Sajalin, mientras el Ejército tomaba la administración de las aduanas ruso-coreanas y ruso-chinas, y la armada imperial se hacía con el control de la flota mercante.

No obstante, los japoneses mostraron una mayor prudencia de lo que sucedería en los años 30, cuando su agresivo régimen militarista intentaría convertir Siberia en una de las áreas de expansión del Imperio, y se limitaron a aceptar la propuesta de Wilson, de julio de 1918, de enviar 7000 hombres como ayuda a la coalición internacional de 25 000 que debía socorrer a la Legión Checoslovaca atrapada en la ruta del Transiberiano, y eso solo después de un agrio debate en el Parlamento, que finalmente autorizó al primer ministro Terauchi Masatake, el envío de 12 000 soldados, pero bajo mando propio. Además, el control de toda la operación debería estar a cargo siempre del general Yui Mitsue .

En agosto el puerto de Vladivostok se declaró «protectorado Aliado» mientras la Legión Checoslovaca controlaba el Transiberiano. Finalmente, el 5 de septiembre, los japoneses entraron en contacto con la vanguardia de la Legión Checoslovaca, y unos días después, británicos, italianos y franceses se unieron a los checoslovacos en un intento de restablecer el frente oriental tras los Urales, pero Japón no colaboró, lo que hizo sospechar a los estadounidenses que el alto mando japonés lo que quería era apoderarse o al menos controlar las provincias orientales de Rusia.

Tras colaborar con las tropas de Semiónov, dos tercios de las tropas japonesas se concentraron desde el otoño de 1918 a lo largo del ferrocarril transmanchuriano, anteriormente bajo control ruso, expulsando o acabando con toda autoridad que no se les sometiese, y tomando el control de las estaciones.

El 11 de noviembre, día de la firma del Armisticio con Alemania, la presencia aliada en Rusia era, sobre el papel, imponente: 60 000 checoslovacos; 70 000 japoneses; 9000 estadounidenses; 4000 canadienses; 2000 británicos y destacamentos de franceses, italianos y polacos, pero su implicación en la lucha contra el Ejército Rojo fue mínima, todo por la renuncia japonesa a intervenir más allá de Irkutsk .

En febrero de 1919 se planteó por parte de británicos y estadounidenses, la retirada de las tropas, pero finalmente no se llevó a cabo. Continuó tanto el mantenimiento de tropas como el envío de armas y material de guerra a las tropas blancas, pero muerto Kolchak, los británicos evacuaron sus tropas entre febrero y marzo de 1920, y las últimas tropas de Estados Unidos se marcharon en abril, quedando desde junio los japoneses solos.

El Ejército japonés siguió ayudando a los blancos contra la República del Lejano Oriente, apoyada por Moscú, pero la presencia de tropas japonesas preocupó a los estadounidenses que veían ambiciones territoriales en Siberia y Rusia Oriental, por lo que comenzaron a presionar a Tokio para que retirase sus tropas, lo que finalmente hizo en octubre de 1922. La intervención extranjera en la guerra civil rusa llegaba a su punto final.

Para Japón la guerra civil rusa fue un momento amargo, pues enredó al gobierno y al ejército en duras discusiones, ya que no estaba aún claro cuál debía ser el objetivo prioritario de la política exterior japonesa, y el expansionismo militar aún no se había impuesto como doctrina, por lo que las 5000 bajas en combate y los gastos de más de 900 millones de yenes se consideraron una carga excesiva.

3.8 La extensión al oeste: la guerra polaco-soviética

El armisticio de noviembre de 1918 fue un problema para las naciones del Este, pues dejó sin resolver muchos problemas. Decenas de miles de soldados alemanes estaban desplegados en el Báltico y la Alemania Imperial perdió de golpe la posibilidad de crear una serie de estados títeres en sus fronteras orientales, pero a Rusia le pasaba lo mismo, pues el viejo imperio de los zares había perdido, de golpe, el esfuerzo de al menos trescientos años de guerras incesantes que habían llevado las fronteras rusas a miles de kilómetros al oeste de la vieja Moscovia.

Para Polonia, sin embargo, la Revolución Rusa y el colapso repentino de los Imperios Centrales fue una increíble oportunidad de reparar una injusticia histórica. El Consejo de Regencia, formado por tres personas, y subordinado desde su creación a los Imperios Centrales, no solucionaba las ambiciones nacionales polacas, pero tenía el embrión de una futura administración y disponía de 6000 hombres armados, pero control sobre el país era precario y no se extendía mucho más allá de Varsovia y de ciertas áreas de la antigua zona rusa. Políticamente defendía una monarquía constitucional, pero no estaba claro, ni cómo ni con quien. En Lublin, donde los paramilitares nacionalistas se habían hecho con el poder ante el hundimiento austro-húngaro, el futuro mariscal Rydz-Śmigły comandante de esta formación y el gobierno del socialista Ignacy Daszyński, no lograban hacerse plenamente con el control, hasta que un día antes del fin de la guerra, el 10 de noviembre, fue liberado Józef Piłsudski, a quien el Consejo de Regencia, al disolverse, dio de inmediato toda la autoridad, aunque no logró llegar a un acuerdo con el Comité Nacional Polaco, que tenía sede en París, hasta enero de 1919.

La oportunidad debía ser aprovechada. Polonia, una de las naciones históricas de Europa, borrada del mapa en 1795 y sometida desde hacía 123 años a los imperios prusiano, austriaco y ruso, no solo volvía a la vida, sino que además podía intentar recuperar el espacio territorial originario, que en el siglo XX distaba mucho de ser homogéneo, y el caos ruso y la impotencia alemana hacían que la oportunidad fuese única.

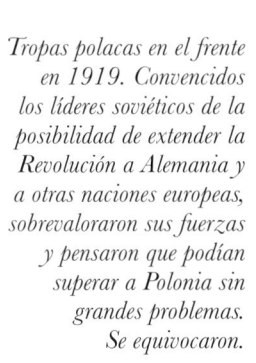

Tropas polacas en el frente en 1919. Convencidos los líderes soviéticos de la posibilidad de extender la Revolución a Alemania y a otras naciones europeas, sobrevaloraron sus fuerzas y pensaron que podían superar a Polonia sin grandes problemas. Se equivocaron.

Además, Polonia no estaba sola. El nacionalismo eslavo que buscaba crear nuevas naciones para checos, eslovacos, ucranianos o rutenos, permitía a los polacos disponer de aliados ocasionales e incluso viejos socios como los lituanos, podían ser de gran ayuda. Es verdad que las rencillas de estos pueblos entre ellos eran importantes, pero comparado con su odio a rusos o alemanes, las diferencias que pudieran tener entre ellos, no eran nada ante lo que podían conseguir[45].

Piłsudski quería extender al máximo posible las fronteras de Polonia al Este, y ambicionaba una confederación que incluyese, como mínimo, Polonia, Lituania, Ucrania, la vieja Rzeczpospolita, del siglo XVI, que llegó a extenderse del Báltico al Mar Negro, y lo único que consiguió fue, no solo la imaginada hostilidad de los bolcheviques, sino la negativa de rusos blancos a reconocer la independencia polaca. Los polacos, indignados con los blancos, dejaron de

---

[45] Churchill, siempre irónico y sarcástico dijo: «La guerra de gigantes ha terminado, ahora comienza la guerra de los enanos».

apoyar las ofensivas contra el Ejército Rojo, condenando a las fuerzas blancas a una derrota segura.

En las últimas semanas de 1919, Lenin, que estaba cada vez más satisfecho con la marcha de la guerra en todos los frentes, y no solo él, sino su entorno, comenzó a convencerse de que las fuerzas de la Revolución eran irresistibles, y que en pocos años Europa entera, y luego el mundo, caerían a sus pies. La ofensiva soviética en Polonia debía ser una oportunidad «de sondear Europa con las bayonetas del Ejército Rojo».

Llega el enemigo. Cartel de propaganda polaca publicado en 1917 que presenta al bolchevismo como al enemigo judío. Carteles como este desencadenaron una ola de pogromos que barrieron Polonia de 1918 a 1920. También durante la guerra con Rusia el gobierno polaco internó en el campo de Jablonna a 17 000 soldados y oficiales de origen judío como sospechosos de traición. Tras lo sucedido en 1939 y porque entonces interesó, Polonia ha pasado a la memoria colectiva como una víctima. No lo era en absoluto. Otro ejemplo: Vilna era la capital histórica de Lituania, pero los polacos no dudaron en arrebatársela por la fuerza en cuanto tuvieron ocasión de hacerlo.

Lenin, y su círculo, estaban convencidos de que, si Polonia caía algo que veían fácil, la Revolución podría prender en Alemania, que se encontraba en una auténtico caos político y social, y que, si el Ejército Rojo alcanzaba el Elba, Europa entera seguiría los pasos de Rusia , además, muchos pensaban que la Revolución moriría si no se consolidaba en Alemania, para lo que era necesario su triunfo en los países intermedios, es decir, Lituania y Polonia.

3.8.1 Guerra en Polonia

Aunque el gobierno ruso tenía la idea de la expansión occidental muy clara, las cosas no eran sencillas. Se ordenó al ejército del Frente del Oeste que ocupase el máximo territorio posible tras la retirada alemana, y las tropas de la República Socialista Soviética Lituano-Bielorrusa, se impusieron con facilidad a las milicias polacas organizadas en Vilna, que intentaban hacer lo mismo.

La gran crisis de la primavera y el verano de 1919, con las ofensivas de los ejércitos blancos, puso a los bolcheviques en un estado crítico. Los polacos, que en septiembre tenían ya 230 000 hombres en frente del este, disponían de una notable superioridad, y en agosto, el día 8, tomaron la capital de Bielorrusia Minsk para, posteriormente, alcanzar fuertes posiciones sobre el Daugava a primeros de octubre.

La derrota de los ucranianos ante los soviéticos aportó aún más tropas a los ejércitos polacos, pero las derrotas blancas, cada vez más graves, permitieron a los soviéticos enviar más y más tropas al oeste. Aunque los polacos alcanzaron a mantener en el frente a 737 000 hombres en agosto de 1920, Mijaíl Tujachevski, comandante del frente occidental soviético contaba ya en esas fechas con 950 000 efectivos.

El 24 de abril, antes de que la amenaza soviética fuese mucho más peligrosa, Polonia comenzó su principal ofensiva, el asalto a Kiev, y la creación de una Ucrania independiente —en realidad supeditada al plan de Piłsudski de lograr una «Gran Polonia»—, pero los ucranianos, aun los nacionalistas, no estaban dispuestos a ceder fácilmente ante las pretensiones polacas, pues por razones históricas diversas, desconfiaban de ellos tanto o más que de los rusos —conviene no olvidar que también había ucranianos en el Ejército Rojo—.

Al principio todo fue bien. El 7 de mayo las tropas polacas y sus aliados ucranianos tomaron Kiev —la fuerza combinada estaba formada por 65 000 polacos y 15 000 ucranianos— pero la ocupación fue breve, y los ataques del 15.º Ejército Rojo detuvieron en seco el avance del 1.º Ejército Polaco, y el 24 de mayo, la caballería roja de Semión Budionni comenzó a atacar sus flancos y el 5 de junio rompían el frente, y con los polacos en retirada, los soviéticos retomaron Kiev el 13 de junio.

Las tropas polacas seguían intactas, pero mantenían un frente mal protegido de algo más de 300 kilómetros con 120 000 hombres que se enfrentaban a los 108 000 de infantería y 11 000 de caballería rusos, apoyados por 722 piezas de artillería y 2913 ametralladoras.

Tujachevski aprovechó su superioridad numérica, y los ejércitos soviéticos 3.º, 4.º y 15.º, cubiertos en el sur por el 16.º, lanzaron un brutal asalto sobre el eje Smolensko-Brest-Litowsk el 4 de julio. En tres días obligaron a los polacos a retroceder. El intento polaco de sostenerse en las antiguas trincheras alemanas de la guerra, que tenían solo unos años, fracasó. El frente polaco quedó totalmente roto.

Con avances de 30 kilómetros diarios, los soviéticos no se detuvieron. Cruzaron el Narew el 2 de agosto. La fortaleza austro-húngara de Brest cayo sin apenas resistencia ante el 16.º Ejército rojo, y sus vanguardias aparecieron a menos de 100 kilómetros de Varsovia, sin que pareciese que fuesen a detenerse. Si no se conseguía frenar el avance, la independencia de Polonia podía convertirse en un mero sueño.

Una serie de exitosos contraataques en el sector sur dieron algo de tiempo a los polacos para retirarse en orden, pero cundía el temor en Varsovia. Todo intento de conseguir un acuerdo con los soviéticos fue rechazado, y el poder político de Piłsudski perdió fuerza. Sorprendentemente, la mayor parte de la opinión pública occidental era fuertemente prosoviética, y el secretario de Estado de Asuntos Exteriores del Reino Unido *lord* Curzon planteó una probable frontera de tregua que debía servir de base para las negociaciones entre las dos naciones enfrentadas. El gobierno británico, que deseaba terminar con el conflicto, llegó a presentar un ultimátum a Moscú, que fue rechazado, pues en Rusia se sabía perfectamente que el Reino Unido no estaba en condiciones de hacer mucho más de lo que ya hacía.

El alto mando polaco en Lwov. El alto mando soviético, ante la insistencia de Tujachevski, ordenó al 1º Ejército de caballería avanzar al norte hacia Varsovia y Lublin, pero Budionni desobedeció por las diferencias entre Tujachevski y Yegórov, comandante del frente sudoeste, y los juegos políticos de Josef Stalin, comisario político jefe del frente sudoeste. Fue un error muy grave.

En este sentido es importante la fuerza que estaba adquiriendo la propaganda comunista, incluso en Inglaterra, donde el Partido Laborista declaró en agosto que jamás consentiría la entrada en la guerra a favor de Polonia, e incluso los sindicatos bloquearon en los puertos los suministros que iban a Archánjelsk, donde aún había tropas británicas.

Moscú aprovechó para formar un gobierno polaco títere, formado por el Comité Revolucionario Polaco Provisional, el 28 de julio, en la zona ocupada, que no logró ningún apoyo popular, y en tanto la confianza de los líderes soviéticos iba creciendo, las diferencias entre los mandos soviéticos iban en aumento, pues no tenían claro cómo debía proseguir la ofensiva, más aun cuando los ejércitos soviéticos combatían en frentes muy amplios, que iban desde el Turquestán a Siberia y desde el Cáucaso a Crimea, y en todos hacían falta más hombres y más medios.

En cuanto a Polonia, apenas tenía apoyo. Sus viejos aliados católicos, los lituanos, exigían que se les devolviese su capital, ocupada por los polacos, y los checoslovacos, que sabían de las ambiciones nada disimuladas de Polonia sobre parte de su territorio, se negaron a permitir el envío de apoyo húngaro. Italia apenas pudo hacer nada y Francia, que sí se mostró favorable a la causa polaca, fue la única nación que realmente ayudó, con el envío de 800 asesores —que incluían un puñado de británicos— y el envío del llamado «Ejército Azul[46]», formado por tropas principalmente polacas, aunque había gentes de toda Europa, y que había combatido en la guerra mundial bajo mando francés. Finalmente ayudo en todo lo relativo a la doctrina, táctica, formación, estructura y organización del ejército polaco, que desembocaría el 21 de febrero de 1921, en la firma de una alianza militar que tendría gran importancia en el futuro.

El general Mijaíl Tujachevski, planteó su ataque final a Varsovia mediante un asalto desde el este, y el 10 de agosto la caballería cosaca del Ejército Rojo cruzó el Vístula, pero no sabía que iba directo a una trampa[47]. El 13, el primer ataque soviético fue rechazado, y en el resto de los frentes de lucha, los polacos fueron tomando ventaja hasta que el 5.º Ejército polaco logró empujar a las tropas soviéticas lejos de Varsovia en una operación que tuvo un éxito inesperado y un avance rápido y para el día 16, la victoria polaca en la batalla por la capital era evidente.

El 18 de agosto, Tujachevski, en su cuartel general en Minsk, en Bielorrusia, muy al este de Varsovia, se dio cuenta de las proporciones de la derrota, y ordenó a los restos de sus fuerzas retirarse y reagruparse, para reforzar su línea de frente. No pudo hacerlo, y los ejércitos soviéticos en el centro del frente se hundieron, y divisiones enteras se desintegraron. En total retirada los soviéticos fueron interceptados y aniquilados por la caballería polaca en Komarów a finales de mes y aunque el ejército de Budionni logró evitar ser rodeado,

---

[46] El nombre se debe únicamente al color azul-gris de sus uniformes franceses, pero su oposición al rojo soviético le concedió un simbolismo no buscado.

[47] El excelente servicio de análisis criptográfico polaco había descifrado las claves rusas. Años después facilitarían a los británicos el trabajo que serviría para descifrar la máquina alemana «Enigma». Además, la red de espías dio una información crucial sobre los movimientos de los ejércitos soviéticos.

su moral se hundió, y los restos de su ejército de caballería se retiraron hacia Volodímir-Volinski, donde el de septiembre fueron derrotados en la batalla de Hrubieszów.

Aunque los soviéticos se reorganizaron, las victorias polacas continuaron, primero sobre el Niemen y después en el río Szczara logrando alcanzar la línea Ternópil-Dubno-Minsk-Drisa, en tanto en el frente sur las tropas ucranianas vencieron al 14.º Ejército Soviético y alcanzaron el 18 de septiembre de 1920 el río Zbruch, y más allá, hasta la línea Dniéster-Sharharod-Bar-Lityn.

Una patrulla de caballería polaca ataca y derrota a otra de cosacos rusos. Los éxitos de su caballería tendrían efectos muy negativos en la concepción polaca de la guerra, pero inspiraron a un asesor francés, que llegó a la conclusión de que la movilidad y la mecanización representarían el futuro de la guerra. Se llamaba Charles de Gaulle.

Inmediatamente después de la batalla de Varsovia, los soviéticos solicitaron una paz y los polacos, exhaustos, se mostraron favorables a negociar. Los soviéticos hicieron dos ofertas: una el 21 y otra el 28 de septiembre. La delegación polaca contraofertó el 2 de octubre. Con ligeros cambios, esa propuesta fue la que condujo al armisticio entre Polonia, por una parte, y la Ucrania y la Rusia soviéticas por otra. Se firmó el 12 de octubre y comenzó a ser efectivo el día 18.

Desesperados, al sentirse abandonados por los polacos, los ucranianos del general Petlyura, quisieron continuar la lucha solos, pero derrotados en una serie de combates que finalizaron el 21 de noviembre, no tuvieron más remedio que retroceder definitivamente a Polonia. Perseguidos por el Ejército

Rojo, más de 20 000 soldados acabaron capturados. Algunos de ellos fueron asesinados por miembros del primer regimiento de caballería bolchevique, dirigido por el general de los cosacos del Don, Semyon Budyonny.

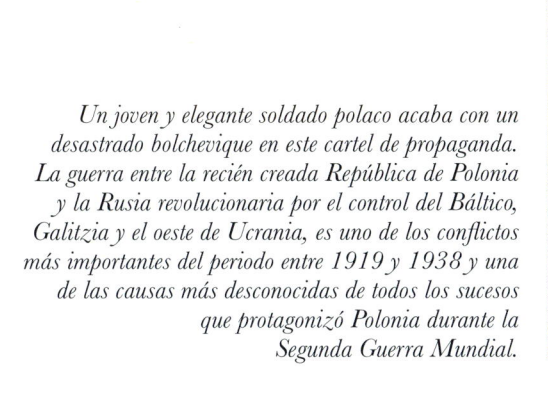

Un joven y elegante soldado polaco acaba con un desastrado bolchevique en este cartel de propaganda. La guerra entre la recién creada República de Polonia y la Rusia revolucionaria por el control del Báltico, Galitzia y el oeste de Ucrania, es uno de los conflictos más importantes del periodo entre 1919 y 1938 y una de las causas más desconocidas de todos los sucesos que protagonizó Polonia durante la Segunda Guerra Mundial.

Polonia consiguió que su frontera se aproximase a la de 1772, pero en la paz de Riga, el 18 de marzo de 1921, los territorios que estaban en disputa en Bielorrusia y Ucrania se dividieron. Peor aún fue la falta de apoyo de los polacos a sus «aliados» ucranianos, que empeoró las relaciones en los años siguientes entre el gobierno y su amplia minoría ucraniana. Tampoco ayudó a una amistad futura la obsesión polaca por mantener bajo su control Vilna, en perjuicio de Lituania.

Hoy no hay duda de que la guerra que mantuvieron rusos y polacos entere 1919 y 1920 tuvo consecuencias muy importantes para Europa y para el resto del mundo. Los líderes soviéticos se aseguraron de consolidar la Revolución en su «espacio interior» y, en los años siguientes, se centraron en volver a tomar el control del mayor espacio posible de territorios del antiguo Imperio Ruso, desarrollando amplias campañas militares en el Cáucaso, Asia Central y Siberia; pero abandonaron durante los siguientes veinte años cualquier intento de exportar el régimen comunista al resto del mundo mediante el uso de la fuerza.

Para los líderes de Moscú, era preciso asegurar la constitución de un estado fuerte y sólido, reconstruir el músculo industrial, científico y técnico de Rusia y, solo después, intentar expandir las ideas comunistas mediante una intervención directa en el extranjero. Solamente una cuestión se consideró importante, y se transformó en una obsesión al percibirse cada vez más claramente la amenaza alemana tras la llegada al poder de Adolf Hitler: ganar espacio y empujar al Oeste las fronteras de la Unión Soviética, para alejar de Moscú y del núcleo industrial de Rusia el punto de partida de cualquier ejército enemigo. De hecho, esperaron pacientemente el momento adecuado, y cuando Alemania invadió Polonia en 1939, actuaron. Ocuparon media Polonia, Estonia, Letonia y Lituania; obligaron a Rumania a entregarle Besarabia y Bucovina y, a Finlandia, a ceder parte de sus territorios. Eso les permitió empujar sus fronteras hacia el oeste una media de 150 kilómetros. Está demostrado que su estrategia tuvo éxito. Conviene no olvidar al respecto, que los alemanes se quedaron en diciembre de 1941 a 30 kilómetros de Moscú.

3.9 El enredo del Cáucaso

Si la Revolución Rusa fue compleja en su desarrollo y consecuencias en todas las áreas periféricas del Imperio, en el Cáucaso, una región con decenas de pueblos diferentes, enemistados históricamente entre si y de religiones distintas, el hundimiento del poder zarista fue desastroso para toda la región, y sumió amplias zonas en guerras que provocaron atroces matanzas y centenares de miles de refugiados.

Cuando Turquía entró en la Primera Guerra Mundial en 1914, su principal objetivo era retomar el control de los territorios de Anatolia Oriental que habían caído en manos rusas en 1878, ya para ello, aprovechando que el principal esfuerzo de sus enemigos se haría ante alemanes y austro-húngaros, como en realidad sucedió, los otomanos desplegaron dos grandes unidades, los ejércitos 2.º y 3.º, que llegaron a alcanzar los 160 000 hombres, un número suficiente para imponerse a los rusos, que no pasaban de 100 000, y que debido a sus derrotas ante los alemanes en Tannenberg y los Lagos Masurianos, se vieron reducidos a 60 000, pues tuvieron que enviar tropas a su frente occidental con urgencia.

Sin embargo, las ambiciones turcas no estaban a la altura de las capacidades reales de sus fuerzas armadas. Sus deficiencias, especialmente en guerra invernal, y una mala dirección táctica y estratégica, les llevaron al desastre en la batalla de Sarikamis, librada entre el 29 de diciembre de 1914 y el 4 de enero de 1915, donde el 3.º Ejército otomano perdió cerca de 90 000 hombres. Una victoria que aumentó las siempre presentes ilusiones rusas de lograr la posesión de Estambul, el Bósforo y los Dardanelos, el mar de Mármara, el sur de Tracia hasta la línea Enós-Midia, partes de la costa del mar Negro y puntos indeterminados cerca de la bahía de Esmirna. Los rusos querían además reemplazar la población musulmana de esos territorios por eslavos y crear grandes comunidades cosacas.

Los sucesos de febrero de 1917 provocaron que el control ruso de las naciones de Transcaucasia acabara por debilitarse, y si bien el Gobierno Provisional Ruso estableció un Comité especial para dirigir la región, el poder real era ejercido por los diputados del Consejo Nacional de los Pueblos del Cáucaso —CNPC—, dominado por los diputados azeríes, y los miembros de la Duma rusa. El 20 de septiembre de 1917, el CNPC proclamó en Tiflis —Georgia— la creación del Comisariado Transcaucásico. Esta medida fue apoyada por los partidos de la izquierda moderada nacionalista, social-revolucionarios georgianos, socialdemócratas, armenios y azeríes, pero fue un gobierno totalmente ineficiente, ya que los partidos dominantes en Georgia, Armenia y Azerbaiyán eran nacionalistas[48] y no estaban realmente interesados en el bien común. Tras la Revolución de Octubre la izquierda de Azerbaiyán se rebeló contra el poder central transcaucásico, y proclamó la Comuna de Bakú. La desintegración del viejo poder zarista estaba en marcha.

En el frente turco, entre octubre y noviembre de 1917, los regimientos regulares del ejército zarista comenzaran a desertar en masa, lo que amenazó con provocar el hundimiento general del frente, que se salvó solo porque los turcos, ante la ofensiva de los británicos en Palestina y Mesopotamia, llevaron a la mayoría de sus tropas al sur. En diciembre, las Unidades Voluntarias Armenias del general Tovmas Nazarbekian, pasó a cubrir la línea del frente tenía tres sectores principales, al mando de Movses Silikyan, Andranik Ozanian y Mijáil Arechian, que se sumaron a otra unidad regular, la del coronel Korganian. Para complementar estas fuerzas se contaba con 40 000 irregulares que protegían la línea desde Van a Erzincan.

Con el frente turco en sus manos, el Dashnak —Movimiento Nacional de Liberación Armenio—, proclamó la República Democrática de Armenia en el Congreso de los Armenios Orientales, unificado del Concilio Nacional Armenio, ante la disolución de la República Federativa Democrática de Transcaucasia. Tovmas Nazargekian se convirtió en el líder del estado armenio, mientras que el general Andranik Ozanian tomó el mando de la zona de guerra contra las tropas otomanas.

Para los turcos, la firma del Tratado de Brest-Litovsk el 3 de marzo de 1918, fue un alivio. La República Socialista Federativa Soviética de Rusia cedía Batum, y los distritos de Kars y Ardahan al Imperio Otomano, por lo que

---

[48] Los azeríes son turcos, y musulmanes chiíes. Los armenios y los georgianos son cristianos.

los efectos de la guerra de 1877 a 1878 quedaban anulados, y se reconocía la independencia de la Federación de Transcaucasia, que era tan inestable que en unos meses se dividió en tres: la República Democrática de Georgia; la República Democrática de Armenia; y la República Democrática de Azerbaiyán. Las dos primeras se negaron a reconocer el acuerdo firmado en su nombre por la Federación de Transcaucasia, y declararon el estado de guerra con el Imperio Otomano. Ahora solo faltaba saber que harían los turcos.

Tropas turcas en el frente del Cáucaso. La mala dirección de las operaciones, la falta de equipo invernal adecuado y un pobre liderazgo, llevaron al ejército otomano al desastre ante los rusos, de diciembre de 1914 a enero de 1915, en Sarikamis. Una derrota que tendría importantes consecuencias en los años posteriores..

Después de haberse mantenido durante un año en la inactividad, el 3.er Ejército otomano inició en abril de 1918 una ofensiva en todo el frente del Cáucaso. La única resistencia que encontraron a su avance fue una milicia en la República Democrática de Armenia muy débilmente organizada. Utilizando así en la lucha a muy pocas tropas, el Ejército turco conquistó Trebisonda, Erzurum, Kars, Van y Batum —los territorios que le había cedido Rusia en Brest-Litovsk—, y en mayo los turcos atacaron el corazón de la República Democrática de Armenia.

En las batallas de Sardarapat, Kara Kilisse y Bash Abaran, los armenios produjeron graves pérdidas a los otomanos, pero los turcos salieron victoriosos, dispersando al ejército armenio, y obligando a sus autoridades a firmar el Tratado de Batum, en junio de 1918, aunque al llegar el verano, los armenios de las montañas del Alto Karabaj acaudillados por Andranik Ozanian proclamaron la República de las Montañas de Armenia, y consiguieron detener el avance turco. En agosto, establecieron un gobierno independiente en Shusha, que era el centro administrativo de la región desde la época zarista.

Las tropas otomanas intentaron desesperadamente acabar con la resistencia armenia, pues la situación en el frente que mantenían contra los británicos era cada vez peor, y los sucesos que estaban sucediendo más al norte, afectaban a la situación estratégica general, ya que el nuevo avance turco más allá de las montañas había llevado sus tropas a las puertas de los campos petrolíferos de Transcaucasia, algo que a los Aliados preocupaba, y mucho.

El general Enver Pasha había conseguido el objetivo que perseguía desde 1914, la recuperación de los territorios perdidos 40 años antes. Con los éxitos obtenidos por las tropas bajo su mando —con escasa oposición—, realimentó el sueño del nacionalismo panturanio, y ordenó se constituyera una nueva fuerza denominada «Ejército del Islam», formado por 15 000 hombres, con los que decidió liquidar la Dictadura del Caspio Central, que dirigía Azerbaiyán, y alcanzar Bakú, en la costa. Esta nueva ofensiva se hizo con una fuerte oposición de los alemanes, quienes consideraban todo el sur de Rusia como su conquista por derecho y coto privado para su disfrute, según las cláusulas del Tratado de Brest-Litovsk.

El 25 de julio de 1918, el sóviet local en Bakú, rechazó poner en marcha medidas extraordinarias de reclutamiento y abandonar la idea de solicitar ayuda militar británica, pues Lenin no era capaz de enviar ayuda. El día 30, los otomanos alcanzaron la ciudad, pero los bolcheviques siguieron negándose a pedir amparo a los británicos —que era lo que quería el soviet— y se prepararon para evacuar Bakú con todo el armamento que pudieron reunir.

Con la mayoría del soviet a favor de la alianza británica, Shaumián lo disolvió junto con el Sovnarkom local, publicó una proclama acusando al proletariado local de haberse dejado engañar por socialrevolucionarios, mencheviques y dashnaks —armenios—, y embarcó junto con el resto de los miembros del disuelto Sovnarkom al día siguiente. Inmediatamente, se formó un nuevo Gobierno que arrestó a los antiguos comisarios.

A la disolución de la Comuna de Bakú le siguió la creación de la Dictadura del Caspio Central, formada principalmente por social revolucionarios rusos, con el respaldo de los nacionalistas armenios. La Conferencia de Comités Fabriles de la ciudad aprobó por amplia mayoría una moción —presentada por social revolucionarios y mencheviques— y otorgó su apoyo al nuevo Gobierno, condenando como traidores y desertores a los antiguos comisarios detenidos, dando su apoyo a la Asamblea Constituyente rusa, a la unidad de Rusia y a la defensa de la ciudad, solicitando apoyo británico.

Los británicos, que estaban a punto de decidir la guerra en el frente de Palestina y Mesopotamia, donde las desmoralizadas tropas turcas y sus aliados alemanes y austro-húngaros, mantenían malamente sus posiciones, no deseaban bajo ningún concepto que los Imperios Centrales aprovecharan el caos ruso para hacerse con el control de Bakú y de los campos de petróleo de Azerbaiyán, y el mando Aliado decidió enviar una misión militar de apoyo, que se puso al mando de Lionel Dunsterville —por ello esta fuerza fue conocida como *Dunsterforce*— compuesta por 1400 hombres. Era una fuerza pequeña, formada en su totalidad por anglosajones, pues eran británicos, australianos, neozelandeses y canadienses. Bien equipados y experimentados, además contaban con artillería y algunos vehículos blindados.

Con tan escasas tropas los británicos no podían defender la ciudad, y su intención era solo apoyar a quienes estuvieran dispuestos a enfrentarse a los turcos, pero la situación era realmente demencial, y el caos nadie sabía muy bien que hacer. Así, por ejemplo, Dunsterville se enfrentó con los revolucionarios al intentar tomar el control de los pocos barcos rusos que estaban en el puerto de Anzali —desde donde iba a partir— e izar en ellos la bandera zarista, eliminando la roja revolucionaria, incidente que se solucionó izando la bandera boca abajo, lo que la convertía en la bandera de Serbia[49].

El 17 de agosto los británicos estaban ya en Bakú, y los armenios locales, que estaban aterrados ante el avance turco, se sintieron aliviados, hasta comprobar lo exiguo del apoyo recibido. El desorden político continuó y las discusiones entre Dunsterville y los responsables de la dictadura fueron constantes. A pesar de la escasa entidad de las tropas turcas, la madrugada del 14 de septiembre y tras un bombardeo preliminar, los otomanos penetraron en el sector mejor defendido y Dunsterville ordenó la retirada, aunque sus fuerzas no embarcaron hasta la noche para no dar la impresión de estar abandonando a sus aliados. Las autoridades descubrieron la maniobra y ordenaron a dos cañoneras que impidiesen zarpar a los británicos, que desdeñaron las amenazas, y partieron poco antes de la medianoche, alcanzando Anzali al día siguiente.

Mientras tanto, la dictadura, negociaba secretamente para lograr el apoyo alemán ante los turcos, pero se sintió traicionada por la marcha de los británicos, y las defensas de la ciudad cayeron poco después. El 15 los azeríes

---

[49] Un general británico en el Caspio —mar nunca antes surcado por barcos británicos—; a bordo de un buque con el nombre de un presidente sudafricano y antiguo enemigo; a punto de partir de un puerto persa bajo bandera serbia, para socorrer de los turcos a un grupo de armenios, en una ciudad revolucionaria rusa. Realmente la situación era absurda.

entraron en la urbe, horas después de que algunas fuerzas armenias lograsen embarcar y dirigirse a Anzali. Las unidades otomanas permitieron la venganza azerbaiyana contra los armenios durante tres días, y según Comité Nacional Armenio mataron a 9000 personas. El 17 el gobierno azerí, con apoyo de las tropas otomanas, se instaló en la ciudad[50].

Vehículos blindados de la Dunsterforce *cerca de Bakú —Azerbaiyán—. A pesar de ser tropas de gran calidad, y estar muy bien equipadas, las fuerzas británicas eran insignificantes, y no estuvieron en condiciones de influir de manera decisiva en el desarrollo de las operaciones militares en el Caspio.*

No obstante, la situación en el Cáucaso seguía siendo condenadamente endiablada. Los turcos no habían avanzado hacia Georgia porque la República Democrática de Georgia, sintiéndose amenazada por el avance de las fuerzas otomanas, solicitó ayuda a Alemania, que a pesar de estar envuelta en feroces combates en el Frente Occidental[51], decidió enviar una unidad de apoyo al mando del general Von Kressenstein.

---

[50] Los comisarios de la comuna consiguieron salir de Bakú horas antes de su toma por los azeríes. Obligados por la tripulación de su barco a dirigirse a uno de los puertos controlados por fuerzas antibolcheviques, optaron por Krasnovodsk, donde el poder local estaba en manos de los socialrevolucionarios. Los fusilaron ante la pasividad del representante militar británico.

[51] Coincidió con los últimos esfuerzos alemanes por hundir el frente aliado en Francia durante la segunda batalla del Marne —del 15 de julio al 6 de agosto de 1918—, la última ofensiva alemana en el Frente Occidental durante la Gran Guerra. En cualquier caso, los alemanes habían preferido la explotación del petróleo local por los bolcheviques a la captura del puerto por sus aliados otomanos. Así eran las cosas.

1.- Soldado de infantería. Ejército británico. El Caúcaso, 1918.
2.- Cosaco. Ejército Blanco. Siberia. 1918.
3.- Oficial piloto. Ejército Rojo. Vladivostok. 1921.

La expedición, compuesta casi exclusivamente de tropas bávaras era de 3000 hombres y contaba también con la Legión Georgiana. Transportada por mar desde Crimea hasta Poti, en el Mar Negro, desembarcaron el 8 de junio de 1918. El 10 de junio estaban ya en Tiflis, la capital de Georgia, y posteriormente fueron reforzadas por tropas alemanas que se retiraron de Siria y Ucrania[52].

Alemania había concedido ayuda financiera al gobierno bolchevique en Moscú y ofreció detener al Ejército el Islam a cambio de un acceso garantizado al petróleo de Bakú. Según el acuerdo del 27 de agosto entre el gobierno bolchevique en Moscú y Alemania, éste recibiría una cuarta parte de la producción de petróleo de Bakú, que sería enviado a través del Mar Caspio y hasta el bajo Volga a las fuerzas apoyadas por Alemania en Ucrania.

Los alemanes desplegaron sus tropas por Georgia y contaron también con la ayuda de milicias formadas por campesinos alemanes que habían llegado a la zona en el siglo XIX, teniendo como objetivo esencial controlar el ferrocarril de Transcaucasia, y no se retiraron hasta el final de la guerra en Europa.

Su intervención al final dio igual, porque como hemos visto, las tropas otomanas y sus aliados azeríes tomaron Bakú y al mismo tiempo respondieron al desafío del general armenio Andranik y se lanzaron en su búsqueda por las montañas de Karabaj y Zangezur. En octubre, 5000 soldados del 3.º Ejército alcanzaron el refugio de Andrianik en Shusha. Se entabló un duro combate, sin resultados decisivos, pues las milicias armenias no fueron destruidas, y los combates entre turcos y los armenios duraron hasta el Armisticio de Mudros. Después del armisticio, el Imperio otomano comenzó la retirada de sus tropas, lo que aprovecharon los armenios para ocupar Nagorno-Karabaj[53], y crear una base para la siguiente fase de expansión hacia los territorios del este desde el estratégico corredor que se extiende dentro de Nakhichevan.

El fin de la guerra en Europa, Mesopotamia y Palestina, no acabó con la guerra en el Cáucaso, pues el desorden de la Revolución Rusa y las tensiones nacionalistas y religiosas hicieron imposible la paz.

3.9.1 Los conflictos nacionales: las guerras en la guerra

Los nuevos países nacidos del desmoronamiento del imperio zarista fueron incapaces de mantener un mínimo orden. Por una parte las políticas rusas habían

---

[52] La alianza otomana con Alemania la impuso la necesidad, y muchos en Alemania no querían a Turquía como aliada. Ahora aprovecharon su oportunidad.

[53] En 1991, tras el colapso de la Unión Soviética, la guerra volvió a las montañas, y los armenios declararon la República de Nagorno-Karabaj, enfrentándose de nuevo a los azeríes en un conflicto que duró hasta 1994. Hoy en día la situación sigue siendo muy inestable.

potenciado el poder regional de grupos «afines», por lo que tanto los georgianos como los armenios, habían obtenido algunas ventajas ante sus vecinos musulmanes, quienes por otra parte también estaban muy divididos por razones culturales y étnicas. Además, existían enormes diferencias entre la burguesía de las ciudades más prósperas, en las que incluso había minorías proletarias en áreas industriales y el campo, especialmente algunas zonas montañosas que seguían ancladas en la Edad Media.

A todos estos problemas se unía el hecho de que la mayor parte de los distritos contaban con minorías mal avenidas y era complicado encontrar zonas extensas de mayorías étnicas claras. Eso sin olvidar que, en todas partes, había rusos[54], y que el Cáucaso es uno de los lugares étnicamente más complejos del mundo.

Los bolcheviques consiguieron imponerse al principio en las zonas más urbanizadas, y allí donde los rusos disponían de una población más numerosa. Respecto a las comunidades cosacas, estaban situadas al norte de las montañas, y tenían escasa presencia en Transcaucasia.

En junio de 1918, las autoridades georgianas habían ordenado la ocupación de la provincia de Lorri, con una población armenia de más del 75%, y aunque afirmaron que era una ocupación temporal, después del Armisticio de Mudros y la retirada de los otomanos, las fuerzas georgianas no marcharon, pues el dirigente menchevique georgiano Irakli Tsereteli dijo que eso serviría para la protección de la población armenia frente a posibles agresiones turcas, y la situación fue empeorando durante los meses en los que los alemanes del destacamento Kressenstein estuvieron en el país, comenzando los primeros incidentes armados.

En octubre de 1918, tras el anuncio alemán de la retirada de sus tropas de Georgia, el gobierno georgiano propuso una conferencia cuatripartita, en la que estuvieran presentes no solo los azeríes, armenios y los propios georgianos, sino también los representantes de la República de las Montañas del Cáucaso, nacida en 1917, y que era un conglomerado étnico ingobernable, en el que había de todo[55].

La conferencia se aplazó varias veces porque los armenios desconfiaban de los estados de mayoría musulmana y de las reclamaciones territoriales, sustentadas con la fuerza de las armas, de los propios georgianos. Además, a

---

[54] Incluso la palabra «ruso» ha de ser tratada con reservas. Había otros eslavos, desde ucranianos a bielorrusos, y otros pueblos solo superficialmente rusificados de origen finés o turco.
[55] Se formó con parte de los antiguos oblasts de Térek y Daguestán y contaba con pueblos caucásicos, iranios, y turcos, e incluía chechenos, inguses, kabardino-balkarios, daguestanos y osetas, además de minorías de judíos, armenios, azeríes y rusos.

diferencia de los georgianos, los armenios confiaban más en los británicos y los franceses que en los alemanes.

A comienzos de diciembre de 1918, los soldados turcos comenzaron a retirarse del Cáucaso, avisando a armenios y georgianos, pero comunicándoles distintas fechas de su retirada, por lo que cuando las tropas armenias intentaron ocupar Lorri y Borchalo el día 6, se encontraron con fuerzas georgianas, y mediados de mes, los combates se generalizaron. Los intentos políticos de detener el enfrentamiento fracasaron y el 12 los armenios obtuvieron una victoria local en Sanahin, en Lorri, ocupada gracias a un ataque por sorpresa, avanzando hacia Tiflis siendo detenidos y derrotados en una batalla decisiva en Shulaveri el 29 de diciembre de 1918.

El general Andranik Ozanian —en el centro—, comandante en jefe de las unidades de voluntarios armenios, con tropas del Ejército Ruso del Cáucaso. En noviembre y diciembre de 1917, tras el colapso ruso, las tropas armenias tuvieron que hacerse cargo de la defensa del frente, ante los otomanos.

Tras su éxito, el mando georgiano decidió avanzar hacia Ereván, la capital armenia, pero antes se alcanzó un alto el fuego que acabó con las hostilidades, por mediación británica, si bien los términos del alto el fuego se negociaron entre los representantes franceses, británicos y georgianos, sin consultar a los armenios.

Ambas partes firmaron un acuerdo de paz en enero de 1919, patrocinado por los británicos. El Gobierno armenio eliminó oficialmente sus reclamaciones de los distritos de Ardahan y Akhalkalaki, en tanto que Georgia accedió cogobernar con Armenia la región de Lorri del distrito de Borchalo. El acuerdo no agradó a ninguna de los dos gobiernos y la situación siguió siendo muy inestable, perjudicando la imagen de ambas naciones.

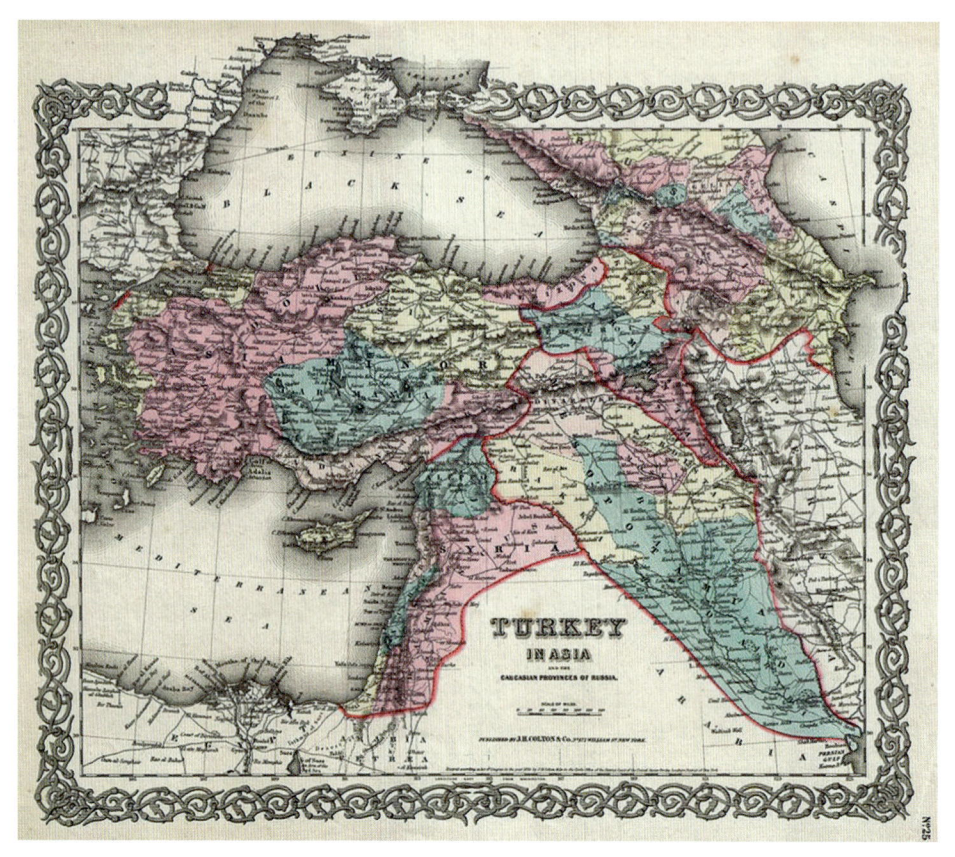

Mapa de Turquía y las provincias rusas del Caúcaso. En respuesta al tratado de Sèvres, que ponía fin al Imperio Turco tras su derrota en la Primera Guerra Mundial, aceptado por el sultán y el gobierno otomano, Mustafá Kemal «Atatürk», tomó el poder y combatió victoriosamente a griegos y armenios. Logró mantener el control de toda Anatolia y parte de Tracia Oriental, poniendo fin a las zonas de influencia de Francia e Italia, todo lo cual fue confirmado por la conferencia de Lausana en 1923.

Pero los armenios, no solo se enfrentaron con los georgianos y los otomanos. Nada más firmado el acuerdo de alto el fuego con Georgia, sus tropas avanzaron hacia Shusha. Por el camino, capturaron y destruyeron nueve aldeas azeríes, aunque finalmente tuvieron que retirarse. Los enfrentamientos, en una especie de conflicto de baja intensidad, continuaron todo el año, hasta que de nuevo en Shusha, entre marzo y abril de 1920, los armenios del Karabaj, aprovechando la fiesta azerí del equinoccio de primavera, iniciaron una revuelta feroz. Se apoderaron de los enclaves de Shusha Khankendi y la fortaleza de Askeran, y quemaron las casas azeríes. La acción fue respondida de forma brutal en Shushi, donde masacraron a los armenios y destruyeron la ciudad.

Tropas alemanas y georgianas en el verano de 1918. Los alemanes usan sus uniformes grises del frente oriental, en tanto que los georgianos van equipados al estilo ruso. La intervención alemana se realizó por el interés de controlar la ruta del petróleo del Caspio, y mantener abierta la conexión con el Mar Negro.

La intensidad de los combates aumentó, y a finales de abril las fuerzas armenias tenían el control de la mayor parte de los territorios disputados, incluido Karabaj y las zonas circundantes. Otros territorios capturados en la zona incluyeron Najichevan, y gran parte del distrito de Kazajo-Shamshadin. Entre tanto, los comunistas intentaron un golpe de estado en Armenia con apoyo ruso que fracasó.

3.9.2 *La intervención soviética*

A principios de 1920 la República de Azerbaiyán tenía serias dificultades y se estaba convirtiendo en lo que hoy llamaríamos un «estado fallido». En el oeste, los armenios aún ocupaban grandes zonas de territorio azerí; en el este, los comunistas se habían rebelado contra el gobierno; y en el norte, el 11º Ejército Rojo avanzaba implacablemente hacia el sur tras derrotar a las fuerzas del Ejército Blanco del general Denikin.

El 27 de abril de 1920, el Gobierno de la República Democrática de Azerbaiyán, al conocer la invasión soviética, incapaz de resistir, se rindió. Aunque milicianos azeríes presentaron alguna resistencia durante unas semanas.

Proclamada la República Socialista Soviética de Azerbaiyán, encabezada por el dirigente azerí bolchevique Nariman Narimanov, el paso siguiente fue acabar con el estado armenio, equipando a las tropas azeríes de la nueva república soviética con armas modernas.

El 5 de junio las fuerzas armenias fueron expulsadas de Shusha, y a principios de julio los armenios se retiraron de Tatev y sufrieron varias derrotas en área del Kazajo-Shamshadin. El 28 de julio las fuerzsa soviéticas efectuaron un asalto en la ciudad de Najichevan, expulsando a los armenios y en unos días controlaron la provincia. A principios de agosto, las tropas armenias hicieron una vez más una tentativa de asumir el control Najichevan pero fueron derrotadas en Shakh-Takhty, llegándose a un alto el fuego el día 10. Armenia reconocía el control azerí de Karabaj y perdía Najichevan.

Tropas de la Guardia Popular de Georgia. Nacida en septiembre de 1917 como Guardia de Trabajadores, luego Guardia Roja y, finalmente, Guardia Popular. Enormemente politizada a lo largo de su existencia, entre 1917 y 1921, estuvo al mando del menchevique Valikó Jugheli.

Solo fue el comienzo, pues los soviéticos solo tenían que esperar. En septiembre de 1920 Armenia se encontraba en una terrible guerra en otro frente contra los revolucionarios turcos de Mustafá Kemal, que en noviembre les habían expulsado de la mayor parte de sus territorios al sur, si bien a pesar de su triunfo no pudieron lograr romper la desesperada resistencia armenia, y accedieron, finalmente, a firmar un alto el fuego.

Este hecho, fue aprovechado otra vez por los comunistas armenios, que con ayuda soviética, intentaron derrocar al gobierno, al que culpaban de los desastres sucedidos en los meses anteriores. Hartos de guerra y destrucción los armenios no podían más, y el 4 de diciembre, tras una campaña relámpago, el Ejército Rojo entró en Ereván y el Gobierno de la República Democrática de Armenia se rindió. El Comité Revolucionario Armenio, *Revkom*, constituido mayoritariamente por armenios bolcheviques de Azerbaiyán entró en la ciudad el 5, seguido al día siguiente de la Checa, que se encargó de eliminar toda oposición. Nacía así República Socialista Soviética de Armenia, a cuyo frente quedó Aleksandr Miasnikyan.

En cuanto a Georgia, las relaciones con los vecinos eran malas, pero estaba además la amenaza de los rusos blancos de Denikin. Los británicos cortaron ese peligro de raíz, al no permitirle cruzar las montañas hacia el sur, y facilitar un acuerdo de cooperación con los azeríes, como ellos enfrentados a los armenios.

Las elecciones democráticas del 14 de febrero de 1919, fueron ganadas por los socialdemócratas con clara mayoría, pero los bolcheviques seguían agitando a las masas campesinas y a las minorías étnicas del país, especialmente abjasos y osetios[56].

A pesar de las dificultades, el gobierno llevó adelante la reforma agraria, después la judicial, y se estableció un autogobierno para Abjasia. Todo parecía caminar hacia un modelo Occidental de democracia representativa, pero la presión bolchevique era cada vez mayor.

En 1920, la RSFS de Rusia ofreció al gobierno georgiano entrar en una alianza contra los ejércitos blancos que operaban en el Cáucaso Norte, pero los georgianos prefirieron mantenerse neutrales, situación que se fue complicando con el establecimiento en abril del poder soviético en Azerbaiyán. Los comunistas georgianos solicitaron apoyo a Moscú para actuar contra el gobierno legítimo pero el 3 de mayo su intento de golpe de estado fracasó, y el general Kvinitadze, que había vencido a los revolucionarios, fue nombrado comandante en jefe del ejército de Georgia, con el que rechazó un intento de invasión soviética y el 7 de mayo, Rusia reconocía la independencia de Georgia, con el compromiso de que Tiflis no aceptase la presencia de tropas extranjeras en su territorio.

Este reconocimiento no sirvió de nada, pues tras la caída en manos del Ejército Rojo de Armenia, el país estaba rodeado, y tras la evacuación de las últimas tropas británicas, no había nadie que les ayudase, y en 1921 las tropas soviéticas invadieron el país, sin apenas resistencia.

Más al norte, existían todavía notables áreas que resistían al poder soviético. La «Unión de Pueblos del Cáucaso Norte» creada en marzo de 1917,

---

[56] Tras el final de la URSS ambos pueblos entraron de nuevo en conflicto con los georgianos. Los abjasos, un pueblo caucásico, son hoy, *de facto*, independientes, y los osetios, un pueblo iranio —son descendientes de los alanos— se han unido a sus hermanos del norte, contando con un descarado apoyo ruso.

y liderada por Tapá Chermóyev, intento seguir los pasos del legendario emir Shamil, y se declaró independiente el 11 de mayo de 1918. Reconocida solo por los Imperios Centrales y algunas repúblicas del Cáucaso, se vio envuelta en la terrible guerra civil rusa, e invadida por Ejército Blanco de Denikin, contra cuyas tropas lucharon.

El emir Shamil de Daguestán, un ávaro —una antigua étnia del Caúcaso oriental—, héroe de las guerras contra el imperialismo ruso, se rinde definitivamente al conde Baryatinsky el 25 de agosto de 1859. Obra de Alexei Danilovich Kivshenko. Museo Central Naval, San Petersburgo.

Animados por las promesas de los bolcheviques, cuando el 11.º Ejército Soviético se presentó en la región, parte de la población creyó que les ayudarían a establecer un estado independiente reconocido por Moscú, pero no fue así, y en junio de 1920, las tropas soviéticas ocuparon la república, dando nacimiento a la República Soviética de la Montaña, que existió desde 1921 hasta 1924[57].

---

[57] Su territorio lo ocupa hoy Federación Rusa, con las repúblicas autónomas de Kabardino-Balkaria, Karacháevo-Cherkesia, Chechenia, Osetia del Norte e Ingusetia. Tras feroces guerras en Chechenia, la violencia en la región sigue hoy presente, y los odios étnicos muy vivos.

El final definitivo de las hostilidades en el Cáucaso no llegó hasta el Tratado de Kars en 1922, firmado por la Unión Soviética, la Gran Asamblea Nacional de Turquía y representantes de las Repúblicas Socialistas Soviéticas del Cáucaso, Georgia fue la gran perdedora. Sus provincias de Artvim, Ardahan y parte de Batumi se cedieron a Turquía, Lorri a Armenia, el distrito de Zaqatala pasó a Azerbaiyán, y los distritos de las zonas montañosas del Cáucaso, fueron anexionados directamente a la República Socialista Soviética de Rusia.

3.10 La insurrección basmachi

El empuje del Imperio Ruso en Asia Central en la segunda mitad del siglo XIX tuvo unos efectos notables. Para los rusos, era un área de expansión natural, que debían controlar para asegurar las fronteras de Siberia, donde había una notable población rusa que aumentaba sin cesar, y también un lugar para utilizar como un posible mercado cerrado en el que expandir su creciente actividad comercial, mercantil e industrial.

Sin embargo, la presión rusa sobre los turbulentos kanatos musulmanes que se extendían desde el Caspio a Mongolia, alarmó a los británicos, cuyo imperio tenía como joya indiscutible la India. Se encontraba bien protegida, a juicio de los estrategas de Londres, tanto por la barrera geográfica que suponía el Himalaya al Noreste como por las selvas birmanas al Este, o por los desiertos del Beluchistán al Sudoeste. Sin embargo, el Noroeste era una notable problema, pues la frontera del Imperio Británico estaba en Afganistán, un territorio poblado por feroces guerreros, en constante conflicto, y con gobiernos inestables poco de fiar.

A medida que avanzó el siglo Afganistán se convirtió en un estado tapón entre la India y los kanatos centroasiáticos que estaban cayendo bajo la órbita rusa por las constantes ofensivas de los agresivos ejércitos del zar; en tanto que los británicos habían fracasado de forma estrepitosa durante la Primera Guerra Afgana, entre 1839 y 1842[58], algo que benefició extraordinariamente a los rusos, que en las décadas siguientes, tras mostrar una notable tenacidad, lograron alcanzar todos sus objetivos.

El asunto se complicó aún más a causa de la compleja política de equilibrio de poderes que se desarrollaba en Europa. Los rusos deseaban alcanzar un puerto en aguas libres de hielos, y ambicionaban Constantinopla, el Estambul turco —la capital del «enfermo de Europa», el cada vez más debilitado

---

[58] Para todo lo relacionado con esta historia apasionante, véase nuestro libro *Exilio en Kabul. La Guerra en Afganistán (1813-2013)*. EDAF, 2014.

Imperio Otomano—, y sabían que, si mantenían la presión en Asia, sobre la India, podían obligar a los británicos a ceder en alguna de sus pretensiones en el Bósforo y los Dardanelos, lo que facilitaría el acceso ruso al Mediterráneo.

Esta situación hizo que tres naciones, Persia, Afganistán, y en menor medida el Tíbet, se convirtieran en estados tapón que evitaban una confrontación directa entre los imperios británico y ruso, en un duelo de geoestrategia y política internacional que los británicos conocieron con el nombre de «el Gran Juego», y los rusos como el «Torneo de las Sombras».

Durante la segunda mitad del siglo XIX el duelo estuvo equilibrado, pero el hundimiento del Imperio Ruso y la Revolución lo trastocó todo, y en el caso del Asia Central la situación se complicó en extremo, porque a la rivalidad anglo-rusa se sumó el enfrentamiento civil entre rojos y blancos, y también, ya antes, tras el estallido de la Primera Guerra Mundial, el tradicional deseo de independencia de los diferentes pueblos y nacionalidades de aquella inmensa región lo que se enredó aún más con la entrada en liza de un jugador inesperado: Turquía, entre cuyos líderes había notables partidarios de una corriente ideológica llamada «panturanismo», que propugnaba la unidad de todos los pueblos euroasiáticos de «etnia» turca[59], siendo uno de sus más notables defensores el general Enver Pachá.

Los turcos —y los alemanes— decidieron jugar la carta centroasiática, y desde el mismo momento de la entrada en guerra del Imperio Otomano, las Potencias Centrales intentaron aprovechar en su favor el descontento existente en los kanatos musulmanes, pues la confiscación de amplias extensiones de tierras de pastos por parte de las autoridades zaristas, y la presión sobre los imanes y las autoridades religiosas, durante las décadas finales del siglo XIX, había provocado un aumento del descontento, algo que fue explotado eficazmente por agentes turcos y alemanes, que hicieron promesas a los líderes políticos y religiosos, ya fuesen uzbecos, tajikos, o turcomanos, si se inclinaban hacia su bando, ofreciéndoles apoyo militar, asesores, armas y dinero.

El conflicto internacional obligó al gobierno ruso a fijar los precios, arruinando a miles de pequeños productores. Aumentó la violencia y el alcoholismo, condenado sin paliativos por el clero musulmán, y además, la prolongación de la guerra y las terribles bajas, provocaron que en el verano de 1916, necesitado de más y más tropas, el gobierno ruso declarase extinguida la exención del servicio militar de la población musulmana de los kanatos de Asia Central, medida desesperada que comenzó a provocar, casi de inmediato, una

---

[59] A veces se llama panturquismo. El panturanismo es aún más amplio, y tiene un ámbito más general, pues aboga por la integración de todos los pueblos turcomanos e incluso úralo-altaicos.

serie de motines por parte de los jóvenes que se negaban a ser reclutados por el Ejército Imperial, lo que a comienzos del otoño se había transformado ya en una insurrección en toda regla.

La señal la dieron los uzbecos, seguidos por los tayikos, sin que los jefes tribales sometidos al poder ruso lograsen hacer nada para impedirlo. El resultado fue la muerte de colonos rusos y las represalias inmediatas del ejército, lo que provocó una brutal escalada de la violencia y la ejecución de verdaderas masacres por ambos lados, obligando a centenares de miles de colonos rusos y a muchos nativos a huir a Siberia e incluso a China.

Enver Pachá. Durante su mandato, que coincidió con el final del Imperio Otomano, dirigió los destinos de Turquía durante una parte de las Guerras Balcánicas, y la Primera Guerra Mundial. Ambicioso y arrogante, convencido defensor de la ideología panturania, fue llamado Hürriyet Kahramanı, «El Héroe de la Libertad». Se le considera uno de los responsables del genocidio armenio.

Muchos de los alzados en armas, llamados basmachi[60], apenas contaban con material de calidad, y se tenían que conformar con armas pobres y antiguas, y no eran más que campesinos o pastores nómadas sin formación ni capacidad para enfrentarse a las tropas zaristas, por lo que el conflicto podía haber sido sofocado de no haber sido por el impacto de la Revolución.

Tras la Revolución de Octubre, la región entró en un progresivo caos. Hombres como Fayzulló Xojáyev, hijo de un rico comerciante de Bujará, que había vivido en Moscú con su padre, y que era consciente del atraso en el que se hallaba su nación, puso toda su fortuna al servicio de los revolucionarios

---

[60] Del término tuco *basmach*, que significa bandido o merodeador.

próximos a Lenin, y en 1916 era ya uno de los líderes del Partido de los Jóvenes Uzbecos que se pronunció contra el régimen monárquico de Bujará. Pero las incautaciones de comida, la exigencia de todo tipo de bienes y la dureza contra el Islam, y la religión en general, hizo que una parte muy amplia de la población fuese inclinándose a apoyar a los rebeldes basmachi, si bien la existencia entre ellos de auténticos bandoleros siempre limito su capacidad de llegar a amplias capas del pueblo, especialmente comerciantes y habitantes más pudientes de las áreas más desarrolladas, que siempre los vieron con recelo.

Por otra parte, la nobleza de los viejos estados como Bujará o Jiva, había sacado notables ventajas de su sumisión a Rusia, y eran conscientes de que los bolcheviques eran tan enemigos de ellos como de la nobleza rusa, y hombres como Said Mohammed Alim Khan, último emir de Bujará, no dudaron en oponerse a los revolucionarios, en quienes veían una amenaza mortal.

Cabeza de familia de Bujara con su hijo mayor. La fotografía está tomada en 1910; el padre luce las condecoraciones obtenidas durante la Guerra Ruso-Japonesa. Mucha gente de las remotas tierras del imperio ruso no asimilaron nunca el cambio de gobierno que llegó tras la Revolución de Octubre.

En marzo de 1918, activistas del Movimiento Jóvenes de Bujara, Yeni Bukharlylar, informaron a los bolcheviques que el pueblo estaba listo para la Revolución y que su «liberación». El Ejército Rojo marchó a las puertas de Bujará y exigió al emir que entregara la ciudad, pero el emir respondió matando a toda la delegación bolchevique, y con ellos a cientos de partidarios de los bolcheviques rusos tanto en Bujará como en todo el kanato. El pueblo, por su parte, hizo oídos sordos a la propaganda bolchevique y la mayoría no apoyó al, entonces, mal equipado y poco disciplinado ejército rojo, que se retiró de vuelta a la plaza fuerte bolchevique de Tashkent, donde el 2 de marzo de 1917 se había instalado un soviet local que convirtió la ciudad en el principal bastión rojo en la región. Tardarían dos largos años en volver[61].

3.10.1 Guerra abierta

Tras la caída del zar las fuerzas musulmanas insurrectas organizaron la Shura-i Islam con el fin de fundar un estado «democrático, federal y autónomo» para los musulmanes de la región, convirtiendo a los guerrilleros en un movimiento de liberación nacional, siempre mezclado con la idea de guerra santa o yihad.

Kush-Run, ministro de Bujara. La burocracia imperial alcanzaba unas cotas insospechadas en los lugares más alejados de la capital. Nada cambió cuando llegaron los bolcheviques, salvo el nombre y el título del representante del gobierno.

Aun así, contaban con poco apoyo exterior —por no decir que ninguno—, por lo que los basmachi no lograban terminar de expulsar a las mal organizadas fuerzas bolcheviques. El mando insurrecto se estableció en Kokand en noviembre de 1917, pero su falta de capacidad militar hizo que el llamado Gobierno Provisional Autónomo de Turkestán, no tuviese más remedio que amnistiar a todo tipo de criminales y llegar a acuerdos con verdaderas bandas

---

[61] El 2 de septiembre de 1920, tropas del Ejército Rojo bajo el mando del general Mijaíl Frunze atacaron Bujará, y tras cuatro días de combates, la ciudadela del emir fue destruida y la bandera roja izada en el minarete de la mezquita de Kalyan. Alim Khan huyó a Dushanbe —Tayikistán— y después a Kabul, donde murió en 1944.

armadas de peligrosos bandoleros, a los que dio cobertura para convertirlos en su brazo armado, aun conociendo el riesgo de enemistarse con una parte importante de la población.

Sus líderes islamitas y nacionalista panturanios, buscaban la separación de Turquestán, el restablecimiento del Kanato de Kokand, y la unión de los musulmanes bajo la hegemonía del Imperio otomano. Proclamado por el Cuarto Extraordinario Congreso Musulmán Regional de 1917, disponía de un gobierno y un consejo provisional, que contactó con los británicos para lograr su apoyo, pero también con las tropas del atamán cosaco Aleksandr Dútov y con el coronel Iván Matvéyevich Zaitsev, comandante de la guarnición de Jiva, que pretendía primavera unirse a los cosacos del Ural para atacar la fortaleza bolchevique de Petroaleksandrovsk.

Una banda de guerra basmachi. Los pastores y nómadas que apoyaron la revuelta turcomana lo hicieron más por ser un movimiento anti ruso que por una oposición a las ideas bolcheviques, que muchos no entendían. Opuestos a la modernidad, y defensores de sus tradiciones, ente ellos había de todo, desde islamistas convencidos a auténticos bandidos.

Las tropas blancas, indisciplinadas y poco combativas fueron incapaces de imponerse a sus enemigos. Intentaron tomar Samarcanda, cuyas pequeñas guarniciones rojas se habían retirado a Djizaks, pero el 14 de febrero en la estación Rostovtsevo, entre Samarcanda y Zarafshon, se encontraron con refuerzos rojos provenientes de Taskent, y Ferganá, y los desmoralizados cosacos se rindieron, por lo que Zaitsev debió huir hasta Asjabad, donde fue capturado seis días después y encarcelado en Taskent[62].

Por supuesto, y era imaginable, la mayor parte de la población, especialmente en las ciudades, podía no estar de acuerdo con los bolcheviques, pero veían con horror a los bandoleros «islamistas» de Irgash Bey, un conocido ladrón, y el gobierno nacionalista creo una fuerza de seguridad interna que comenzó una brutal represión, acabando por general una insurrección dentro de la insurrección, en febrero de 1918, Konkand era un caos dividido entre los partidarios de la independencia, o al menos de la autonomía, y quienes apoyaban a los bolcheviques, refugiados en el cuartel del ejército y en la ciudadela.

Todo acabó el 26 de febrero, cuando 3000 guardias rojos —600 de ellos de un batallón uzbeco— que habían partido de Taskent, tomaron la ciudad y la sometieron a un saqueo que duró tres días, propio de la Edad Media, en la que, según fuentes británicas, fueron asesinados 14 000 civiles.

Tras su victoria, los bolcheviques de Taskent se enfrentaron al Gobierno Transcaspiano con asiento en Asjabad, formado por una extraña mezcolanza de nacionalistas, mencheviques y socialistas, apoyados por los ingleses del general Wilfrid Malleson, y algunas unidades del Ejército Blanco. La lucha duró hasta julio de 1919, cuando tras la retirada de Malleson y la llegada de refuerzos del general Mijaíl Frunze, las tropas del Ejército Rojo dominaron completamente la región en 1920.

No obstante, era imposible aún una victoria completa bolchevique, y a pesar de la brutalidad con la que se comportaron las tropas comunistas, la resistencia basmachi en el valle de Ferganá continuaba, y los colonos rusos, enfurecidos por los ataques rebeldes, se fueron uniendo en masa a los rojos, y sus milicias de autodefensa se volvieron cada vez más agresivas contra quienes no eran eslavos.

Lo cierto es que el mando soviético aprovechó muy bien las diferencias y enemistades entre los insurrectos. Ofreció a los más moderados un acuerdo de paz, incluso facilitándoles su ingreso en el Ejército Rojo, prometiendo entregas de comida, exención de impuestos, promesas de reforma agraria, y la retirada de políticas anti islámicas; eso sí, sin dejar entre tanto de ejercer una dura represión contra las poblaciones «sospechosas» de apoyar a los basmachi. Con esas condiciones y, ante la presión de los más de 140 000 soldados rojos, a comienzos de la primavera de 1920, una parte notable de los rebeldes fueron cambiando de bando o dejando las armas.

---

[62] Era un hombre tenaz. Liberado el 1 de julio por la Organización Militar de Turquestán, un grupo antibolchevique, se unió a los cosacos, para ser de nuevo capturado en noviembre y lograr huir otra vez a principios de 1919.

Parecía que finalmente se podía pacificar la región, pero los soviéticos cometieron el mismo error que los zaristas en 1916, y sus levas forzadas de campesinos y pastores, el reparto forzado de tierras, y la supresión del clero musulmán como autoridad política, provocó otra revuelta. En el verano había otra vez unos 30 000 basmachi armados en Ferganá, y se extendieron a lo largo de la mayor parte del Turquestán, desafiando a las autoridades de las repúblicas soviéticas de Jorezm, y Bujará, aliadas del poderoso Ejército Rojo de la ya por entonces República Socialista Federativa Soviética de Rusia —RSFSR—.

La mejora de la situación militar en los frentes occidentales, permitió, por fin al Soviet Supremo de la RSFSR ocuparse de las «perdidas» regiones de Asia Central y, tanto Lenin como Trotski, eran partidarios de imponer el control soviético, comenzando por el envío masivo de tropas, dotadas de artillería pesada, vehículos blindados y aviones, material con el que los rebeldes basmachi no podían contar.

Para los insurrectos la situación era muy comprometida, pues tanto por su fanatismo islámico, como por sus tendencias panturanias, que generaban grandes recelos entre los aliados, ya fuesen franceses o británicos, que no estaban dispuestos a ayudarles, por mucha oposición que estuviesen dispuestos a enfrentarse a los revolucionarios soviéticos, y el último emir de Bujará tuvo que huir a Afganistán.

3.10.2 *La pasión turca*

Los gobiernos de las repúblicas soviéticas estaban a punto de conseguir suprimir los últimos focos rebeldes, cuando surgió un nuevo desafío, pues el general Enver Pachá, antiguo ministro de Guerra del Imperio Otomano, se trasladó, como agente de los soviéticos al Turquestán pata tratar de llegar a un acuerdo con las diferentes facciones rebeldes, pero una vez allí, se unió a los basmachi, a los que impuso su autoridad.

Enver Pachá, o Enver Bey, nació en Estambul, en una familia de la alta burguesía, lo que le permitió estudiar en Alemania, aprendiendo mucho de la organización militar del Reich, ingresando a su vuelta a su país en el ejército, ascendiendo con tal rapidez que era pachá a los 32 años, en 1913. Fanático defensor del panturquismo o panturanismo, en de octubre de 1914, se nombró a sí mismo vice generalísimo y, en la práctica, en dictador de hecho del Imperio otomano, y ordenó el reclutamiento en masa, declarando la guerra a los aliados y bombardeando el puerto ruso de Odessa.

Su dirección de Turquía en la guerra fue desastrosa. El imperio no estaba en condiciones de enfrentarse a los británicos y a los rusos, y en diciembre de 1914, y enero de 1915, sufrió una derrota catastrófica a manos de los rusos en Sarikamis, debiendo ceder la dirección de las operaciones a los alemanes, que se vieron obligados a entregar a los turcos suministros, materiales de todo tipo, armas, soldados e incluso combustible[63].

Emblema del Estado de la RSFSR, aprobado junto con su nueva bandera nacional en el V Congreso de los Sóviets, celebrado el 10 de julio de 1918. Poco antes de su clausura aprobó también la primera Constitución soviética. Definía al congreso nacional de consejos como la mayor autoridad del Estado y dejaba el poder en manos del comité ejecutivo central en los periodos entre congresos.

Huido a Alemania después del armisticio solicitado por Turquía, tras la rendición alemana, decidió huir una vez más, con el fin de evitar una posible extradición, con dirección a Moscú, ofreciéndose a los bolcheviques para mediar con los turcómanos alzados en armas en Asia Central.

Una vez unido a los rebeldes, y con el apoyo de un grupo de oficiales del viejo ejército otomano, Enver Pachá convirtió a los basmachi en un respetable ejército de 16 000 hombres, poco más que una división reforzada, con el que, a comienzos de 1922, controlaba la práctica totalidad de la República Popular Soviética de Bujará.

El alto mando soviético pasó a contrarrestar la nueva amenaza, apoyándose en los musulmanes no turcos, con los que creó una milicia llamada «palos rojos» que comenzó a colaborar en detener la expansión turcómana, intentando demostrar a los campesinos y pastores que era mejor el orden rojo que el caos basmachi, y que Enver, en realidad, no combatía nada más que para los intereses de los pueblos de lengua túrquica, y a mediados de mayo de 1922, las tropas del Ejército Rojo aumentaron su presencia en los frentes de Asia Central, donde disponían ya de 160 000 hombres, una fuerza capaz de arrollar cualquier oposición.

---

[63] A comienzos de 1918, sus fuerzas destruyeron los improvisados ejércitos de la República de Armenia, nacida de la Revolución Rusa y cometieron un auténtico genocidio con la población civil. El primero del siglo XX.

No obstante, Enver Pachá, sabía que el gobierno soviético tenía tantas y tan acuciantes necesidades que intentó resolver la cuestión evitando en la medida de lo posible enredarse en una nueva y costosa campaña, por lo que ofreció a los rusos la posibilidad de retirarse del Turquestán, si bien el medio empleado —un ultimátum que les daba un plazo de quince días— no era algo que la recién nacida Unión Soviética estuviese dispuesta a aceptar.

El mando soviético recayó en el prudente y eficaz general Nikolai Evgenevich Kakurin[64], que disponía de miles de hombres muy experimentados en la región de Bujara-Fergana, y que pasó a la ofensiva a finales de primavera, destrozando al ejército Basmachi en junio en la batalla de Kafrun, un desastre para los insurrectos, que perdieron gran cantidad de material y hombres, y lo que es peor, generó una gran desmoralización entre los seguidores de Enver Pachá, que además, en uno de sus habituales delirios de grandeza, se hacía ahora denominar «Emir del Turquestán», y trataba de imponer su autoridad a los nobles locales, no todos turcomanos, pero si fieles musulmanes, que eran sus aliados naturales ante los rusos, pero duros y orgullosos y que no estaban dispuestos a soportar la idea de tener que obedecer las locuras de un extranjero y de su núcleo de oficiales turcos.

Por otra parte, la obsesión panturania que desde un primer momento había guiado a Enver Pachá estaba haciéndole perder apoyo no solo entre los afganos, país en el que los turcomanos son minoría, sino también entre los iranios y otros pueblos musulmanes pero que no son de etnia turca, pues la propaganda soviética, y sus propios actos, empezaba a actuar en su contra.

A la llegada del verano, era evidente que la resistencia basmachi se desmoronaba. El nuevo comandante en jefe soviético era el general Mijaíl Vasílievich Frunze[65], que decidió acabar la revuelta antes del fin del verano. Acosadas sin tregua, las tropas basmachi se vieron obligadas a combatir a la defensiva, pero la superioridad numérica y material, e incluso en lo moral, de los combatientes del Ejército Rojo, hizo que en solo un mes la resistencia rebelde se desmoronase.

A veces la historia hace extraños guiños, como si jugase con el destino de sus protagonistas. El 4 de agosto de 1922 las tropas soviéticas se presentaron ante el campamento de Enver Pachá, y fue el Batallón Armenio del coman-

---

[64] Graduado en el Colegio de Artillería de Mikhail en 1904 y en la Academia del Estado Mayor General en 1910, combatió en la Primera Guerra Mundial y se pasó a los bolcheviques en 1920. Durante la guerra ruso-polaca fue jefe de estado mayor de una división, comandante en funciones del Cuarto Ejército, comandante del Tercer Ejército y, finalmente, subcomandante del Frente Occidental.

[65] Era de origen moldavo, de la Besarabia, pero había nacido en el Turkestán, y conocía muy bien el país y sus gentes.

dante Akop Yakovlevitch Melkumian, el que alcanzó las últimas posiciones defendidas por los basmachi en Balzhuan —actual Tayikistán—. Consciente de quien era el enemigo que tenía delante, el oficial armenio arengo a sus tropas animándolas para el asalto final, y acabar así con el carnicero de sus hermanos, el «demonio» turco responsable de la muerte de decenas de miles de sus compatriotas.

Enver Pachá, un general mediocre y un político deficiente, un hombre soberbio y ambicioso, cuya sed de poder y gloria siempre estuvieron muy por encima de sus capacidades reales, se encontró solo, abandonado por los suyos, pues la mayor parte de sus hombres huyeron ante las primeras descargas de artillería de las tropas soviéticas, y en ese momento supremo, decidió estar a la altura de la circunstancias y actuar conforme a la idea que él se había fijado de su propia figura y su supuesta grandeza.

Montado en su caballo blanco, sable en mano, decidió morir como los héroes de las viejas leyendas turcas de Asia Central, y cargó en solitario contra las líneas de los soldados bolcheviques, siendo abatido por las balas de los fusiles y las ametralladoras de los armenios, que así tomaron cumplida venganza del daño que había causado a su pueblo. Con él moría también la idea de un gran estado turco en el corazón de Asia Central, el sueño imposible de un proyecto que nunca pasó de ser una mera aventura, pero si fue cruel en vida, Enver Pachá logró que entre los turcos nadie pudiera decir nunca que no supo tener una muerte digna de un guerrero, y quienes estaban allí afirmaron que ese día, a pesar de estar en verano, comenzaron a caer lentamente, como flotando, hermosos copos de nieve...

3.10.3 El desenlace

Con la muerte de Enver Pachá el destino del estado turcomano estaba sellado. Los pocos oficiales turcos que aún seguían en la lucha no eran capaces de mantener la cohesión de sus fuerzas, y los rebeldes se fueron disgregando en grupos tribales enemistados e incapaces de actuar de forma unificada.

Media década de guerra había destrozado la economía y hacía muy difícil la vida en zonas ya de por sí muy pobres. Lentamente los poblados y las pequeñas ciudades fueron aceptando la ocupación rusa, que les daba al menos paz y orden. Las bandas armadas basmachis que aún continuaban alzadas en armas no lograban reclutar voluntarios y se nutrían de delincuentes y bandoleros que no podían enfrentarse en campo abierto a las tropas soviéticas, que a finales de 1922 controlaban todo el territorio. El último jefe importante, Selim Pachá, viendo todo perdido, se retiró a Afganistán en 1923, quedando sus milicias disueltas, pues las condiciones ofrecidas por las autoridades del nuevo régimen soviético no fueron muy duras y muchos de los líderes incluso fueron aceptados en cargos de la Administración, e incluso en la década siguiente acabaron afiliados al Partido Comunista.

Aun así, grupos armados liderados por Sher Muhammad Bek, continuaron hostigando a las tropas soviéticas, pero también a los habitantes del valle de Ferganá, que es la región en la que operaban, pero ya no eran otra cosa más que bandidos, y perdieron totalmente el apoyo de la población sin la que no podían vivir, y sus sabotajes, secuestros, y acciones violentas eran más propias de bandas criminales que de guerrilleros por lo que en 1926 puede afirmarse que la resistencia estaba eliminada[66].

La Checa le enseña los logros de la revolución a los campesinos. Obra de Ivan Alekseevich Vladimirov realizada en 1918. Colección particular.

El proceso final comenzó en 1924, cuando el gobierno decidió redefinir las fronteras internas de la URSS en Asia Central, atendiendo a criterios étnicos, determinados por Stalin, entonces Comisario del Pueblo para las Nacionalidades del gobierno de Lenin, y el 27 de octubre nació de la unión de la República Popular Soviética de Bujará y la República Popular Khorezmia, y parte de la RSSA del Turkestán, la llamada República Socialista Soviética de Uzbekistán, que hasta 1929 incluía a la república autónoma de los tayikos, que se separó, convirtiéndose en la República Socialista Soviética de Tayiquistán. En 1930, la capital se trasladó de la histórica ciudad de Samarcanda a Taskent, y en 1936 se incorporó la República Socialista Soviética Autónoma de RSSA de Karakalpakia, que hasta entonces pertenecía a la República Socialista Soviética de Kazajistán.

---

[66] Pequeños grupos en el Kirguistán aguantaron hasta 1934, siendo aniquilados por las unidades del NKVD.

3.11 Punto final

El fracaso de las ofensivas de Kolchak, y la caída de Crimea eliminaron cualquier oposición seria al régimen soviético. Ni los polacos ni los ucranianos tenían interés en combatir a los «rusos» más allá de lo que constituía su interés nacional; los musulmanes de Asia Central no tenían base industrial, ni tecnológica para ser una amenaza seria, y los rebeldes siberianos no eran un rival de categoría con capacidad para desafiar a la larga a un Rusia organizada y poderosa.

La base naval de Kronstadt, próxima a Petrogrado, en un grabado de mitad del siglo XIX. Se había convertido tras el Tratado de Brest-Litovsk en la principal del Báltico, pero las fortificaciones habían cambiado poco en esos cincuenta años..

Lo que sí quedaban eran reductos dispuestos a levantarse contra el gobierno, cualquiera que fuera, como Kronstadt, en la isla de Kotlin, la principal base rusa del Báltico, que se encontraba en una zona de gran arraigo anarquista. Allí, Stepán Maxímovich Petrichenko, que en el verano de 1920 había intentado unirse al Movimiento Blanco, sin que fuera admitido por su pertenencia en el pasado al Partido Comunista, aprovechó una serie de huelgas que comenzaron en febrero de 1921, y que pronto amenazaron con extenderse hasta Petrogrado —en la vieja capital de los zares el malestar de la población ante la carencia de todo tipo de suministros, hacía que una insubordinación generalizada pareciese inevitable—, para iniciar su protesta.

Aunque se habían producido cambios en la base naval tras la firma de la paz con los alemanes y, en general, en la flota del Báltico durante la guerra civil. O de que muchos de los marineros veteranos hubieran sido enviados a diversos puntos del país durante el conflicto para formar unidades de combate con experiencia y otros directamente desmovilizados tras la Revolución de Octubre, Kronstadt mantenía la fuerza de antaño y la influencia anarquista, presente ya en 1917. Era favorable a la autonomía de los sóviets locales, con escasa influencia del gobierno central, al que consideraba en el fondo innecesario.

Marineros del acorazado Petropavlovsk *—el «orgullo y gloria de la revolución», como los calificó Trotski—, fotografiados en Helsinki en el verano de 1917. En la bandera puede leerse «Muerte a los burgueses».*

De hecho, los marinos eran —lo habían demostrado desde el primer momento—, un núcleo muy radical que, a pesar de haber tomado parte en importantes acontecimientos del periodo revolucionario —las Jornadas de Julio, la Revolución de Octubre, el asesinato de dos ministros del gobierno provisional ruso o la disolución de la Asamblea Constituyente— y de la guerra civil, pues más de 40 000 efectivos de la flota del Báltico habían participado en los combates contra los ejércitos blancos, se mostraron desde el comienzo recelosos de posibles intentos de centralización o de abandonar el sistema de sóviets en favor de una posible dictadura de partido.

Nada más comenzar las primeras algaradas, a los campesinos y obreros que las protagonizaron se sumaron los tripulantes de los navíos *Petropavlovsk* y *Sevastopol*, que el 26 de febrero acordaron unirse definitivamente a los insurrectos al ver la brutal represión bolchevique sobre los huelguistas. Posteriormente, el día 28 aprobaron una resolución pidiendo el retorno de las libertades políticas de pleno derecho.

Lenin, que sabía que de los marinos sublevados alrededor de tres cuartas partes eran veteranos de 1917, y el resto campesinos ucranianos recién reclutados, menos favorables al gobierno bolchevique, no dudó en denunciar lo ocurrido en la base como un complot instigado por el Ejército Blanco y sus partidarios europeos. En respuesta, los marineros del *Petropavlovsk* emitieron el 4 de marzo la siguiente declaración: «Camaradas obreros, soldados rojos y marinos: Estamos por el poder de los sóviets y no por el de los partidos. Estamos a favor de la representación libre de todos los trabajadores. Compañeros, os engañan. En Kronstadt todo el poder está en manos de los marineros revolucionarios, de los soldados rojos y de los trabajadores. no está en las manos de los guardias blancos, supuestamente dirigidos por un tal general Kozlovski, como dice Radio Moscú». Comenzaba a alejarse la posibilidad de conseguir

El acorazado Sebastopol, una de las principales unidades de la flota del Báltico. Botado en octubre de 1911, y completado en noviembre de 1914, era el más avanzado técnicamente de su clase. Fue desguazado el año 1957.

un arreglo pacífico.

El día 6 fue Trotski el que intervino para emitir un nuevo comunicado: «Mando a todos los que han levantado la mano contra la Patria Socialista, que depongan inmediatamente las armas. Los que se se resistan serán desarmados y puestos a disposición del mando soviético. Los comisarios arrestados y otros representantes del gobierno, deben ser liberados inmediatamente. Solo aquellos que se rindan incondicionalmente podrán contar con la clemencia de la República Soviética». Esta vez, la respuesta que dieron los marinos fue prepararse para el combate.

Las operaciones militares contra la isla comenzaron a las 06:45 del día 7 con un ataque de artillería desde Sestroretsk y Lisy Nos, en la costa norte; los bombardeos debían debilitar las defensas y facilitar un posterior asalto de la infantería. Comenzó a la mañana siguiente en medio de una fuerte tormenta de nieve. Las unidades del general Mijaíl Tujachevski, dispuestas a aplastar a sangre y fuego la revuelta, atacaron desde el norte y desde el sur. Al frente iban los cadetes, seguidos de unidades selectas del ejército. En retaguardia, las unidades de ametralladoras de la Cheka, para impedir las deserciones.

Desde las defensas se desencadenó un fuego mortífero. Algunos de los atacantes se ahogaron en el hielo, otros aprovecharon el desconcierto para desertar y unirse a los rebeldes y gran parte se negó a continuar el avance. Solo una minoría logró alcanzar la isla, y fue facilmente rechazada por los defensores. Al despejarse la tormenta se retomó el duelo de artillería y, por la tarde, la aviación comenzó a bombardear las posiciones rebeldes. No lograron causar daños importantes. El primer asalto había sido un rotundo fracaso.

LA GUERRA CIVIL 235

El último asalto a los fuertes de Kronstadt. A pesar de las declaraciones triunfalistas que mantuvo el gobierno durante los quince días que duró el incidente, tuvo que emplearse a fondo para terminar con una rebelión que amenazaba a las bases de la Revolución.

Mientras se organizaba la concentración de fuerzas más numerosas y selectas —incluidos regimientos de cadetes, miembros de las juventudes comunistas, fuerzas de la Cheka y unidades especialmente fieles de diversos frentes—, el día 9 se realizaron una serie de ataques menores contra la fortaleza que fueron rechazados por los rebeldes. Lo mismo ocurrió el día 10, cuando algunos aviones bombardearon la fortaleza y, por la noche, las baterías costeras abrieron fuego contra la isla.

La mañana del 11, con tiempo despejado, se intentó un nuevo asalto desde la costa sureste que fracasó con gran número de bajas entre los atacantes. El resto del día la niebla impidió poder llevar a cabo las operaciones. El 12 de marzo, se retomaron los bombardeos desde la costa, que causaron escasos daños; el 13 se realizó una nueva embestida otra vez infructuosa. La mañana del 14 se lanzó otro ataque en vano. Fue el último intento de tomar la isla al asalto con pequeñas fuerzas, aunque se mantuvo el bombardeos de la aviación y la artillería de la costa.

Esa semana el gobierno bolchevique tuvo que sofocar diversos motines en Peterhof y Oranienbaum, nacidos a la sombra de lo ocurrido en Kronstadt, pero eso no le impidió concentrar todas las fuerzas posibles para acabar de una vez por todas con la rebelión. Además, las tropas, muchas de ellas de origen campesino, mostraban más moral que los primeros días del asedio, en parte por la noticia —propagada por los delegados del X Congreso comunista—, del fin de las requisas al campesinado y su sustitución por un impuesto en especie.

La mejora de la moral de las tropas gubernamentales coincidió con el creciente desaliento de los asediados. Los marinos no habían logrado que su sublevación se extendiese por Petrogrado y comenzaron a sentirse traicionados por los obreros de la ciudad. Además comenzaban a escasear petróleo, municiones, ropa y alimentos. La paulatina reducción de las raciones, el fin de las reservas de harina el 15 de marzo y la posibilidad de que se extendiese el hambre entre la población de la isla hicieron que el comité revolucionario aceptase el ofrecimiento de alimentos y medicinas de la Cruz Roja rusa. Cuando la fortaleza cayó todavía no se había recibido ayuda alguna.

Ese mismo día Tujachevski finalizó su plan para la ofensiva definitiva. Consistía en un ataque en tres columnas precedido de un intenso bombardeo. Un grupo debía atacar desde el norte mientras otros dos lo hacían desde el sur y sureste. Para ello concentró al grueso de sus fuerzas en la costa sur, y envió un contingente menor a tomar posciones en la costa septentrional del golfo. De los cerca de 50 000 soldados que participaron en la operación, aproximadamente 35000 lo hicieron desde la costa meridional. El asalto lo dirigían los mas selectos oficiales del ejército, algunos antiguos miembros de las fuerzas armadas del zar. Más numerosos, bien guiados y mejor pertrechados que el día 8, los soldados no dudaron en mostrar su animo para acabar con la sublevación.

El ataque artillero comenzó a las 14:00 del día 16 y duró todo la jornada. Uno de los proyectiles alcanzó al *Sevastópol* y causó cerca de cincuenta bajas. Aunque al día siguiente fue el *Petropávlovsk* el que recibió un impacto y también tuvo bajas, los daños materiales de los bombardeos fueron escasos; su principal consecuencia fue la casi completa desmoralización de los cercados. Esa noche, cuando por fin cesó el bombardeo, los defensores se prepararon para un posible asalto de las fuerzas de Tujachevski. No se equivocaron. Comenzó a las 03:00 del 17 de marzo.

Esta vez el Ejército Rojo estaba mejor preparado y llevaba camuflaje blanco de invierno. Protegidos por la oscuridad y la niebla, soldados de la fuerza apostada en la costa norte comenzaron el avance contra los fuertes de Totleben y Kranoarméiets. Sobre las 04:30, a pesar del camuflaje y los intentos de pasar desapercibidos, los defensores descubrieron a las unidades de asalto. Intentaron convencerlas de no luchasen y se uniesen a la revuelta, pero fue en vano. Se desató un durísimo combate entre los cadetes, que cargaban contra los muros a la bayoneta y los defensores. Fueron rechazados inicialmente y sufrieron un gran número de bajas, pero lograron tomar los dos fuertes. Cuando al amanecer levantó la niebla, los atacantes quedaron desprotegidos, lo que les forzó a realizar varias acometidas contra el resto de fortalezas. A pesar del feroz enfrentamiento, de enormes pérdidas por parte de ambos bandos y de la tenaz resistencia de los rebeldes, las unidades de Tujachevski se habían hecho con la mayoría de los fuertes más pequeños hacia media tarde.

Mientras, en el sur, una gran fuerza había partido de Oranienbaum a las 04:00. Tres de sus columnas avanzaron hacia el puerto militar de la isla, mientras una cuarta se dirigió a la Puerta de Petrogrado. Las primeras, ocultas por la niebla, lograron desbaratar diversos puestos artilleros, pero pronto se encontraron batidos por otros baluartes y por las ametralladoras. La llegada de refuerzos permitió a los rebeldes rechazar a los asaltantes. La brigada 79.ª, por ejemplo, perdió a la mitad de sus hombres en el fallido ataque. La cuarta columna, por el contrario, tuvo más suerte: al amanecer logró abrir una brecha cerca de la Puerta de Petrogrado y entrar en la ciudad. Las grandes pérdidas sufridas por las unidades en este sector aumentaron aún más en las calles de Kronstadt, donde encontraron una resistencia encarnizada.

La lucha continuó todo el día con la ayuda de los civiles —hombres y mujeres—. Por la tarde, sobre las 16:00, un contraataque estuvo a punto de rechazar a los asaltantes, pero la llegada del 27.º regimiento de caballería y un grupo de voluntarios comunistas lo desbarató. Cuando anochecía, la artillería desplazada desde Oraniebaum comenzó a castigar las posiciones aún en manos de los rebeldes; poco después, entraron en la ciudad las fuerzas que llegaban de Lisy Nos, capturaron el cuartel general de la fortaleza y tomaron gran número de prisioneros. Hacia medianoche los combates perdieron intensidad. Poco después, como había predicho el Comité de Defensa de Petrogrado, los miembros del comité revolucionario que aún no habían sido detenidos y los oficiales zaristas abandonaron la isla. Huyeron a Finlandia junto con otros ochocientos habitantes. A lo largo de todo día siguiente más de 8000 personas abandonaron sus hogares por temor a las represalias y lograron también alcanzar las costas finlandesas desde Kotlin.

Los marinos sabotearon parte de las fortificaciones antes de retirarse, pero las tripulaciones de los acorazados se negaron a volarlos como ordenaron sus comandantes, e indicaron a los mandos soviéticos su disposición a rendirse. A primera hora del 18 de marzo, un grupo de cadetes tomó el control de los acorazados. A mediodía, apenas quedaban pequeños focos de resistencia que cayeron a lo largo de la tarde. Tras 10 días de lucha feroz las autoridades controlaban ya los fuertes, los buques de la flota y casi toda la ciudad.

Se desconoce el número exacto de víctimas, aunque es más que probable que los atacantes sufrieran muchas más que los defensores. Según la estimación del cónsul estadounidense en Víborg, Dinamarca —la que se considera más fiable—, los asaltantes tuvieron alrededor de 10 000 bajas entre muertos, heridos y desaparecidos. Entre los defensores se calcula que hubo unos 600 muertos, 1000 heridos y 2500 prisioneros.

Propaganda del gobierno bolchevique en la que se identifica a los marinos sublevados en Kronstadt con agentes del Movimiento Blanco. En realidad, los militares de la base siempre habían tenido reputación de actuar de forma espontánea; más por las condiciones de vida que la ideología.

Durante los últimos momentos del combate varios centenares de prisioneros fueron ejecutados de inmediato en venganza por las grandes pérdidas sufridas durante el asalto; el resto se envió a las prisiones de la Cheka. En los meses siguientes, se sucedieron las sacas de rebeldes para su fusilamiento; otros acabaron en distintos campos de concentración del mar Blanco condenados a trabajos forzados. Allí muchos fallecieron de hambre, agotamiento o enfermedad. El mismo destino lo sufrieron algunos familiares de los sublevados, como los del general Kozlovski, antiguo oficial zarista responsable de la artillería de la base.

Las víctimas de la posterior represión, cientos si no miles, no disfrutaron de juicio público. Se escogieron 13 prisioneros para ser juzgados ante un tribunal militar en juicio secreto como cabecillas de la sublevación, aunque ninguno de ellos había pertenecido al comité revolucionario ni a los asesores militares que le habían aconsejado, y todos fueron condenados a muerte el 20 de marzo. A los 8000 rebeldes —en su mayoría soldados y marinos pero también algunos civiles—, huidos a Finlandia, se les confinó en campamentos de refugiados donde llevaron una vida dura. Parte de ellos regresó a la URSS al serles prometida una amnistía, pero terminaron en campos de trabajo.

3.12 La rebelión verde

Tambov es una región que se encuentra a unos 500 kilometros al sudeste de Moscú. Es un centro administrativo y sobre todo de gran riqueza agrícola. Estuvo controlado por los bolcheviques durante buena parte de la guerra civil, y debía ser una de las regiones destinadas a soportar las cargas de alimentar y abastecer a la hambrienta población urbana de la zona «roja» en el contexto del llamado «comunismo de guerra». En la medida que los campesinos de Tambov veían como cualquier excedente de grano era confiscado por las autoridades bolcheviques redujeron la producción. El aumento de la cuota de requisa y la mala cosecha de 1920 terminó por enfrentar a los campesinos con el Ejército Rojo, cuando en la aldea de Jitrovo se atacó al destacamento bolchevique encargado de recoger el grano.

Retirada de grano a los campesinos. Obra de Ivan Alekseevich Vladimirov realizada en 1918. Colección particular.

Su insurrección tuvo una particularidad que la distinguió de otros levantamientos campesinos de los denominados ejércitos «verdes» que luchaban contra la rapiña de los soldados blancos y rojos; en esta ocasión el movimiento lo lideró una organización política: la Unión de Campesinos Trabajadores, presidida por el socialrevolucionario Piotr Mijáilovich Tokmakov, que abolió el poder soviético en la región y organizó una Asamblea Constituyente.

Tokmakov, que había llegado a teniente durante su carrera militar, iniciada durante la Guerra Ruso Japonesa, estaba secundado por Aleksandr Antónov, antiguo miembro del Partido Social-Revolucionario y terrorista —había sido condenado a veinte años de prisión en 1904 por volar un tren, pero recibió una amnistía del Gobierno Provisional Ruso en 1917—, y su hermano menor, Dmitri Stepánovich Antónov,

Como suele suceder en estos casos, detrás de estos movimientos siempre acababa por aparecer un liderazgo personal, y la rebelión pasaría a la historia soviética como la Antónovshchina por el nombre del que acabaría por ser su principal dirigente. El programa de la Unión de campesinos trabajadores era un claro desafío a las autoridades bolcheviques y les acercaba mucho a posiciones de los ejércitos blancos. Principalmente buscaba un final de la guerra civil negociado con las potencias extranjeras y una economía de mercado garantizada también por ellas.

Tokmakov reclutó unas fuerzas considerables —de 50 000 a 100 000 efectivos—, entre campesinos y desertores del Ejército Rojo y las organizó en junio de 1920 en el 1.º, 2.º y 3.º ejércitos insurreccionales. El 1.º, de infantería, y el 3.º, de caballería, tenían su sede en Kamenka Tabov; el 2.º, de infantería, que estaba bajo su mando, en Kobyakov Kirsanovsky. Meses después, en noviembre, tomó el mando de la guerrilla conjunta de toda la región y dejó en su puesto de comandante del 2.º ejército al capitán Mitrofanovich.

Como las autoridades comunistas estaban ocupadas en la Guerra Ruso-Polaca, y solo tenían en la región 3000 tropas poco fiables, Sarátov, Penza y buena parte del de Vorónezh, no tardaron en sumarse a la rebelión de Tambov. Se extendió por un territorio poblado por más de tres millones de personas, con un 90% de agricultores y artesanos. La importancia del levantamiento armado obligó a crear la Comisión Plenipotenciaria del Comité Ejecutivo Central Ruso del Partido Bolchevique para la Liquidación del Bandidaje en la Provincia de Tambov.

El 5 de noviembre, varios miles de rebeldes, la mayoría a caballo, atacaron en dos grupos coordinados la estación ferroviaria de Sampur. Capturaron un cañón, algunas ametralladoras y numerosos revólveres y rifles, pero fracasaron en su intento de sabotear las líneas férreas. Por entonces, informes bolcheviques hablaban de la presencia de dos millares de partisanos en los bosques de Novokhoper, en las proximidades de la estación.

Las guerrillas se basaban en la táctica tradicional de atacar por sorpresa en lugares en los que no se las esperaba y huir inmediatamente después gracias a su superior conocimiento del terreno y a la movilidad que daba su caballería. Cada aldea estaba encargada de equipar y mantener a un grupo de estos combatientes, lo que no era difícil, pues muchos de ellos eran de la zona y defendían sus propias comunidades.

Para finales de año los rebeldes habían conseguido uno de sus objetivos principales, que el gobierno dejara de enviar a su territorio unidades para requisar grano. Los oficiales de los pueblos del sur de Tambov eran incapaces de hacerlo, sus escasos recursos estaban destinados únicamente a guarnecer las aldeas bajo su control. Solo la falta de armamento pesado impidió a los rebeldes quedarse mucho tiempo en las ciudades que ocupaban, por lo que no tardaron en convertirse en refugio de comunistas y funcionarios de gobierno.

Los oficiales de las guarniciones y los militantes comunistas locales se quejaron del abandono cada vez mayor en que les dejaba de Moscú, desde donde les enviaban cada vez menos suministros y refuerzos, pero en realidad, aunque lo intentaban, cada vez era más difícil ayudarlos: los trenes blindados, principales nexos de comunicación con la región, eran atacados de manera constante y sus suministros capturados.

Durante el invierno de 1920 a 1921, las reservas de alimentos en muchos pueblos sublevados se agotaron, lo que obligó a sus habitantes a marcharse. Esa, entre otras razones, permitió el 23 de enero que 250 cadetes montados del regimiento n.º 6 Volche-Karachan, lograran defender el pueblo de Borisogledsk de un importante contingente rebelde. Para los comunistas era clave mantenerlo en sus manos, pues con Kirsanov, eran sus bastiones en medio de los campos controlados por los partisanos.

La rebelión alcanzó su punto más alto en febrero, cuando los insurgentes controlaron prácticamente toda la región e interrumpieron el tráfico ferroviario entre Moscú y los Urales. El 20 de marzo las autoridades, totalmente sobrepasadas, anunciaron una amnistía general para todo aquel que se rindiera. Durante las dos semanas que rigió el acuerdo, cerca de 3000 rebeldes capitularon, pero muy pocos con armas. Para entonces, el poder bolchevique había prácticamente desaparecido de casi toda la región.

El 11 de abril Antónov congregó a 5000 de sus efectivos y tras una operación de diversión sobre Nizhne-Spasskoe, lanzó un ataque en pinza sobre Rasskazovo. La guarnición, compuesta por una compañía de infantes, una unidad de militantes comunistas, un pelotón de ametralladoras, la brigada de infantería Volga, llegada en enero de Sarátov, y el 2.º regimiento de la Cheka, cedió rápidamente. Los rebeldes consiguieron un cañón con dos o tres centenares de rondas, 11 ametralladoras, 400 rifles, más de 100 000 balas, 80 teléfonos y centenares de metros de cable. Aproximadamente los suministros que podía enviar el gobierno durante un año.

Animados por su acción, lo volvieron a intentar el día 24 en la aldea de Kobiaki con entre cinco y diez mil combatientes al mando de «Vaska Karas» —Vasili Nikitin-Korolev—, y Vasili F. Selianskii. No lo consiguieron. La guarnición era una fogueada brigada de infantería moscovita dirigida por el comandante de la caballería roja Víctor Dmitrenko y, tras varios asaltos infructuosos, tuvieron que retirarse. Perseguidos por los jinetes enemigos, tuvieron unos 2000 muertos en los días posteriores, según estimaciones comunistas.

Fuera cierto o no ese número de bajas, sirvió para que Moscú decidiera actuar. Durante la primavera, tras la derrota del general Wrangel en el sur, y el fin de la guerra entre polacos y bolcheviques, Trotski tuvo por fin la oportunidad de dirigir toda su atención a la zona rebelde. Hacia allí partieron a someter la revuelta los generales Mijaíl Tujachevski y Ieronim Uborévich, con la coordinación política y la Cheka a cargo de Vladímir Antónov-Ovséyenko.

Cartel de propaganda del gobierno soviético publicado en 1921 que hace referencia al comunismo de guerra: «Solo la estrecha unión de los obreros y campesinos salvará a Rusia de la destrucción y el hambre». El problema era que, para entonces, los campesinos ya pasaban hambre cuando el ejército requisaba sus cosechas.

El 6 de mayo Tujachevski anunció su campaña de pacificación. Durante ese mes llegó un poderoso ejército de más de 50 000 efectivos. Incluía fuerzas regulares, «internacionalistas» chinos y húngaros y destacamentos de la Cheka y la seguridad del estado. Iban apoyados por artillería pesada, trenes blindados, armas químicas sobrantes de los arsenales de la guerra mundial y dos brigadas de infantería y una de caballería veteranas, al mando del condecorado general Grigori Kotovski.

Durante las dos primeras semanas de mayo 15 000 oficiales del Ejército Rojo se concentraron en Tambov para preparar la campaña. El 1 de junio, al amanecer y por sorpresa, tres vehículos armados con ametralladoras, los jinetes de Kotovski y la brigada de caballería siberiana de Mijáil Kovalev atacaron a Antónov y 3000 de sus partisanos, que ocupaba Elan. Aunque los rebeldes lograron rechazar con sus rifles los blindados, acabaron por huir ante la decidida acción de la caballería de Kovalev.

Cartel de propaganda de la caballería siberiana publicado en 1921. Sin ninguna duda eran las unidades más eficientes, valoradas y profesionalizadas de todo el ejército. Lo sabían, y actuaban en consecuencia con sus propios métodos, tanto en el frente como fuera de él. El jinete lleva la primera bandera oficial de la Rusia soviética.

Desde ese primer encuentro, ni Tujachevski ni Antónov-Ovséenko anduvieron por las ramas: decidieron utilizar gases venenosos para acabar con los rebeldes, igual que se había hecho en el frente contra los alemanes o los austriacos. Para ello tuvieron que recibir el consentimiento del comandante en jefe del Ejército Rojo y del Comité Central Ejecutivo del Consejo Militar Revolucionario Popular de Comisarios. Ambos dieron el visto bueno y emitieron la orden oportuna:

> Orden al comandante de la provincia de Tambov N 0116
> Operativo Secreto.
>
> Tambov 12 de junio de 1921
>
> 1. Los bosques, donde los bandidos acechan, se limpiarán con gases venenosos mediante una nube asfixiante que se extienda a través de ellos y destruya todo lo que esté oculto.

2. El inspector de artillería se encargará de decidir el número requerido de recipientes con gases tóxicos y las personas adecuadas para utilizarlos.

3. Los jefes de las zonas de combate llevarán a cabo esta orden de manera persistente y decidida.

4. Todos tomarán las mismas medidas.

Jefe de estado mayor de personal. General Kakurin.

Una segunda orden, dada con fecha de 28 de junio, establecía la forma correcta de cumplir la primera. Los oficiales bolcheviques no dejaban de ser antiguos miembros del ejército zarista, y basaban sus normas en las empleadas por británicos, alemanes y austriacos durante la Primera Guerra Mundial. En realidad, era un proceso mucho más complicado de lo que, a primera vista, podría parecer:

Alto Secreto
Copia Tambov *Gubvoenkomu*

Orden para las tropas de la sexta zona de combate de la provincia de Tambov N 43. Comandante Pavlov.
28 de junio de 1921.

Para información y guía. Breves instrucciones sobre el uso de proyectiles químicos.

1. No se utilizarán granadas químicas en los casos en que no sea posible la liberación de los cilindros de gas debido a las condiciones meteorológicas o topográficas. Por ejemplo, en ausencia completa de viento, con este débil, o si el enemigo se guarece en el bosque en un lugar inaccesible a la expansión de los gases.

2. Los proyectiles químicos se dividen en dos tipos: asfixiantes y venenosos.

3. Los proyectiles de alta velocidad se utilizan para una acción inmediata contra el enemigo, se evaporan después de 5 minutos. Los de acción lenta se utilizan para crear una zona impenetrable, y para eliminar la posibilidad de retirada enemiga, se evaporan después de 15 minutos.

4. Es necesario que los proyectiles caigan en tierra firme. Si caen en suelo blando —se refiere a zonas pantanosas—, no se rompen y no producen ningún efecto. El mejor terreno para su uso es cerrado, cubierto de bosque ralo y con fuerte viente. Si el proyectil se usa en un clima demasiado cálido, no es útil.

5. El bombardeo se llevará a cabo preferiblemente por la noche. No deben hacerse disparos individuales, porque no crean una atmósfera de gas.

6. Los disparo deben llevarse a cabo de manera persistente, con una velocidad de no menos de tres rondas por minuto por pieza de artllería. El alcance de la acción del proyectil debe se de 20 a 25 pasos cuadrados. El fuego no puede llevarse a cabo con lluvias frecuentes, si el enemigo está a más de 300 o 400 pasos o si el viento va en nuestra dirección.

7. Todo el personal de las baterías deberá estar provisto de las correspondientes máscaras de gas.

Inspector de artillería Kosinov

De estos dos documentos puede deducirse que las armas químicas se utilizaron de forma continuada desde finales de junio de 1921 hasta el otoño, en las áreas que presentaban una resistencia más enconada, así como en zonas boscosas, donde el acceso a las tropas resultaba difícil. Los bosques eran particularmente un lugar que daba refugio a una alta concentración de rebeldes y, frente a ellos, era imposible usar muchas de las armas que se empleaban a campo abierto. No se podía emplear a la aviación, la caballería o los blindados y, a las columnas de infantería, la guerrilla les producía demasiadas bajas. La primera aplicación del gas mostró que, sin protección, los campesinos, que hasta entonces no conocían ese tipo de armas, entraban en pánico rápidamente. En realidad era algo psicológico más que físico, pues no solía ser tan efectivo como parecía, pero dio resultado. Sobre todo en zonas marcadas como de «guerrilla persistente».

El segundo método para desalojar a los partisanos de los bosques —mucho más efectivo—, fue recluir a sus familiares en campos de concentración y hacer rehenes en las aldeas, a los que se amenazó con fusilar de inmediato a no ser que se entregaran los partisanos y devolvieran las armas.

Se organizaron dos grandes campos de concentración. Uno de ellos era fijo, adyacente a la prisión. El otro estaba en el lado opuesto de la comunidad, junto al Monasterio de Kazán, que en ese momento albergaba la Checa provincial de Tambov. Ambos campos, como toda la provincia, estaban bajo las órdenes de Antónov-Ovséenko, futuro Mariscal de la Unión Soviética.

En el primer campo estuvo detenida desde el primer momento la esposa de Tokmakov, Anastasia Drigo-Drigina. El segundo, situado sobre un antiguo cementerio de cosacos, no era más que un extenso prado sin barracones ni lugares donde refugiarse del sol o la lluvia. Todos los prisioneros, niños, mujeres y ancianos —familiares de miembros de la resistencia—, pasaban allí día tras día, sentados en el suelo.

Campesinas rusas con sus mejores trajes posan para la cámara de Sergey Prokudin-Gorsky. Era la imagen idílica que le gustaba presentar a la propaganda zarista para demostrar que la vida en Rusia podía tener sus dificultades, pero resultaba gratificante. Ese mismo mensaje, con pocas variantes, lo utilizó también el gobierno bolchevique.

Ambos campos estaban vigilados por efectivos chinos, letones y húngaros, a quienes los comunistas consideraban muy útiles en labores de vigilancia y seguridad, puesto que casi no hablaban ruso y eran absolutamente intransigentes. No se dejó a los presos morir de hambre; fueron alimentadas con patatas mojadas podridas, remolacha y vegetales crudos. Todos los niños, salvo los bebés, que no tardaron en morir, fueron separados de sus madres y se los ubicó en campos diferentes.

Tokmakov murió durante alguno de los combates y lo enterraron en secreto. Antonov huyó a los bosques y continuó su lucha partisana. Él, su hermano, y varios de sus últimos seguidores murieron en combate contra un destacamento rojo el 24 de junio de 1922 en la aldea de Nizhnii Shibriai, donde escondían sus pocas posesiones personales. La Cheka quiso arrestarlos e incendió la casa donde se refugiaron. Cuando intentaron huir, los abatieron. Todos fueron enterrados en una fosa común.

Al acabar junio la rebelión estaba prácticamente sometida y los ejércitos de Tambov derrotados. Con casi todos sus líderes muertos y bajo constante persecucción, las últimas partidas optaron por refugiarse en ciénagas y bosques hasta que las cosas mejoraran.

La reconquista para la causa de Tambov llevó a la deportación o al internamiento en campos de concentración a entre 50 000 y 100 000 hombres, mujeres, niños y ancianos. A veces, aldeas completas. Además, se calcula que en los dos años que duró la rebelión murieron en torno a 230 000 personas en la región; unas 15 000, ejecutadas. Normalmente eran familiares de los rebeldes, utilizados como rehenes. Las propiedades confiscadas a las familias arrestadas y exiliadas fueron entregadas a partidarios del régimen.

Niños de Tambov en un campo de concentración. No se sabe si la fotografía está tomada durante el tiempo que permanecieron recluidos en su región de origen o una vez deportados a otro lugar.

En una clara ironía del destino, 1921 fue también el último de los cuatro años que duró el «comunismo de guerra», impuesto por el Consejo Superior de Economía. El 21 de marzo, el 10.º congreso del partido bolchevique aprobó la introducción de la NEP —la nueva política económica que duraría hasta 1928—, que permitía a los campesinos vender sus excedentes. Había llegado a Tambov demasiado tarde.

Las actividades de la Cheka, la incorporación al Partido Comunista de la Unión Soviética de miles de habitantes de la región —con los beneficios para ellos que eso implicaba—, y las concesiones de la NEP, que autorizaba en determinados productos y ocasiones la coexistencia de los sectores económicos público y privado, ayudaron a los bolcheviques a calmar la situación.

En cualquier caso, las esperanzas de libertad, paz, prosperidad e igualdad con que se presentaba la Revolución, habían desaparecido definitivamente después de la sangrienta represión.

3.13 Crímenes imperfectos

Habíamos dejado a la familia imperial en arresto domiciliario tras las monumentales paredes del Palacio de Alejandro, en Tsárskoye Seló, un mundo idílico controlado por la sonrisa triste y profética de la reina María Antonieta de Francia, retratada con sus hijos en un tapiz situado en la que llamaban la Habitación de la Esquina. Había sido un regalo del presidente francés Émile Loubet durante su visita a Rusia en 1902.

El Palacio de Alejandro, fotografiado en la década de 1930. El año 2012 su fachada e interior fueron rehabilitados y remodelados. Hoy no está exactamente igual a como lo habitó la familia imperial.

Decorado por Alejandra y su arquitecto favorito de origen alemán, Roman Fedorovich Meltzer, en un estilo para entonces moderno —*Jugendstil* o *Art Nouveau*—, considerado por la aristocracia más «de clase media» que «imperial», el palacio contaba con todo tipo de comodidades. Había sido cableado para que dispusiera de electricidad, estaba equipado con un sistema de teléfono y un ascensor hidráulico que conectaba la suite de la emperatriz con las habitaciones de los niños situadas en la segunda planta, e incluso disponía de una pantalla en el salón semicircular para proyectar películas. Daba igual, porque el zar y su familia estaban confinados solo en unas pocas habitaciones y permanecían constantemente vigilados por guardias armados. La mayor parte de las veces con la bayoneta calada.

El régimen de su cautiverio lo había establecido primero la Duma y más tarde Kérenski que, preocupado también por la seguridad de los reos, había limitado de forma estricta sus paseos por el parque, cualquier tipo de contacto con otras personas que no fueran las aprobadas por el gobierno y su correspondencia. El jefe de la Cheka, Moisei Uritsky Solomonovitch había publicado el 16 de marzo de 1917 un decreto para que cualquier miembro de la familia imperial fuera a registrarse a la oficina de la policía secreta, pero ellos no estaban obligados.

En su tiempo libre, que era mucho, la emperatriz y sus hijas bordaban, tejían o leían. Durante sus paseos diarios por el parque todos los miembros de la familia, salvo la emperatriz a quien sus ataques de ciática se lo impedían, se dedicaban a trabajos físicos: limpiaban la nieve, cortaban hielo para la bodega, cortaban ramas secas o viejos árboles para almacenar madera o, cuando hacía buen tiempo, cuidaban de un gran huerto situado junto a la cocina.

Nicolás II, en los jardines del palacio, con dos de sus hijas y algunos de los hombres dedicados a las tareas de vigilancia. Las dos jóvenes llevan la cabeza rapada, la medida habitual que se tomaba en la época al padecer el sarampión.

Kerenski intentó que el zar y los suyos fueran acogidos en otro país. El monarca del Reino Unido, Jorge V, era primo de Alejandra y había enviado una invitación para recibir a los detenidos, pero el Soviet de Petrogrado se opuso de manera tan tajante, y el Partido Laborista inglés protestó con tal vehemencia a favor de los bolcheviques, que retiró la propuesta. Nicolás II también formuló personalmente requerimientos oficiales de asilo político a Alemania y Francia, pero ambos países las ignoraron. Luego, la intentona bolchevique de julio decidió al primer ministro trasladar a los Romanov cuanto antes. En agosto los envió a Tobolsk, la antigua capital histórica de Siberia. Allí se establecieron en lo que había sido la mansión del gobernador con considerables comodidades.

A finales de octubre, tras la llegada al poder de los bolcheviques, se endurecieron las condiciones de su arresto y se volvieron cada vez más frecuentes las discusiones sobre la posibilidad de someter juicio al «ciudadano Nicolás». Cuando los bolcheviques afianzaron e incrementaron su poder, las cosas se pusieron peor para la familia imperial. Desde el 1 de marzo de 1918, la familia fue sometida al mismo racionamiento que los soldados, por lo que tuvieron que renunciar a la mantequilla y al café y, lo más sorprendente, a diez de los sirvientes que todavía los acompañaban.

La familia real en el tejado de su residencia en Tobolsk. Allí llegaron en agosto de 1917 el zar Nicolás II, la zarina Alejandra, el zarevich Alexis, las cuatro grandes duquesas y un séquito importante formado por un ayudante de campo, un médico, un preceptor, un marinero guardaspaldas del zarevich y varios sirvientes. A pesar de su aspecto rural, el edificio estaba dotado de todas las comodidades.

En abril, cuando la guerra civil ya hacía seis meses que se había iniciado y el gobierno acababa de instalarse en Moscú, Lenin, decidió juzgar a la familia imperial. El Ejército Blanco avanzaba por el este, y no podía arriesgarse a que los liberaran para conseguir apoyos a la causa monárquica.

La primera etapa del viaje de regreso, bajo custodia del Ejército Rojo, les llevó a unos 600 kilómetros, a Ekaterimburgo, por entonces una pequeña ciudad de Rusia central situada en la parte oriental de la cordillera de los Urales. Nicolás, Alejandra, su hija María y los sirvientes restantes, debían instalarse en la que se conocía como la Casa Ipátiev, rebautizada posteriormente con el nombre de Casa del Propósito Especial, bajo la dirección de Vasili Yakovlev, de la checa del soviet regional, hasta que llegase el resto de la familia. Alekséi estaba esos días demasiado enfermo para acompañar a sus padres, y permaneció en Tobolsk hasta mayo, junto a sus hermanas Olga, Tatiana y Anastasia. La Casa del Propósito Especial, antes una residencia burguesa, ya sí era una prisión de la que apenas se podía salir al exterior.

El soviet regional acordó en una reunión el 29 de junio acabar con la familia Romanov si en cualquier momento existía alguna posibilidad de que fuera liberada. En el encuentro no hubo debate: solo contó la opinión de Yurovsky, que era el hombre de confianza del gobierno y, por lo tanto, de Lenin. Si actuó a las órdenes de este o por propia iniciativa, nunca se sabrá. No ha quedado ningún resto documental. Un estrecho colaborador de Yurovsky, Filipp Goloshchokin, fue enviado a Moscú para informar al Comité Ejecutivo Central de la medida que iban a tomar.

La decisión la ratificó el comité el 3 de julio, reunido solo con 7 de sus 23 miembros. Solo se discutió si llevar también acabo el asesinato de la esposa y los hijos del zar, pero las deliberaciones fueron catalogadas como secreto de Estado para «evitar repercusiones políticas», dado el constante interés sobre el paradero y estado de la familia real que mostraban los embajadores inglés y alemán.

La Casa Ipatiev, custodiada y rodeada de ua empalizada, fotografiada cuando la familia real todavía la ocupaba. De su vigilancia se encargaron milicianos de la Cheka, que ejecutaron al ayudante de campo y al marinero. Por el contrario, el preceptor de origen suizo y otros miembros de la servidumbre fueron liberados. Con los Romanov sequedaron solo los más fieles, el doctor Botkin, el cocinero, la doncella de la zarina y un criado de confianza del zar.

A mediados de julio las fuerzas de la Legión Checoslovaca se aproximaron a Ekaterimburgo para proteger el Transiberiano. Los bolcheviques pensaron que podían rescatar a los Romanov y decidieron llevar a cabo su plan.

Durante la medianoche del 16 al 17, Yurovski ordenó al doctor Botkin que despertara a toda la familia y al servicio que se había negado a abandonarlos —Anna Demidova, la asistenta personal de la zarina; el criado Trupp y el cocinero Kharitonof—, y los ordenara vestirse. Iban a trasladarlos a un lugar más seguro ante el inminente caos que reinaría en Ekaterimburgo al aproximarse los combates a la zona.

Cuando estuvieron todos reunidos les dijeron que continuaban el viaje y que, mientras esperaban a los camiones, bajasen al sótano para realizar fotografías. Allí los apilaron contra la pared para vigilarlos.

Poco después los dos comisarios políticos bajaron la escalera y entraron en el angosto cubículo con los miembros del pelotón de fusilamiento, que hasta entonces aguardaba en una habitación anexa; algunos, letones y antiguos soldados del ejército húngaro. A cada uno se le asignó una víctima de antemano, pero dos se negaron a disparar contra mujeres.

El zar fue el primero en morir, tras un certero disparo en la cabeza del revolver de Yurosvski, que también se encargó de matar a la zarina de un tiro en la boca. En apenas segundos, los fusileros realizaron una descarga cerrada sobre el resto de la familia. Las hijas y la sirvienta, no murieron de inmediato, fueron rematadas a bayonetazos. El zarévich sobrevivió a la primera descarga. También le asesinó con dos disparos a la altura del oído, Yurovski, que se encargó de rematar a los moribundos.

La habitación en que fue asesinada la familia real. Pueden verse los disparos en la pared. La casa fue destruida totalmente por orden de las autoridades soviéticas en 1977.

Yurovski, de profesión joyero, se propuso encontrar los diamantes de la familia real la noche de la ejecución y, en efecto, lo logró: después de registrar los cadáveres descubrió que entre la ropa interior de las hijas del zar se habían cosido abundantes joyas que pesaban más de 8 kilos. Todos los objetos de valor que encontró los entregó con una relación hecha por él, —luego debemos de imaginar que sincera—, al comandante del Kremlin de Moscú.

Los bolcheviques tenían órdenes de no dejar pruebas, pero en un principio las cosas no se hicieron bien. El comisario militar Ermakov se encargó de hacer desaparecer los cuerpos. Se los llevó en un camión a las minas de Vert Isetsk, para ocultarlas en un pozo abandonado, pero sus hombres se enborracharon y los lanzaron simplemente a una sima poco profunda sin tan siquiera utilizar palas. Al día siguiente, según el testimonio de uno de los ejecutores,

Radzinski, los sacaron con cuerdas de esa fosa. El primero, el de Nicolás. «El agua estaba tan fría —contó Radzinski—, que los rostros de los cadáveres se encontraban sonrojados, como si estuvieran vivos. Nos los llevamos, y el camión se atascó en un lodazal, por lo que a duras penas avanzábamos. De pronto tuvimos una idea y actuamos en consecuencia. Decidimos que no encontraríamos un lugar mejor; sumergimos los cadáveres en ácido sulfúrico, los desfiguramos y excavamos en el lodazal. Luego enterramos allí a algunos de los ejecutados y a otros los quemamos. Recuerdo que quemamos el cadáver de Nicolas, el de Botkin y puede que el de Alexis. Cerca había una vía férrea cogimos traviesas podridas para camuflar la tumba y la tapamos con tierra y escombros».

Ekaterimburgo cayó realmente en manos del Ejército Blanco unas semanas después, pero los cuerpos no se encontraron. Uno de los hechos que dio pie al nacimiento de todo tipo de rumores acerca de la muerte de Nicolás II y su familia fue que al juez Sergeyev, designado por las autoridades soviéticas para investigar los sucesos, lo retiraron de la investigación en 1919 y murió en circunstancias misteriosas poco después. Ese mismo año apareció un informe no oficial redactado por un segundo juez de instrucción, Nikolai Sokolov, del bando zarista, quien certificó que todos los cuerpos habían sido desnudados, retirados del sótano y llevados a una cercana mina de sal para ser arrojados a uno de los pozos.

Con la consolidación definitiva del régimen comunista la Casa Ipatiev se convirtió en el Museo de la Venganza de los Trabajadores. Stalin lo cerró en 1932 y el lugar se destinó a servicios burocráticos del Partido Comunista, hasta que las autoridades soviéticas decidieron destruir el complejo en 1977. El secretario general del Partido Comunista en la región que ejecutó la decisión, fue Boris Yeltsin, más tarde primer presidente de la nueva Federación de Rusia poscomunista.

Por esas fechas un geólogo, Alexander Advonin, y un amigo, el escritor y cineasta Geli Ryabov, encontraron los cuerpos de los zares. Habían conseguido el libro del juez Sokolov donde éste dejaba constancia de sus investigaciones y que había sido prohibido en la URSS, pero además habían podido acceder al documento clave: el informe secreto que de la matanza redactó Yurovski para la cúpula del Partido. Gracias a esa información localizaron el enterramiento colectivo en 1979 pero volvieron a ocultarlo sin hacerlo público pues el régimen comunista seguía plenamente vigente.

Tras la caida de la Unión Soviética, Advonin y Ryabov declararon haber localizado los restos. Rusia recuperaba entonces su historia y su bandera, y reaparecía con fuerza la Iglesia Ortodoxa. En 1991, con Boris Yeltsin en el poder como Presidente de la nueva Federación Rusa, se creó una comisión y se exhumaron los cadáveres. Se efectuaron todo tipo de pruebas, incluidas la de

ADN, y se certificó que los restos encontrados eran los del zar, la zarina, tres de sus hijas y los sirvientes. Faltaban los cuerpos de la gran duquesa Maria y del zarevich Alexis, que no fueron localizados hasta agosto del 2007. Todos los restos fueron enterrados en un mismo nicho en la cripta imperial de la Catedral de San Pedro y San Pablo de San Petersburgo, el lugar donde yacen tradicionalmente los zares de Rusia.

La Casa Ipatiev fotografiada en la década de 1970. En su lugar la Iglesia ortodoxa rusa construyó entre el año 2000 y el 2003 la Iglesia sobre la Sangre en honor de todos los Santos, resplandeciente en la Tierra Rusa, para conmemorar la canonización de los Romanov en 1981.

Algunos de los asesinos del zar eran amigos entre sí y se vieron a menudo con el transcurso de los años. Yurovski, Goloschekin y Medvédev, todos participantes en la ejecución, a veces rememoraban lo ocurrido. Les gustaba hablar especialmente de quién había sido el primero en disparar aquella noche. A pesar de ello, a día de hoy no se sabe a ciencia cierta cuántos asesinos estuvieron involucrados en el regicidio. Según una versión, fueron ocho. Conforme a otra, su número se eleva a once, tantos como víctimas.

De lo que no cabe duda es de que Yákov Yurovski y Medvédev-Kudrin desempeñaron un papel relevante en el pelotón de ejecución. Ambos escribieron posteriormente unas memorias en las que describían con detalle la noche del asesinato. Orgullosos de su papel en la historia hasta el final de sus vidas, ostentaron altos cargos de la administración y disfrutaron de una posición respetable en el seno de la sociedad soviética.

Yurovski siempre aseguró que él fue quién disparó mortalmente contra el zar. Era judío, y su participación directa permitió afirmar después a los nacionalistas que al zar lo mataron los *inorodtsy* —los habitantes no rusos durante el zarismo—. En realidad, los *inorodtsy* eran solo dos: él y el fusilero letón Tselms, cuya participación en el asesinato no ha sido nunca definitivamente probada.

En la hoja de servicios de Yurovski, figuran los cargos de presidente de la Cheka provincial de los Urales, jefe del Tesoro del Estado Soviético y director del Museo Politécnico de Moscú. Todos, puestos de muy alto rango y de importancia estratégica en los primeros años del gobierno soviético. Murió en 1938 de una úlcera péptica en el hospital del Kremlin cuando ser atendido allí era un privilegio reservado a muy pocos, especialmente a destacados funcionarios del Estado.

Mijaíl Aleksándrovich Medvédev-Kudrin también ocupó cargos de relevancia después de la revolución. Durante un tiempo fue ayudante del jefe de la 1ª Sección Especial del NKVD; más tarde, a partir de 1930, se dedicó a dar charlas sobre el regicidio en los institutos superiores provinciales. A finales de la década de 1950 se le asignó una pensión personal de 4500 rublos, una cifra alta para la época. En un encuentro con estudiantes de la Facultad de Derecho de la Universidad Estatal de Moscú rememoró con sumo placer cómo él y sus compañeros bolcheviques ahorraron cartuchos y remataron con bayonetas a los enemigos de la clase trabajadora.

Medvédev alcanzó el rango de coronel. Antes de morir en 1964 dejó escritas unas memorias detalladas sobre el asesinato de la familia real. El manuscrito, dirigido al entonces dirigente de la URSS, Nikita Jruschov, nunca llegó a publicarse; a pesar de ello trascendió que impugnaba el papel dirigente de Yurovski y se atribuía el mérito principal en la aniquilación de la familia del zar. Medvédev fue enterrado con honores militares en el cementerio de Novodévichi, la necrópolis más prestigiosa de Rusia. En su testamento legó la pistola Browning con la que supuestamente mató a Nicolás II, al presidente Jruschov.

3.13.1 Los otros Romanov

A mediados de marzo de 1918, los miembros de la familia Romanov que quedaban en Petrogrado fueron convocados de nuevo a las oficinas de la Cheka. Se les informó de que abandonaban la ciudad. El 4 de abril Ioann Konstantínovich y sus familiares, a las 19:00 horas, salieron de la capital y se dirigieron a Vyatka, una pequeña ciudad a orillas del río del mismo nombre. El príncipe iba acompañado de sus dos hermanos menores, los príncipes Constantino e Igor, el joven poeta, Prince Paley y el gran duque Sergei Mikhailovich, que viajaba con su secretario personal, Fyodor Semyonovich Remez.

A su llegada a Vyatka, el príncipe Ioann y sus compañeros se establecieron en una pequeña casa requisada por los revolucionarios. Disfrutaron de un poco de libertad, ya que podían salir y enviar cartas a otros familiares. La población les mostró cierta simpatía. Los bolcheviques, tal vez preocupados por la cálida bienvenida, decidieron llevarlos también a Ekaterimburgo. Llegaron el 3 de mayo y quedaron alojados en habitaciones individuales de un viejo hotel, el Atamanovka, a pocos metros de la Casa Ipatiev. Pocos días después se les unieron la gran duquesa Isabel de Rusia, fundadora y religiosa en el convento de Santa Marta y María y una amiga, la hermana Varvara Yavovleva, de la misma congregación.

Los trasladaron el 20 de mayo a Alapáyevsk, una ciudad aún más pequeña con calles sin pavimentar, a pocos kilómetros de Ekaterinburg, en la confluencia de los ríos Neiva y Alalpaïkha. Los campesinos les esperaban en la estación, sentados en sus telegas para guiarlos a la nueva prisión, la escuela Napolnaïa, un pequeño edificio de ladrillo en los límites del pueblo.

Allí, los bolcheviques les quitaron casi todo lo que tenían: ropa, ropa de cama, zapatos, objetos de valor, dinero, solo les dejaron lo que cubría sus necesidades básicas. También se le prohibió escribir cartas y recibir correspondencia. Dormían en el suelo, pero podían moverse a voluntad. Como apenas disponían de alimentos cosecharon verduras para poder comer.

Después de dos meses de cautiverio, el 18 de julio —un día después del asesinato del zar, lo que da idea de que ambos actos estaban relacionados—, los subieron en dos carros y los llevaron a un claro del bosque. Ninguno de ellos se resistió. Pararon en las proximidades de los pozos de la mina Selimskaïa. Con los ojos vendados los acompañaron a un tablero colocado por encima de uno de los pozos, de unos 5 metros de profundidad y los arrojaron vivos uno tras otro. Solo se enfrentó a sus asesinos el gran duque Sergei que recibió un disparo en la cabeza antes de ser también arrojado al pozo. El resto sobrevivió a la caída, por lo que los soldados les lanzaron tablas encima y varias granadas. A pesar de todo, el príncipe Ioann, sus hermanos, la gran duquesa y el príncipe Paley no murieron. Fallecieron tiempo después tras una larga y dolorosa agonía.

El 27 de septiembre el ejército de Kolchak, tomó Alapáyevsk. Diez días después, uno de sus oficiales de policía, Teodor Malchikov, encargado de esclarecer lo sucedido, ordenó buscar los cuerpos. El 19 de octubre, por las declaraciones de los habitantes del pueblo, se encontró la gorra de uno de los príncipes cerca del lugar de ejecución. Al día siguiente se encontró el pozo. Se tardó 4 días más en sacar a todas las víctimas. Quedó confirmado que unas habían muerto casi de inmediato, pero otras habían fallecido de hambre o por las heridas, a los pocos días.

Ocho meses después, el Ejército Blanco se retiró y sus soldados llevaron los ataúdes a través de Siberia. Después de un largo viaje, llegaron a la frontera chino-rusa y enviaron un mensaje a Pekín, a la marquesa de Milford Haven, hermana de la gran duquesa Isabel y de la zarina; Victoria Milford Haven se trasladó hasta allí y se hizo cargo de los cuerpos. El príncipe Ioann fue enterrado con otras víctimas en la Iglesia Ortodoxa de Pekín. Más tarde, se demolió la iglesia, por lo que allí seguirán los ataúdes, bajo un campo de golf o un estacionamiento. Solo la gran duquesa Isabel y Varvara Yavovleva fueron enterradas en la iglesia de Santa María Magdalena, en el Monte de los Olivos. Helena de Rusia, viuda del príncipe Ioann, encontró refugio en Suecia en 1919 y se estableció en Francia. Murió en Niza en 1962.

3.13.2 Operación rescate

En enero de 1919, el Ejército Blanco pudo establecer fuera de toda duda el destino del zar y su familia. Ya parecía evidente que los bolcheviques acabarían por ganar la guerra y hacerse finalmente con todo el país, por lo que tanto el resto de la considerada como familia real como su séquito, comenzaron a expresar cierta preocupación por el futuro.

Tras algunas deliberaciones y muchas conversaciones diplomáticas, se puso en marcha un plan de evacuación que los llevara a Gran Bretaña. Como ya hemos visto, no era un destino elegido al azar, la emperatriz viuda, María Fiódorovna, madre de Nicolás II, de soltera princesa Dagmar de Dinamarca, era la hermana menor de la reina Alejandra, madre a su vez de Jorge V.

El 4 de abril, una desapacible mañana fría y brumosa, el acorazado *Marlborough* de la *Royal Navy*, un moderno navío que había participado tres años antes en el combate de Jutlandia y se encontraba destacado en el Mar Negro como apoyo a la intervención aliada en la guerra civil, zarpó de Constantinopla con rumbo a Sebastopol. Su capitán, Charles Duncan Johnson, tenía la misión de entregarle a María Fiódorovna, una carta de su hermana, en la que la instaba a embarcarse en el buque enviado y a abandonar Rusia para siempre. El mayor problema al que se enfrentaba Johnson era que ella ya había rechazado aproximadamente cuatro semanas antes una oferta similar, ofrecida por el capitán Bertram Sackville Thesiger, del crucero *Calypso*.

La madre del zar, que se alojaba desde el principio de la revolución en una de las residencias imperiales de Yalta, en la península de Crimea, con un grupo de refugiados de los Romanov, se negaba a marcharse sin su hijo, su nuera y sus nietos. Había sido informada de los asesinatos un día después de que ocurrieran por un mensajero enviado por Nicky, pero rechazó públicamente la noticia como un rumor. «Estoy segura de que todos salieron de Rusia y ahora los bolcheviques tratan de ocultar la verdad —dijo entonces—». Se mantendría firme en esa posición hasta su muerte . La verdad era demasiado dolorosa para admitirla.

Johnson viajó a Yalta, unos kilómetros al este de Sebastopol, y convenció a la emperatriz viuda para que partiera antes de que fuera demasiado tarde. Las noticias que llegaban del interior del país eran graves. Los bolcheviques, tras superar la débil resistencia ofrecida en el norte de la península de Crimea, avanzaban rápidamente hacia el sur. A su regreso, dio órdenes para zarpar al día siguiente, día 7, y recoger en el puerto de Yalta «a su majestad y todos los que deseen acompañarla, siempre que ella viaje a bordo». Esperaba que la acompañaran una docena de personas; se encontró con una multitud.

Muelle de Yalta. La evacuación de los ciudadanos rusos que pretendían huir del país fue un caos. Sobre todo, en el sur, dominado por el Ejército Rojo.

Los refugiados que entraban en la ciudad y se dirigían al muelle en busca de seguridad eran cada vez más. Llegaban sin otras pertenencias que la ropa que llevaban, en un estado de pánico absoluto. Abandonaban sus vehículos, a veces en marcha y todo lo que no podían llevar en las manos y corrían hasta algún barco. Pronto reinó el caos entre aquella multitud de personas aterrorizadas y angustiados. Entre el tumulto, los niños quedaron separados de sus padres y los maridos de sus esposas. Muchos ni siquiera pudieron volver a reunirse.

Esa noche los británicos fueron advertidos por la policía de que podía estallar en cualquier momento un levantamiento de los bolcheviques y mantuvieron la vigilancia con los reflectores encendidos hasta el amanecer.

El embarque de personas y equipajes, interferido por un fuerte viento que agitaba el mar, se prolongó hasta el día 11. Se desocuparon 35 cabinas a popa de los oficiales para alojar a los fugitivos, se instalaron literas adicionales en todos los sitios posibles —la mayoría sin sábanas ni colchones, pues no había suficientes—, y Johnson trasladó su cabina bajo el puente de mando para que la emperatriz pudiera tener un camarote propio. Cuando llegó el momento de zarpar, el buque de guerra, que distaba mucho de ser ideal para el transporte de pasajeros, llevaba a bordo veinte miembros de la familia imperial, con dos niños pequeños; veinticinco damas y caballeros nobles que formaban parte de su séquito; treinta y seis criadas y mayordomos, y unas 200 toneladas en bultos y maletas. Para entonces, una comisión francesa que, al principio, se había ofrecido a proporcionar los buques que fueran necesarios para la evacuación, ya había desaparecido. Toda la responsabilidad de la intervención estaba en manos británicas.

Una tarjeta postal del buque británico **HMS Marlborough**, *que en abril de 1919 evacuó desde Yalta a los miembros supervivientes de la familia imperial, autografiada por muchos de ellos.*

A última hora de la tarde, el *Marlborough*, oculto entre las sombras y sin escolta, abandonó en silencio el puerto de Yalta y se dirigió hacia la niebla del mar Negro. Los pasajeros, de pie en la cubierta de popa, aguardaron cabizbajos hasta que la línea de costa de Crimea desapareció de su vista. No volverían a pisar Rusia.

A la mañana siguiente el barco quedó anclado frente a la isla de Halki, a 12 millas de Constantinopla. Se había producido un retraso en el plan previsto debido a cierta incertidumbre sobre el destino final de la familia real. Se resolvió sin que pudieran abandonar el barco cuatro días después, el miércoles 16, cuando el gran duque Nicolás y su esposa, la gran duquesa Anastasia; el gran duque Pedro y su esposa, la la gran duquesa Militsa; la princesa Marina, el príncipe Romano, el conde y la condesa Tyszkiewich, el barón y la baronesa Staal, mister Boldyreff y el doctor Malama, con sus respectivos servidores, abandonaron el Marlborough y abordaron el *Lord Nelson* con destino a Génova.

De inmediato sus plazas en el buque las ocuparon otros nobles: el conde y la condesa Sofía Dimitri Mengden, el conde y la condesa George Irina Mengden, la condesa Vera Mengden, el conde Nicolás Mengden, madame Helena Erchoff y dos criadas. El viernes por la mañana, muy temprano, el *Marlborough* dejó la isla de Halki y puso rumbo a Malta.

Llegó la noche del 20 de abril. El gobernador subió a bordo para presentar sus respetos a la emperatriz e informarla de que se habían hecho arreglos para que ella residiera en el Palacio de San Anton hasta que el *Lord Nelson* regresara de Génova para trasladarla a Gran Bretaña. Por la mañana, los Royal Marines, de guarnición en la isla, desfilaron ante el buque y rindieron honores a la emperatriz, que bajó la pasarela escoltada siempre por el capitán Johnson mientras la banda tocaba el himno imperial ruso. Todos los pasajeros, con mucho menos boato, desembarcaron mañana y tarde con su equipaje. Dos días después el Marlborough surcaba las olas de regreso a Constantinopla.

Cuando el buque canadiense *Bermuda* llegó esa misma semana, el 25 de abril, llevaba a bordo 220 hombres, 345 mujeres y 133 niños, registrados como refugiados rusos. Nunca se sabrá el número exacto de evacuados de Yalta que llegaron a la isla de Malta. Las únicas listas de pasajeros que existían quedaron en manos de las autoridades militares, pero una estimación razonable es que serían unos 800. Pocos se quedaron en Malta, la mayoría, de una forma u otra consiguieron llegar a Gran Bretaña.

Su Majestad Imperial, la emperatriz María Feodorovna de Rusia, regresó a su Dinamarca natal, donde murió en Copenhague el 13 de octubre de 1928 a la edad de ochenta y un años. En la nueva Unión Soviética ya no quedaba ningún Romanov.

EPÍLOGO

El terror

Corría sin freno el primer trimestre de ese tortuoso año de 1922 que quedaría marcado por el fin de las grandes operaciones militares de la guerra civil y el IV Congreso de la Internacional Comunista, cuando Iósif Vissariónovich Dzhugashvili, más conocido por Iósif Stalin , fue elegido el 3 de abril Secretario General del Comité Central del Partido Comunista.

Nacido el 18 de diciembre de 1878 en Gori, Georgia, y destinado por su familia a ser un sacerdote más de la Iglesia ortodoxa, había comenzado su relación con el movimiento revolucionario en el seminario, tras unirse a la Organización Socialdemócrata georgiana. Con ella había desempeñado un papel activo en la lucha contra el gobierno zarista en torno al círculo de obreros ferroviarios de Tiflis.

En agosto de 1900, conocer a Víktor Kurnativski, uno de los redactores de *Iskra* enviados a Tiflis para impulsar la difusión del periódico que debía conducir a la reorganización del Partido, le permitió entra en contacto con el entorno de Lenin. Desde entonces sus actividades le obligarían a pasar a una clandestinidad que ya no abandonaría hasta la revolución de febrero de 1917.

Su figura era más visible desde que en el período posterior a la revolución de 1905, asumiera la dirección de los «escuadrones de lucha» destinados a reunir fondos para el partido bolchevique y asistiera al V Congreso del Partido Obrero Socialdemócrata de Rusia celebrado en Londres en 1907. Eso le había permitido, tras estar exiliado en Viena en 1913, llegar a ser en 1917 el editor de *Pravda*, el diario oficial del partido, mientras Lenin y gran parte de los líderes bolcheviques continuaban fuera del país.

Tras la Revolución de Febrero, elegido por las bases del partido para formar parte del Comité Central, había conseguido su primer cargo oficial: Comisario del Pueblo de Asuntos Nacionales en el Ejército Rojo. Le sirvió para viajar y darse a conocer por varios frentes durante la guerra civil y la guerra con Polonia, antes de conseguir también el cargo de Comisario del Pueblo para la Inspección de los Trabajadores y Campesinos, formar parte del Soviet Militar Revolucionario de la República y ser miembro del Comité Central Ejecutivo del Congreso de los Sóviets. Esa acumulación de poder le había permitido llegar a donde estaba.

---

[67] «Stalin» —hecho de acero—, era un sobrenombre que comenzó a utilizar a partir de 1912, cuando tenía 34 años.

Iosif Stalin, secretario general del Partido Comunista desde 1922 y líder único de la Unión Soviética desde finales de 1920 hasta su muerte en 1953. La introducción del sistema totalitario de gestión económica, cultural y estatal, así como el control absoluto de la vida privada de los ciudadanos se tradujeron en una inmensa pérdida de vidas humanas.

Le había costado y no había sido fácil, no lo podía negar, pero por fin iba a poder desarrollar las ideas que tenía para conseguir afianzar la revolución. Principalmente, suprimir de raíz esa absurda teoría de Trotski de la revolución permanente internacional; él estaba dispuesto a trabajar en favor de una política que le permitiera construir el «socialismo en un solo país». Aunque Lenin ejerciera una gran influencia en las filas de sus compañeros, el resto de los dirigentes bolcheviques, era un hombre paciente.

La muerte de su predecesor por un derrame cerebral el 21 de enero de 1924 le allanó el camino. Tras un pequeño y natural vacío de poder sin el liderazgo del omnipresente Lenin, el Partido Comunista se empeñó en una lucha interna en la que Stalin se enfrentó con Trotski. Salió de ella fortalecido y victorioso, convertido en el nuevo líder indiscutible de la Unión Soviética. Lo ayudó también, no cabe duda, que acabaran las hostilidades con el último Ejército Blanco, evacuado hacia el extranjero desde Vladivostok y que se consiguiera por fin la apertura del país a los mercados de Estados Unidos, con el consiguiente reconocimiento internacional. Eso permitió que la economía se recuperase y las deslealtades disminuyeran.

Un ejemplo claro es que el Directorio Político Unificado del Estado, la inmisericorde OGPU que desde el 15 de noviembre de 1923 actuó en funciones de policía secreta como heredera de la Checa y de la GPU —también como las dos anteriores dirigida hasta su fallecimiento por el polaco Félix Dzerzhinski—, redujo su plantilla de 333 000 hombres a 93 000. También, como había menos gente a la que perseguir, la OGPU tuvo que establecer una serie de normativas y reglas que limitaran algo más las detenciones, que comenzaban a alcanzar unos límites insostenibles. Así quedaron fijados los Principios Fundamentales de la legislación penal de la Unión Soviética, aprobados el 31 de octubre de 1924 por el Politburó.

Lev Dadídovich Bronstein, más conocido por su apodo revolucionario de Trotski en 1938. Sus diferencias con Stalin le llevaron a la muerte. Le clavó un piolet en la cabeza, por orden suya, el español Ramón Mercader, el 20 de agosto de 1940. El político moriría 26 horas después en Coyoacán, México, donde residía desde que se había exiliado de la Unión Soviética.

Durante esos años de enfrentamientos, aunque las persecuciones de disidentes se redujeran drásticamente en comparación con la etapa de la guerra civil recién acabada, no por eso las cifras fueron menos terribles: de los 11 453 presos políticos acusados de contrarrevolucionarios se ejecutó a 1858; de manera aislada, en Crimea, se asesinó a otros 132 exguardias blancos que habían intentado un levantamiento y, en Georgia, se fusiló a 12 578 nacionalistas que pretendían rebelarse en Chiatura.

Una a una, fueron desmanteladas 928 organizaciones consideradas peligrosas: 675 asociaciones campesinas que se saldaron con 1148 detenidos; 117 grupos intelectuales con otros 1360; 85 colectivos religiosos con 1765 encarcelados; 24 grupúsculos monárquicos con 1245 apresados; 14 agrupaciones mencheviques con 540 encausados y 13 formaciones socialistas revolucionarias con otros 204 arrestados.

Se efectuaron también 81 redadas contra células anarquistas que concluyeron con 266 detenidos más, así como al encarcelamiento de 2468 personas acusadas de ser espías del extranjero, de las cuales, curiosamente, 357 se habían sido exiliado durante el gobierno de los zares y acababan de regresar animados por el brillante futuro del país.

Hubo expulsiones y exilio forzoso a otros países de Europa para un total de 4500 empresarios y comerciantes residentes en Moscú y Leningrado. Se dejó bajo libertad vigilada a 18 000 personas consideradas «sospechosas», se registraron 15 501 empresas y se leyeron 5 078 174 cartas, sin importar ni un ápice que se violara la privacidad de los remitentes. Aunque quizá lo que más asombrara, fuera que se encerró a 4000 bolcheviques de la extinta GPU, que tras su etapa anterior en la Cheka habían cometido estafas y sobornos en pueblos o aldeas durante la guerra civil, en el recién creado «campo para propósitos especiales» de Solovkí —precisamente en el archipiélago Solovetsky que comprendía cinco islas del mar Blanco junto a Arkángel—. No por el hecho en sí de juntarlos a todos en un gran campo de concentración, ya hemos comentado que las katorgas, como campo de trabajo y castigo, en lugares con intenso frío en invierno y agobiante humedad en verano, existían a lo largo de toda Rusia desde la época de los zares, sino porque dejaba la peligrosa sensación de que nadie estaba a salvo.

Desfile en la Plaza Roja de Moscú, el 22 de junio de 1921, antes del inicio del III Congreso Mundial de la Internacional Comunista. Acabó el 12 de julio y en él, se combatieron las posturas ultraizquierdistas de algunos partidos comunistas, como el de Alemania

Los enfrentamientos en el seno del Partido Comunista terminaron definitivamente en noviembre de 1927 con la detención de Trotski, Grigori Zinoviev, Lev Kamenev, Karl Radek y el resto de opositores a Stalin. Del trabajo se encargó la OGPU, en ese momento ya en manos de Vyacheslav Rudolfovich Menzhinsky, un culto y radical heredero de la antigua nobleza terrateniente, que había abjurado de sus orígenes y sustituido a Dzerzhinski tras su fallecimiento de un infarto cardiaco, el 20 de julio de 1926. Todos los «trostkystas» fueron enjuiciados y condenados. A unos, como al propio

Trostsky y otros 30 compañeros, los desterraron al extranjero. Al resto, menos afortunados, los enviaron a los campos de trabajo.

Fue el mismo Stalin quién en 1924 encontró una misión mucho más productiva para los presos, que debido a su gran cantidad no aportaban nada más que gastos públicos. Decidió ponerlos a trabajar sin descanso. Mediante ese sistema los gastos se recuperarían, y el estado obtendría continua mano de obra en condiciones esclavas para afrontar con garantías grandes obras de infraestructura o aumentar la producción de las materias primas que requerían una extracción en condiciones más arduas.

Acabada la pugna en el partido y con todo el poder concentrado en manos de Stalin, los bolcheviques podían de nuevo volcarse en la persecución de las grandes masas de agricultores y campesinos que, pese a un primer reparto de tierras, prosperaban, se podían permitir aún contratar trabajadores —eso se daba por hecho que era un sistema burgués y capitalista— y no parecían mostrarse demasiado leales. Los que ellos calificaban bajo el término de kulaks, en ruso, «puño».

Desde hacía tiempo, Stalin había intentado buscar excusas convincentes para poder culpar de algo a los núcleos campesinos y poder intervenir contra ellos. Estuvo a punto de conseguirlo cuando se produjo un descenso en la cosecha de cereales que los agricultores habían de entregar para el mantenimiento del estado, pero no tuvo necesidad de apurar demasiado ese débil subterfugio, el pretexto perfecto le llegó en abril de 1928, cuando en la región de Shajty se destapó una empresa agrícola que no estaba dispuesta a mantener el comunismo. Todos sus miembros fueron detenidos y 5 de ellos ejecutados.

Apoyada en ese único caso flagrante comenzó una campaña para acabar de una vez por todas con todos los rebeldes campesinos que tantos dolores de cabeza les habían traído a los bolcheviques. Pero se enfrentaban a otro problema: al acabar con un colectivo tan grande, que representaba aproximadamente a un 7% de la población se generaría un vacío todavía mayor en un país tan extenso como la Unión Soviética. La solución fue deportarlos a las regiones deshabitadas para que, forzosamente, las colonizaran y explotaran bajo un férreo sistema de control que impidiera que las abandonaran. Para ello se habilitó el área geográfica de Narym en Siberia Occidental con 350 000 kilómetros cuadrados.

Ese mismo año se iniciaron las detenciones en masa de todos los kulaks de la cuenca del Volga, Ucrania Occidental, Bielorrusia, Ciscaucasia y Kazakhstán. Para los destacamentos de la OGPU, kulak era sinónimo de rico, y entendían como tal a todo aquel que era propietario de una simple gallina, por lo que aldea por aldea y pueblo por pueblo, desalojaron y encarcelaron a miles de personas tras confiscarles todas sus pertenencias, desde el calzado, abrigos y ropa interior, hasta simples utensilios de hogar como cacerolas o jarras, que eran subastadas a continuación entre el resto de la población para ingresar dinero extra en las arcas del estado.

No hace falta explicar que con esas prácticas muchas personas fueron víctimas de viejos enfrentamientos, ya que un sinfín de vecinos vieron la oportunidad de hacerse con propiedades de otros. Un ejemplo fue la tragedia ocurrida en Samara, donde 4865 personas resultaron asesinadas por la OGPU sin fundamento alguno. Incluso los artesanos fueron arrestados acusados de tener los materiales para elaborar sus propios productos, algo que escapaba de toda lógica. A finales de 1928 un total de 909 000 kulaks habían sido deportados y en 1929 la cifra superaba el 1 178 000.

En 1930, el descontento entre la clase campesina ya se hizo evidente, por lo que no tardaron en organizar comités armados que arrebataron algunas aldeas a los bolcheviques. Las ocupaciones apenas duraban unos días, pero le dieron más razones a Stalin para incrementar las acciones en su contra y recurrir aún más al uso de la fuerza. A lo largo del año se reprimieron violentamente más de 14 000 revueltas en las que participaron cerca de 2 millones de campesinos. Al menos 20 000 fueron ejecutados y cientos de miles deportados.

Precisamente el proceso de la deportación en sí era una de las fases más trágicas. Los detenidos no iban solos, sino acompañados por sus familias, ya fueran mujeres, niños o ancianos. Con un equipaje máximo de 480 kilogramos, los campesinos arrestados eran recluidos durante días o semanas en recintos provisionales como estaciones secundarias o cuarteles, situados en los centros de transporte de Vologda, Kotlas, Rostov, Sverdlovsk y Omsk. Allí, en muchos casos, los varones eran finalmente separados de sus familias de forma violenta por los guardias de la OGPU. Para trasladarlos se emplearon 240 trenes con 53 vagones para cada grupo. El viaje se prolongaba a veces varios días hasta el destino final, en regiones inhóspitas que había que atravesar a pie, en trineo o carretas, a lo largo de cientos de kilómetros.

Una vez en las áreas de trabajo asignadas, los deportados debían asentarse. O bien había barracones de madera en los que con frecuencia ya estaban alojadas más de dos o tres familias, o no había nada, por lo que se veían obligados a cavar un hoyo en el suelo de la taiga y cubrirlo con ramas, para protegerse del frío. Miles de personas que no lograron adaptarse fallecieron durante sus primeros días de estancia en el nuevo «hogar» que tenían destinado.

Dado el enorme número de deportaciones efectuadas durante la deskulakización, se hizo necesario ampliar las áreas geográficas de explotaciones. No solo la región de Narym, como inicialmente estaba previsto, se llenó de kulaks, también muchos otros lugares dispersos por el territorio soviético: el resto de Siberia, Kazakhstán, el litoral del mar Blanco o Magnitogorsk. Los principales complejos de producción se situaron en Urallesprom para la explotación forestal; Kuznetzstroi, para la metalurgia; Vostokstal, para el acero; Tsvetmetzoloto, para minerales no férreos y Uralugol, junto con Vostugol, para la extracción de carbón.

Los 40 000 prisioneros de las islas Solovetsky trabajaban en la tala de bosques entre Carelia y Arkángel, a través de la ruta Kem-Ujta; otros 40 000 tendían el trazado del ferrocarril de 300 kilómetros entre Ust y Piniug; 24 000 más eran la mano de obra del conjunto metalúrgico de Kuznetsk en Siberia; otros 20 000 cumplían condena en el combinado de empresas químicas de Vichera, en los Urales, y unos 15 000 construían la línea férrea hasta Boguchachinsk, en las repúblicas del Asia Oriental. Todo eso, sin contar a los dedicados a la extracción de minerales.

Fueron deportados más de 3 800 000 kulaks entre 1929 y 1933, que dejaron tan abandonados los campos, que resultó imposible para los que quedaron hacer frente a las demandas de producción del estado. Tampoco los enviados a las nuevas zonas de colonización, que trabajaban sin descanso unas tierras baldías, aportaron los beneficios esperados, y los que se obtuvieron, se dedicaron junto a las exportaciones masivas de los productos agrícolas recogidos a financiar el desarrollo industrial. Como consecuencia, el mundo rural soviético se desmoronó. Entró en una quiebra económica que provocó una brutal hambruna, por la que fallecerían cientos de miles de personas en toda la nación.

A su vez, la hambruna trajo consigo un éxodo masivo a las grandes ciudades desde las regiones más necesitadas. Sin trabajo y sin comida, aumentó la criminalidad en los centros urbanos, y con ella, las tensiones. Las autoridades, ciegas a la realidad, achacaron la migración masiva a perversas maquinaciones contrarrevolucionarias y respondieron con fuerte represión y una campaña que denominaron de «pasaportes». Comenzó el 27 de diciembre de 1932 con la decisión del Politburó de emitir pasaportes internos a todos los residentes de las grandes ciudades consideradas con estatuto especial — principalmente Moscú, Leningrado, y sus alrededores, en un radio de cientos de kilómetros[68]— que no hubieran llegado después del 1 de enero dd 1931, tuvieran trabajo, no estuvieran considerados perezosos o alborotadores o no fueran refugiados extranjeros. Uno de sus objetivos era claramente limpiar los centros urbanos de elementos superfluos no conectados con el trabajo productivo o administrativo, así como de los kulaks que quedaran y otros elementos «desclasados y socialmente dañinos». Es decir, antiguos mercaderes,

---

[68] Más tarde se extendería a otras 30 ciudades, entre ellas, Odessa, Kiev, Minsk, Jarkov, Rostov-on-Don, Vladivostok, Sochi y Tuapse. Estas dos últimas, a orillas del mar Negro, eran los lugares de descanso de la élite del Partido.

comerciantes, campesinos que hubieran huido de la hambruna en el campo, delincuentes comunes, o cualquiera que no encajase en la idealizada estructura de clases comunista, no recibirían papeles. Luego, en un plazo máximo de 48 horas, podían ser detenidos y enviados a los «asentamientos especiales», tras un procedimiento administrativo sumario en el que ni siquiera se hallaban presentes.

Desde los primeros días de 1933, la OGPU se situó en las estaciones de tren y en los principales puestos de control de carreteras y comenzó a detener a agricultores de Ucrania, el valle del Volga y el Cáucaso, que se desplazaban hacia la capital. El 23 de enero, el gobierno fue más allá y prohibió que se les vendieran billetes de tren. En paralelo, la policía y los agentes de inteligencia de las regiones occidentales del país —Bielorrusia, el Oeste de Ucrania y Carelia—, comenzaron a realizar miles de detenciones de presuntos insurgentes o presuntos simpatizantes de extranjeros invasores. Las prisiones de las regiones afectadas, a menudo insuficientemente vigiladas, quedaron abarrotadas debidoa las detenciones en masa, y su mortalidad ascendió también a niveles alarmantes —en la prisión de Tashkent, en Uzbekistán, por ejemplo, entre enero y febrero, el 25 % de los presos murieron de hambre—.

En apenas 15 años la Revolución se había convertido en un insensible y burocratizado régimen comunista que trataba a sus ciudadanos con la misma crueldad que la Rusia de los zares. Para la gran mayoría de la enorme población que habitaba ahora el inmenso territorio de la flamante Unión de Repúblicas Socialistas Soviéticas, la liberación que les habían prometido en su juventud había pasado a ser papel mojado al llegar a la madurez. Estaban bajo otro poder, pero en el mismo sitio de siempre.

CRONOLOGÍA DE LA REVOLUCIÓN

1917

27 de enero
En previsión de altercados en la víspera de la convocatoria de la Duma, la policía detiene al Grupo Central de Trabajadores, organización revolucionaria, y a otros miembros de la oposición al zar.

14 de febrero
Reapertura de la Duma. Mientras, unos 84 000 obreros de 70 fábricas de Petrogrado se suman a la huelga política.

23 de febrero
Se celebran una serie de mítines y manifestaciones, en Petrogrado, con motivo del Día Internacional de la Mujer. Las protestas derivan en revueltas reprimidas por la policía y el ejército.

25 de febrero
Los paros se generalizan y las consignas de los huelguistas se politizan. El zar ordena la represión por la fuerza.

26 de febrero
De madrugada, las unidades del regimiento de élite Pavolvski celebran un largo mitin. Votan a favor de desobedecer las órdenes de disparar contra los civiles. Esa mañana se producen 40 muertos y 48 heridos por disparos de los guardias del regimiento Volynski, en la plaza Známensakia. Al recibir la orden de disparar, el Pavolvski se amotina.

28 de febrero
Los diputados se niegan a disolver el Parlamento y forman un Comité Provisional de 11 miembros constituido por liberales y social-revolucionarios. Aleksandr Kérenski y Nikolái Chjeidze tratan de restablecer el orden.

1 de marzo
Todo tipo policía es abolida. Para asegurar el orden se forman dos milicias rivales: una creada por el Sóviet de Petrogrado y otra por la Duma. Mientras la primera la integran obreros de la capital, la segunda se nutre, sobre todo, con funcionarios y estudiantes.

Formación del gobierno provisional liderado por Gueorgui Ivov. Las estructuras del zarismo se descomponen. Los gobernadores y delegados son destituidos. Paralelamente, los sóviets se organizan en comités locales.

2 de marzo
Nicolás II intenta dejar el trono a su hijo Aleksei. Finalmente, en un vagón del tren imperial, firma el acta de abdicación en favor de su hermano Miguel, que lo rechaza por consejo del gobierno provisional, pocas horas después. Ese mismo día, se constituye en Kiev la Rada, cámara legislativa ucraniana controlada por grupos social-revolucionarios, que impulsa algunas reformas fundamentales.

8 de marzo
Nicolás II y su familia abandonan la capital y parten para Tsárskoie Seló. El zar se traslada al Cuartel General del Ejército, en el frente, para dirigir personalmente las operaciones militares.

9 de marzo
Estados Unidos, presidido por Wilson —vigésimo octavo presidente del país—, reconoce al gobierno provisional ruso. Los países aliados lo harán también de inmediato.

15 de marzo
Lenin, que lleva exiliado 17 años, se encuentra en Zúrich. Planea regresar a Rusia lo antes posible.

25 de marzo
El gobierno provisional instaura el monopolio estatal en el comercio de cereales.

27 de marzo
Lenin inicia su regreso a Rusia en un tren sellado que los alemanes dejan circular sin inspecciones de ningún tipo. Llega a la Estación de Finlandia —en Petrogrado—, la noche del 3 de abril.

Crisis de abril
El gobierno provisional y el Sóviet de Petrogrado chocan por la permanencia o retirada de Rusia de la Gran Guerra. Gran Bretaña retira la oferta de asilo a la familia imperial.

4 de abril
Lenin publica su *Tesis de abril*, un programa que plantea la necesidad de avanzar y pasar de la fase revolucionaria burguesa a la fase revolucionaria

del proletariado. Para él, solamente se podría detener la guerra y asegurar las conquistas dando todo el poder a los sóviets.

21 de abril
Se produce la primera manifestación bolchevique en la capital, Petrogrado, y en la ciudad de Moscú.

El término comunismo de guerra fue acuñado por Lenin en marzo de 1921 para referirse a los criterios económicos aplicados durante la guerra civil y se refiere al conjunto de medidas económicas a partir del verano de 1918 que pretendían rescatar a la revolución de la comprometida situación en que se hallaba, a causa de la guerra civil, la agresión exterior y la crisis económica.

26 de abril
El Gobierno Provisional admite su incapacidad para mantener el orden en el país.

28 de abril
Los bolcheviques organizan en Petrogrado la Guardia Roja mediante destacamentos de obreros.

4 de mayo
De madrugada Lvov reorganiza su gobierno y nombra a Aleksandr Kérenski —hasta entonces líder moderado—, como ministro de Guerra y Marina. Seis

socialistas entran en el gabinete. Durante los primeros días del mes, León Trotski, que residía en Estados Unidos, regresa a Rusia.

3 de junio
Tiene lugar el primer Congreso de Sóviets de todas las Rusias de Petrogrado. Los bolcheviques son la tercera fuerza, con 105 delegados. Los mencheviques tienen 248 y los socialrevolucionarios, 285.

Parte del monumento al zar Alejandro III en Moscú, derribado y destruido en 1920. Segundo hijo varón de Alejandro II y la emperatriz María de Hesse-Darmstadt, era el padre de Nicolás II.

6 de junio
El Comité Central Bolchevique se divide en dos por la conveniencia de convocar marchas de protesta. La fracción favorable la encabeza Lenin, la opuesta Grigori Zinóviev y Lev Kámenev.

9 de junio
La inquietud de la guarnición de Petrogrado ante su posible traslado al frente se plasma en peligrosos rumores de amotinamiento que llegan al Consejo.

16 de junio
Kérenski ordena una ofensiva contra las fuerzas austrohúngaras que consigue hacerlas retroceder.

20 de junio
Los regimientos de Petrogrado reciben órdenes de enviar al frente 500 ametralladoras con sus correspondientes soldados. Al día siguiente, las tropas aprueban ir solo si es para librar una «guerra revolucionaria».

23 de junio
Los 63 delegados de 73 fábricas, reunidos en la fábrica Putílov, toman como medida exigir subidas de sueldos para compensar la inflación y, teniendo en cuenta que eso no será suficiente, reclaman tomar el control de la producción y que el poder político pase a los consejos.

29 de junio
Lenin, avisado de que va a ser detenido, pasa a la clandestinidad. Permanecerá en Rusia hasta la mañana del 4 de julio.

1 de julio
El gobierno provisional ordena el arresto de los principales líderes bolcheviques de las grandes ciudades del país.

4 de julio
Se consigue evitar un golpe bolchevique por la filtración de informes sobre las conversaciones de Lenin con los alemanes, todavía el enemigo.

5 de julio
Lenin se va finalmente a Finlandia.

6 de julio
El gobierno ordena la detención de Lenin y sus cómplices, a quienes acusan de «alta traición y organización de un levantamiento armado».

10 de julio
Kérenski solicita a Kornílov asumir el mando de las fuerzas armadas, al mismo tiempo que ordena la disolución de las unidades que habían participado en las jornadas de julio.

13 de julio
Kérenski promete ante el Ispolkom reprimir de la manera más implacable cualquier intento de restaurar el régimen monárquico.

31 de julio
Nicolás II y su familia parten a Tobolsk donde, al año siguiente, serán asesinados por agentes del soviet de la región de los Urales.

9 de agosto
El gobierno provisional programa elecciones a la asamblea constituyente y fija su convocatoria para el 12 de noviembre.

14 de agosto
Se inaugura la conferencia estatal en Moscú. Mientras, el general Kornílov recibe una tumultuosa bienvenida.

26 de agosto
Kérenski anuncia la formación de un nuevo gabinete de coalición socialburgués, con socialistas poco destacados. Al mismo tiempo, Lvov es arrestado.
Esa noche Kérenski obtiene los derechos dictatoriales de parte del gabinete y destituye a Kornílov.

30 de agosto
El gobierno provisional ordena la liberación de los bolcheviques que aún se encontraban en prisión por el golpe perpetrado durante el mes de julio.

31 de agosto
Krimov llega a Petrogrado para reunirse con Kérenski, quien le despide. Al poco tiempo, se suicida con un disparo en el corazón.

10 de septiembre
Se inaugura el Tercer Congreso Regional de Sóviets en Finlandia, patrocinado por los bolcheviques. El personal militar y civil finés es obligado a obedecer al gobierno provisional.

12 y 14 de septiembre
Lenin escribe al Comité Central advirtiéndole de que es el momento adecuado para llevar a cabo la toma del poder.

25 de septiembre
Los bolcheviques consiguen la mayoría en la sección de los Trabajadores del Sóviet de Petrogrado. Trotski es elegido presidente del sóviet.

4 de octubre
El gobierno provisional analiza la posibilidad de abandonar la capital y trasladarla a Moscú.

9 de octubre
El mando militar de la capital ordena la marcha de un tercio de los regimientos

de la guarnición al frente. Las unidades repudian al gobierno provisional y proclaman su lealtad al sóviet de Petrogrado.

10 de octubre
El Comité Central bolchevique aprueba el alzamiento armado y se prepara para la toma del poder, pero sin fijar una fecha ni que se realice antes del inicio del Congreso.

16 de octubre
El Comité Ejecutivo del Sóviet de Petrogrado aprueba la formación de un órgano para coordinar la defensa del próximo Congreso de los Sóviets, el Comité Militar Revolucionario —*Milrevkom*—.

22 de octubre
El Milrevkom declara que el estado mayor es contrarrevolucionario. Al día siguiente lleva a cabo engañosas negociaciones con él. Kérenski sospecha y ordena presentar un ultimátum al Comité Militar.

24 de octubre
Unidades leales al gobierno ocupan puntos estratégicos de Petrogrado y clausuran periódicos bolcheviques, lo que provoca que estos reaccionen y tomen gran parte de la capital. Esa noche, Lenin acude disfrazado al Segundo Congreso de los Sóviets, patrocinado por los bolcheviques. Estos, completan la ocupación de la capital gracias a la actuación del Milrevkom.

25 de octubre
Comienza la Revolución de Octubre. El CMR envía a trabajadores y soldados armados a tomar edificios clave en Petrogrado. El Palacio de Invierno es atacado a las 21:40 y capturado a las 02:00. Kérenski estaba fuera de Petrogrado con la intención de reunir tropas fieles al gobierno. Esa tarde Trotski inaugura una sesión extraordinaria del Sóviet de Petrogrado.

26 de octubre
Por la noche, el Congreso de Sóviets aprueba los decretos de Lenin de Tierras y Paz y autoriza la formación de un nuevo Gobierno Provisional: el Consejo de Comisarios del Pueblo, con Lenin como presidente.

27 de octubre
El Sovnarkom publica su primera ley: la censura de la prensa. Lo justifica como una manera de luchar contra los enemigos de la contrarrevolución.

28 de octubre
Las tropas progubernamentales recuperan el Kremlin en Moscú, tras el asalto del día 26.

29 de octubre
El Sindicato de Empleados y Obreros Ferroviarios da un ultimátum a los bolcheviques para que amplíen la composición de los partidos del Gobierno. Cuentan con el respaldo de Kámenev.

4 de noviembre
Encuentro entre Lenin, Trotski y el Comité Ejecutivo Central de los Sóviets. Mediante una manipulación de los votos, el Sovnarkom obtiene autoridad formal para legislar por decreto.

12 de noviembre
Las elecciones a la Asamblea Constituyente prosiguen en la Rusia no ocupada. Los social-revolucionarios obtienen el mayor número de votos.

22 de noviembre
Un decreto disuelve la mayoría de los tribunales. Lenin aprueba la creación de los tribunales revolucionarios, que desde ese momento se encargaran de proteger todo lo conseguido por el golpe de estado bolchevique.

1918

10 de enero
Los cosacos se declaran independientes y forman la República del Don.

12 de enero
Los letones declaran su independencia de Rusia, mientras siguen ocupados por Alemania.

22 de enero
Ucrania se declara independiente de Rusia.

28 de enero
Estalla la guerra civil en Finlandia como consecuencia de su declaración de independencia de Rusia.

9 de febrero
Las potencias centrales y Ucrania firman el Tratado de Brest-Litovsk. La guerra con Rusia continua.

13 de febrero
Rusia pasa del calendario juliano al gregoriano. Al 31 de enero le sigue el 14 de febrero.

16 de febrero
Aún bajo ocupación alemana, los lituanos declaran su independencia de Rusia.

24 de febrero
Los estonios declaran su independencia de Rusia.

12 de marzo
Los bolcheviques trasladan la capital de Petrogrado a Moscú por razones de seguridad.

5 de abril
Infantería británica y japonesa desembarca en Vladivostok.

9 de abril
La República de Moldavia y Rumania se unen. Rusia reclama Moldavia.

5 de mayo
Kérenski que había permanecido oculto, emigra a Europa occidental.

26 de mayo
La República de Transcaucasia, creada en abril, se divide en tres estados separados: Georgia, Armenia y Azerbaiyán, que declaran su independencia de Rusia.

17 de julio
Asesinato de toda la familia imperial

30 de agosto
Una mujer, Fanya Kaplan dispara tres veces a Lenin a la salida de una fábrica en la que acaba de dar un discurso. Una bala le alcanza en la mandíbula y otra en el hombro, pero se recuperará. Mientras, en Petrogrado, Leonid Ioakimovich Kannegiser dispara a Moisés Solomonovich Uritsky, el presidente de la Cheka

Mapa alemán publicado en 1918, con los últimos movimientos de la Primera Guerra Mundial, en el que se ven los territorios en litigio entre Rusia y sus naciones vecinas. La mayoría quedarían absorbidos con el tiempo en la Unión de Repúblicas Socialistas Soviéticas.

de Petrogrado. Los dos atentados no están relacionados, pero su coincidencia hace que los bolcheviques crean que su labor está en peligro y comiencen una campaña contra disidentes.

2 de septiembre
El gobierno bolchevique proclama una campaña de «Terror Rojo».

23 de septiembre
Se crea un nuevo gobierno provisional de toda Rusia, con sede en Omsk, Siberia. Patrocinado por el Komuch, durará hasta el 18 de noviembre de 1918, cuando el almirante Kolchak le ponga fin.

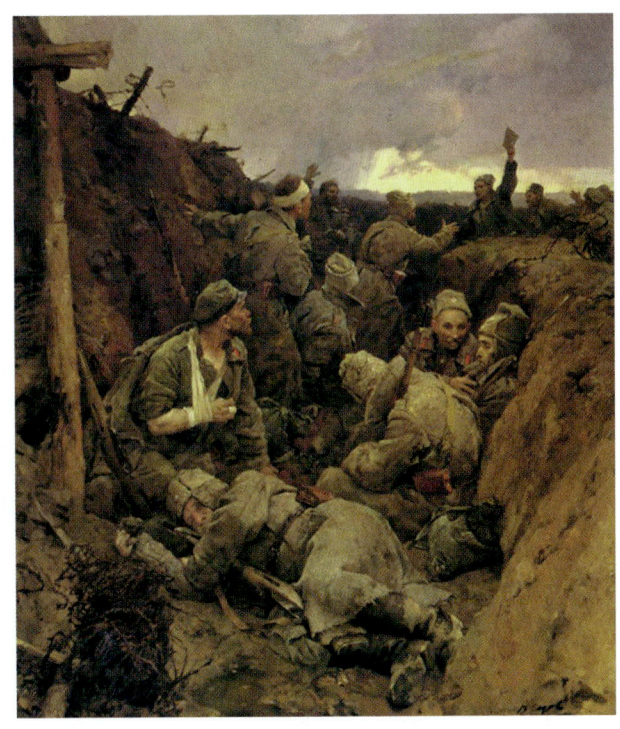

La guerra ha terminado. *Alemania exigió en el tratado de paz la entrega de tributos y de un vastísimo territorio que comprendía Ucrania, parte de Bielorrusia, y las tres naciones bálticas. Para contrarrestar en algo su desfavorable situación, el gobierno soviético reiteró su invitación a participar en las negociaciones a los países de la Entente, pero no recibió respuesta alguna.*

1 de noviembre
Polonia declara la guerra a Ucrania.

11 de noviembre
Alemania firma el armisticio que pone fin a la Primera Guerra Mundial.

18 de noviembre
Kolchack da un golpe de Estado en Omsk, se convierte en el líder del Ejército

Blanco, y en el supuesto líder de toda Rusia al establecer su propio gobierno como una dictadura militar.

22 de noviembre
Los alemanes se retiran de Estonia y los bolcheviques ocupan el país.

27 de noviembre
Besarabia anuncia su unión con Rumanía. Rusia se opone.

1919

3 de enero
El Ejército Rojo invade Letonia.

6 de junio
Finlandia declara la guerra a Rusia por la península de Karelia.

Un grupo de cosacos en 1919. Como en casi todas partes, las comunidades cosacas apoyaron la reacción contra la Revolución, y sus miembros destacaron como acérrimos defensores del viejo orden zarista.

17 de diciembre
Kolchak es derrocado y se ve obligado a renunciar. El general Nikolay Semenov es el nuevo líder del gobierno ruso blanco en Siberia.

1920

4 de enero
Kolchak es entregado a los bolcheviques.

1 de febrero
Tratado de armisticio entre Rusia y Letonia.

2 de febrero
Tratado de Tartu. Rusia reconoce la independencia de Estonia.

7 de febrero
Kolchak es ejecutado y su cuerpo arrojado al río Angara.

6 de abril
Se establece la República del Lejano Oriente, con Alexander Krasnoshchekov como presidente, y apoyada por Japón. Las últimas tropas japonesas la abandonarán el 25 de octubre de 1922 y el 19 de noviembre pasará a formar parte de nuevo de la Unión Soviética.

12 de julio
Tratado de Moscú. Rusia reconoce la independencia de Lituania.

11 de agosto
Tratado de Riga. Rusia reconoce la independencia de Letonia.

12 de octubre
Tratado de Riga. Armisticio entre Rusia y Polonia.

14 de octubre
Firma de otro Tratado de Tartu. Rusia reconoce la independencia de Finlandia. Karelia todavía está en disputa.

7 de noviembre
El Ejército Rojo derrota definitivamente al Ejército Blanco en la batalla de Perekop. Los restos del Ejército Blanco son evacuados por Crimea. El Ejército Rojo ha ganado la guerra civil.

1921

Marzo
Comienza una severa hambruna en Rusia debido a la falta de producción agrícola. La pérdida de cultivos se inició durante la Primera Guerra Mundial y siguió con las perturbaciones producto de la Revolución y la guerra civil.

21 de marzo
Fin del Comunismo de Guerra. Decreto sobre la Nueva Política Económica , NEP, que durará hasta 1928.

Miembros de una unidad de asalto del Ejército Rojo en Kronstadt. Las inclemencias del tiempo ayudaron a los sublevados a mantener la base naval en su poder.

1922

3 de abril
Stalin pasa a ocupar el puesto de secretario general del Comité Central del Partido Comunista de la Unión Soviética.

30 de diciembre
Lenin funda la URSS —Unión de Repúblicas Socialistas Soviéticas—.

1924

21 de enero
Fallece Lenin, principal atífice de la Revolución de Octubre.

BIBLIOGRAFÍA

Bacon, Edwin: *The Gulag at War: Stalin's Forced Labour System in the Light of the Archives*. NYU Press. Londres, 1994.

Bertram Schapiro, Leonard: *Les Bolcheviks et l'opposition. Origines de l'absolutisme communiste*. Editorial Les Iles d'Or. París, 1957.

Brossat, Alain, Combe, Sonia y Moukhine, Leonid: *Ozerlag, 1937-1964: le système du Goulag : traces perdues, mémoires réveillées d'un camp stalinien*.Série Mémoires. Paris, 1991.

Buttino, Marco: *Ethnicité et politique dans la guerre civile. À propos du basmačestvo au Fergana*. Cahiers du Monde Russe. París, 1997.

Caroe, Olaf: Soviet Empire. *The Turks of Central Asia and Stalinism*. Macmillan. Londres, 1967.

Chokay, Mustafa: *The Basmachi Movement in Turkestan. The Asiatic Review Vol. XXIV*. 1928.

Daly, Jonathan y Trofimov, Leonidas: *Russia in War and Revolution, 1914-1922: A Documentary History*. Hackett Publishing Company. Cambridge, 2009.

Dukes, Paul: *The Making of Russian Absolutism, 1613–1801*. Editorial Longman. 1986.

Fitzpatrick, Sheila: *The Russian Revolution*. Oxford University Press. Londres, 2001.

—*Stalin's Peasants: Resistance and Survival in the Russian Village after Collectivization*, Oxford University Press. Nueva York-Oxford, 1994.

Hasegawa, Tsuyoshi: *The February revolution, Petrograd*, 1917.University of Washington Press. 1981.

Hayt, Baymirza: *Basmatschi. Nationaler Kampf Turkestans in den Jahren 1917 bis 1934*. Dreisam-Verlag. Colonia, 1993.

JAKOBSON, Michael: *Origins of the Gulag: The Soviet Prison Camp System, 1917-1934*. Universidad de Kentucky. Lexington, 1993.

LLOYD HOFFMANN, David: *Stalinism: The Essential Readings*. Editorial Blackwell. 2003.

MALONE, Richard: *Analysing the Russian Revolution*. Cambridge University Press. Sidney, 2004.

MARIE, Jean Jacques: *La Guerre civile russe, 1917-1922. Armées paysannes, rouges, blanches et vertes*. Editorial Autrement. París, 2005.

MARSHALL, Alexander: *Turkfront: Frunze and the Development of Soviet Counter-insurgency in Central Asia*. RoutledgeCurzon. Londres, 2003.

MARWAT, Fazal-ur-Rahim Khan: *The Basmachi movement in Soviet Central Asia: A study in political development*. Emjay Books International. Peshawar, 1985.

MAYER, Arno: *Les Furies. Violence, vengeance, terreur aux temps de la Révolution française et de la révolution russe*. Editorial Fayard. París, 2002.

NOVIKOV-PRIBOY, Aleksei: *Tsushima*. George Allen & Unwin Ltd. Londres, 1936.

NISH, Ian Hill: *The Origins of the Russo-Japanese War*. London: Longman. Londres, 1985.

OKAMOTO, Shumpei: *The Japanese Oligarchy and the Russo-Japanese War*. Columbia University Press. 1970.

PIPES, Richard: *La Révolution russe*. Editorial PUF. París, 1993.

—*Russia under the Old Regime*. Editorial Penguin. 1995.

PLESHAKOV, Constantine. *The Tsar's Last Armada: The Epic Voyage to the Battle of Tsushima*. Cambridge University Press, 2002.

POE, Marshall T.: *Russian despotism: the origins and dissemination of an early modern commonplace*. Universidad de California. Berkeley, 1993.

RAGSDALE, Hugh: *The Russian Tragedy: The Burden of History*. M.E. Sharpe, 1996

SAALER, Sven e INABA, Chiharu: *Der Russisch-Japanische Krieg 1904/05 im Spiegel deutscher Bilderbogen*. Deutsches Institut für Japanstudien. Tokio, 2005.

SERGE, Víctor: *L'An I de la révolution russe. Les débuts de la dictature du prolétariat (1917-1918)*. Editorial La Découverte. París, 1997.

SERVICE, Robert: *A history of modern Russia from Nicholas II to Vladimir Putin*. Harvard University Press. Nueva York, 2005.

SMELE, Jonathan D.: *Civil war in Siberia. The anti-Bolshevik government of Admiral Kolchak, 1918-1920*. Cambridge University Press, Nueva York, 1996.

SNOW, Russell E.: *The Russian Revolution of 1917-18 in Transbaikalia*. Soviet Studies. 1971.

SOMIN, Ilya: *Stillborn Crusade: The Tragic Failure of Western Intervention in the Russian Civil War, 1918-1920*. Transaction Publishers. New Brunswick, 1996.

STEINBERG, Mark: *Voices of Revolution, 1917*. Yale University Press. Nueva York, 2001.

STEWART, Richard Winship: *American Military History: The United States Army in a global era, 1917-2003*. Tomo II. CHM Pub. Washington, 2009.

STONE, David R.: *A Military History of Russia: From Ivan the Terrible to the War in Chechnya*, Greenwood Publishing Group, 2006.

SUBTELNY, Orest: *Ukraine: A History*. CUP Archive. Vancouver, 2002.

SZAJKOWSKI, Zosa: *A Reappraisal of Symon Petliura And Ukrainian-Jewish Relations, 1917-1921: A Rebuttal*. Jewish Social Studies, 1969.

TAMES, Richard: *Last of the Tsars*. Pan Books Ltd. Londres, 1972.

TROTSKI, León: *Historia de la Revolución Rusa*. Editorial Veintisiete Letras. Madrid, 2007

ULLMAN, Richard H.: *Intervention and the War. Anglo-Soviet relations, 1917-1921*. Tomo I. Princeton University Press. Princeton, 1961.

WALLER, Sally: *Imperial Russia, Revolutions and the Emergence of the Soviet State 1853-1924*. Cambridge University Press. Londres, 1992.

WOOD, Alan: *The origins of the Russian Revolution, 1861-1917*. London: Routledge. Londres, 1903.

ZAMOYSKI, Adam: *Warsaw 1920: Lenin's failed conquest of Europe*. Harper Collins. Nueva York, 2008.

El pueblo que se jacta de haber llevado a cabo una revolución, se encuentra siempre al día siguiente con que no tenía ni idea de lo que estaba haciendo; que la revolución que había hecho no se parecía en nada a la que había pretendido hacer.

Friedrich Engels